Manieren und Regeln einer guten Gesellschaft

Gesellschaft

oder zu vermeidende Solezismen

Anonym

Writat

Diese Ausgabe erschien im Jahr 2023

ISBN: 9789359255460

Herausgegeben von
Writat
E-Mail: info@writat.com

Inhalt

VORWORT

„MANNERS AND RULES OF GOOD SOCIETY" enthält alle Informationen des Originalwerks „Manners and Tone of Good Society", jedoch mit erheblichen Ergänzungen. An einem Band dieser Art ist es notwendig, ständige Überarbeitungen vorzunehmen, und dies geschieht regelmäßig, um ihn auf dem neuesten Stand zu halten, damit man sich darauf verlassen kann, dass er nicht nur das zuverlässigste, sondern auch das neueste Buch der Etikette *ist*.

Ein Vergleich der Anzahl der Kapitel und ihrer Themen mit denen der frühen Ausgaben würde am besten zeigen, wie das Werk nicht nur an Umfang, sondern auch an Bedeutung zugenommen hat. Durch diese Erweiterung konnten viele Themen ausführlicher behandelt werden als bisher, und es enthält nun alle Regeln und Punkte, die möglicherweise in seinem Titel erfasst werden könnten.

Das Werk hat in seinen zahlreichen Auflagen die Aufmerksamkeit tausender Leser gefunden, und es besteht die Hoffnung, dass die vorliegende Ausgabe von der Gesellschaft im Allgemeinen mit dem deutlichen Erfolg ihrer Vorgänger aufgenommen wird.

EINLEITENDE BEMERKUNGEN

DER Titel dieser Arbeit gibt ausreichend Aufschluss über die Art ihres Inhalts. Die Gepflogenheiten einer guten Gesellschaft beziehen sich nicht nur auf gute Manieren und gute Erziehung, sondern auch auf die richtige Etikette, die bei jeder Gelegenheit eingehalten werden muss.

Es werden nicht nur bestimmte Regeln festgelegt und genau erklärt, sondern in jedem Kapitel werden auch die umfassendsten Anweisungen zu jeder Form oder Phase des behandelten Themas gegeben, damit klar verstanden werden kann, was im Guten getan oder nicht *getan wird* Gesellschaft und auch, wie das, was in einer guten Gesellschaft getan *wird,* getan werden sollte. Es ist genau dieses Wissen, das Männern und Frauen das Bewusstsein gibt, sich in jedem Bereich, in dem sie sich gerade bewegen, vollkommen wohl zu fühlen, und das dazu führt, dass sie von allen, mit denen sie in Kontakt kommen, als wohlerzogen angesehen werden.

Ein Solezismus mag an sich vielleicht nur eine Kleinigkeit sein, aber in den Augen der Gesellschaft als Ganzes nimmt er Ausmaße eines übertriebenen Aussehens an und wirft ein äußerst nachteiliges Licht auf denjenigen, von dem er begangen wird; Die direkte Schlussfolgerung besteht darin, dass die Schuld eines Sozismus darauf hindeutet, dass der Täter nicht an die Gesellschaft gewöhnt ist und daher nicht auf gleicher Augenhöhe mit ihr steht. Diese Gesellschaft ist verärgert und zögert nicht, ihre Missbilligung durch ihr Verhalten gegenüber dem Täter zum Ausdruck zu bringen.

Taktgefühl und angeborene Verfeinerung sind für jemanden, der nicht an die Gesellschaft gewöhnt ist, von größter Hilfe, sie genügen jedoch nicht; und obwohl es viel zählt, kann es den Mangel an tatsächlichem Wissen darüber, was in der Gesellschaft üblich ist, nicht decken. Wo Takt und angeborene Verfeinerung nicht vorhanden sind – und das ist nicht selten der Fall, da es sich dabei um Gaben handelt, die eher wenigen als vielen zuteil werden –, dann ist eine gründliche Kenntnis der in der Gesellschaft geltenden gesellschaftlichen Bräuche notwendiger denn je vor allem an diejenigen, die gesellschaftlich gesehen den Wunsch haben, ihren Weg in die Welt zu finden.

Diejenigen Personen, die ein zurückgezogenes oder isoliertes Leben geführt haben oder die sich bisher in anderen Sphären als denen wohlerzogener Menschen bewegt haben, werden auf diesen Seiten alle notwendigen Informationen sammeln, um sie mit den Sitten und Annehmlichkeiten der Gesellschaft gründlich vertraut zu machen.

Dieses Werk wird sowohl für Männer als auch für Frauen von gleichem Nutzen sein, da in jedem Kapitel die von beiden Geschlechtern zu beachtenden Punkte der sozialen Etikette vollständig berücksichtigt wurden.

Auch diejenigen, die die Betreuung junger Damen vor ihrer Einführung in die Gesellschaft innehaben, seien es Mütter, Anstandsdamen oder Gouvernanten, werden aus der Lektüre dieses Werks viele nützliche und praktische Informationen ziehen, während es für diejenigen, die sich gründlich mit den Gepflogenheiten der Gesellschaft auskennen, kein Fehlschlag sein wird sich selbst zu loben, da es viele nützliche und wertvolle Hinweise zu sozialen Fragen enthält.

KAPITEL I

DIE BEDEUTUNG DER ETIKETTE

WAS ist Etikette und was vermittelt das Wort? Es ist an sich dürftig und reicht bei weitem nicht für eine breite Anwendung aus. Es hat einen altmodischen Klang, der nach Steifheit, Schlichtheit und Pünktlichkeit riecht, was es für viele mit fortgeschrittenen Ideen abstoßend macht; und doch ist das Wort Etikette auch nicht so alt, da Johnson es nicht in sein Wörterbuch aufgenommen hat, und Walker entschuldigt sich dafür, dass er es in sein Wörterbuch aufgenommen hat, und den von ihm zitierten Autoritäten zufolge soll es von stichos, stichus, Stichetus, Sticketta und von dort zur Etikette. Aber ob es nun aus dem Lateinischen oder aus dem Französischen stammt – und viele neigen zu letzterer Meinung –, es besteht kein Zweifel daran, dass ein neues Wort gefunden werden könnte, um dieses viel missbrauchte Wort zu ersetzen, es wäre eine willkommene Ergänzung unseres Wortschatzes. Leider ist das Wort in unserem Bewusstsein in übertriebenem Maße mit Formen, Zeremonien und Bräuchen verbunden; und es wurde so ständig missbraucht, falsch interpretiert und missverstanden, dass es zu Unrecht und Ungerechtigkeit mit Spott und Verachtung belegt wurde. Die wahre Bedeutung der Etikette lässt sich im Wörterbuchjargon kaum beschreiben; Es umfasst die gesamte Bandbreite guter Manieren, guter Erziehung und wahrer Höflichkeit. Einer der Gründe, die zweifellos dazu beigetragen haben, dass das Wort „Etikette" in Misskredit geraten ist, ist die Art und Weise, wie das Thema von inkompetenten Leuten behandelt wurde, die, wenn überhaupt, nur über ein sehr vages und unklares Wissen verfügen, Dennoch geben Sie vor, Leitfäden für höfliche Manieren zu schreiben – weitschweifige und inkohärente Leitfäden, die nicht nur ein Lächeln bei denen hervorrufen, die besser informiert sind, sondern auch jeden in die Irre führen und verwirren, der voreilig genug ist, sie zu konsultieren, ohne sich vorher zu erkundigen, ob es sicher ist, ihnen zu folgen. Ein wenig Vorsicht in diesem Punkt würde sicherstellen, dass trotz so vielem Unzuverlässigen die korrekteste und zuverlässigste Arbeit sichergestellt wird. Manche Leute lesen alles, was zum Thema Etikette geschrieben steht, nicht nur diejenigen, die nichts davon wissen und etwas über die Gesetze dieser Etikette lernen möchten, sondern auch diejenigen, die sich damit durchaus auskennen und, wie man annehmen könnte, nichts zu lernen hatten; Dennoch möchten diese letzteren gerne sehen, was geschrieben steht, und die Befriedigung verspüren, von einem gut informierten Schriftsteller in ihrem eigenen Wissen unterstützt zu werden. oder daran, sich über die Absurditäten zu amüsieren, die von jemandem vorgebracht werden, der aus einer anderen Sphäre als der *des Savoir-vivre schreibt*. Andere messen dem Wort Etikette eine sehr enge Bedeutung bei und akzeptieren es weder, noch verstehen sie es im eigentlichen Sinne; Sie haben die Vorstellung, dass ihre Regeln die Gesellschaft im Allgemeinen beeinflussen und regieren. Regeln der Etikette sind aus ihrer Sicht nichts weiter als Fesseln und Fesseln; lasst sie abwerfen oder durchbrechen, sagen sie; jeder soll tun, was er will; alle sollen sich so verhalten, wie sie wollen; Wir sind in einem freien Land, warum sollten wir uns bitte nicht am Tischtuch den Mund abwischen ? Wieder andere verschlingen im Stillen Bücher über Etikette; Wie jeder weiß, mangelt es ihnen sehr an Unterricht, aber sie haben nicht den Mut zuzugeben, dass sie sich dieses Mangels bewusst sind und versuchen, sich Wissen dieser Art anzueignen, das ihnen nützlich sein könnte; Da es ihr Ziel ist, auf der sozialen Ebene aufzusteigen, würden sie ihre Freunde um nichts von dieser neuen Studie erfahren, aber sie wissen es und stellen fest, dass sie sich verbessert haben, dass sie nicht mehr so viele *Ausschweifungen* begehen wie bisher ; Dennoch haben sie eher den Buchstaben als den Geist der Etikette verstanden, sie haben die Regeln gelesen, die er vorschreibt, und handeln danach, soweit ihre Erinnerungen ihnen dienen; Sie haben jedoch in einem wesentlichen Punkt versagt, nämlich zu verstehen, dass Höflichkeit, Rücksichtnahme gegenüber anderen und Selbstlosigkeit die Quellen wahrer Höflichkeit sind, aus denen Etikette entspringt.

Unter einigen wenigen Menschen, die in der Welt wenig miteinander zu tun haben und sich nur in einem festen Rhythmus bewegten, herrscht die Vorstellung, dass die Manieren umso vollkommener seien, je erhabener die Sphäre sei. Es ist unnötig zu versuchen, einen solchen Trugschluss zu widerlegen, denn Beispiele für die vollkommenste Art und Weise findet man nicht nur bei denen, die sich einer langen Abstammung und einer hohen Geburt rühmen können, sondern auch bei denen, die keinen Anspruch auf beides erheben.

Unser gegenwärtiger Verhaltenskodex basiert auf der Verfeinerung, dem Feinschliff und der Kultur von Jahren und Jahrhunderten. Reichtum und Luxus sowie der Kontakt mit allem Schönen in Kunst und Natur haben zu allen Zeiten einen starken Einfluss auf die Manieren der Menschen ausgeübt; wir sagen nicht über die Zeiten, da diese Vorteile leider nicht auf die Vielen beschränkt waren, sondern auf die wenigen beschränkt waren; aber in diesen modernen Tagen sind und kommen viele in den verzauberten Kreis; der Ring weitet sich, immer weiter; Es ist nicht mehr so wie in alten Zeiten, dass „ihr Los es verbot". Im Gegenteil: Der Besitz von Reichtum oder Talent ist für die kultiviertesten und kultiviertesten Kreise der Schlüssel zum Erfolg. Das Wort Etikette ist zu eng für alles, was es umfasst; Es muss in einem doppelten Licht betrachtet werden und sowohl aus moralischer als auch aus konventioneller Sicht betrachtet werden. Ein freundliches Wesen und ein selbstloser Geist fehlen niemals in wahrer Höflichkeit, aber die

Konventionalitäten der Gesellschaft geben dem Ganzen den Abschluss und die Vollständigkeit, sozusagen die Farbe des Bildes. Bei manchen steht der konventionelle Geist im Vordergrund und sie verfügen bestenfalls über eine oberflächliche Politur. In anderen wird den freundlichen Gefühlen des Herzens freien Lauf gelassen, und kein Akt echter Höflichkeit wird im Verkehr mit seinen Mitmenschen unterlassen oder unterlassen, und diese Gnaden der freundlichen Höflichkeit bleiben jahrelang in Erinnerung, so trivial sie auch gewesen sein mögen nachdem man diesen wahren Gentleman oder diese gründliche Dame aus den Augen verloren hat und über ihn sagt: „Was für ein charmanter Mann er war, wie höflich und rücksichtsvoll und wie freundlich!" und von ihr: „Sie war die süßeste und hübscheste Frau, die ich je getroffen habe."

Es ist nur den ganz Wenigen gegeben, durch und durch und ungekünstelt charmant zu sein, ohne einen Schatten von Selbstbewusstsein oder Anstrengung. Für den Moment eine vermeintlich charmante Art anzunehmen, mit dem Wunsch, jemandem ganz besonders zu gefallen, verleiht nicht den beneidenswerten Ruf, eine charmante Art zu haben. Es sitzt nicht einfach genug, um ganz natürlich zu sein; es vermittelt den Eindruck, dass es für diesen Anlass angefertigt wurde, und wie alle anderen Imitationen gefällt es kaum und täuscht selten. Etikette und wahre Höflichkeit würden uns darüber hinausgehen lassen, und unsere Manieren von heute sollten unsere Manieren von morgen sein und nicht je nach Ort und Person variieren. Die Welt nimmt dieses unsichere Verhalten schnell zur Kenntnis, und jedermanns Maß wird bereitwillig ergriffen und beibehalten.

Die Regeln der Etikette sind für das reibungslose Funktionieren der Gesellschaft insgesamt unverzichtbar. Nehmen Sie zum Beispiel die Etikette des Vorrangs, die sowohl im öffentlichen als auch im privaten Bereich gilt: Bei jedem öffentlichen Anlass und in jedem privaten Kreis greift der Vorrang ein, um Hilfe zu leisten, und ist im kleinsten privaten Kreis ebenso notwendig wie im größten öffentliche Versammlung, denn sie weist jedem seinen Platz zu, soweit Anspruch auf den Platz erhoben werden kann. Fehler in der Frage der Vorrangstellung begehen nicht nur diejenigen, denen es an sozialen Vorteilen mangelte, sondern auch diejenigen, die alles zu ihren Gunsten hatten. Junge Damen zum Beispiel begehen, wenn sie sozusagen von der Schule an geheiratet haben, in der Frage des Vorrangs oft schwere Fehler, wenn sie diese nicht völlig außer Acht lassen.

Die Etikette beim Hinterlegen von Karten und beim Bezahlen von Anrufen ist unbestreitbar notwendig, und nur sehr Unwissende würden versuchen, ihren Nutzen zu bestreiten; Ohne diese Ordnungs- und Methodenhilfen wäre der gesamte Verkehr zwischen Freunden und Bekannten unsicher und chaotisch; So wie es ist, gibt es kaum eine Entschuldigung, wenn nicht das Richtige getan wird, und jede Abweichung von den einfachen Regeln, die auf diesen Grundsätzen festgelegt sind, ist der bestmögliche Beweis für die Stellung, Stellung und Verbindungen des Schuldigen.

Jeder einzelne Punkt der Etikette würde, wenn er auf die Messlatte des gesunden Menschenverstandes gebracht würde, als vernünftig, angemessen und vernünftig bezeichnet werden; und streng genommen gibt es keine Frage der Etikette, die nicht so beurteilt werden kann und über die nicht ein ähnliches Urteil gefällt werden würde. Es gibt keine einzige Etikette-Regel, die man als absurd oder lächerlich, willkürlich oder tyrannisch bezeichnen kann, und in ihrer Gesamtheit sind die Regeln nichts anderes als gesellschaftliche Pflichten einer Person gegenüber einer anderen. Warum sollten wir kein wohlerzogenes Volk sein? Warum sollten wir in unserem Verhalten und Verhalten nicht verfeinert, kultiviert und geschliffen werden? Warum sollten wir nicht versuchen zu bezaubern, wenn wir können? Warum sollten wir nicht in uns selbst Rücksichtnahme, Rücksichtnahme und Güte gegenüber anderen in den kleinsten Details des täglichen Lebens kultivieren und fördern?

KAPITEL II

EINFÜHRUNGEN

Es gibt feierliche Einführungen und unzeremonielle Einführungen, vorsätzliche Einführungen und unvorhergesehene Einführungen; Aber in allen Fällen sollten Vorstellungen niemals wahllos erfolgen – das heißt, ohne vorherige Kenntnis seitens derjenigen, die sie vorstellen, darüber, ob die auf diese Weise vorgestellten Personen wahrscheinlich einander schätzen werden, oder umgekehrt, oder nicht Sie haben den Wunsch geäußert, sich kennenzulernen. Zum Beispiel sollte eine Dame nicht zwei ihrer Bekannten vorstellen, die in einer Landstadt oder an einem Badeort wohnen und sich in unterschiedlichen Kreisen bewegen, es sei denn, jeder von ihnen hat einen solchen Wunsch geäußert.

Eine unerwünschte Einführung zwingt denjenigen, dem sie am unwillkommensten ist, dazu, den anderen mit ausgesprochener Kälte zu behandeln oder eine Bekanntschaft fortzusetzen, die ihm unangenehm ist.

Sollten auch nur die geringsten Zweifel darüber bestehen, wie eine Vorstellung aufgenommen wird – ob es sich bei der überlegten Vorstellung um einen spontanen Wunsch einer Dame oder eines Herrn handelt, oder ob eine Person den Wunsch geäußert hat, eine andere Person kennenzulernen, und diesen Wunsch geäußert hat ein gemeinsamer Freund – die übliche Regel besteht darin, die Wünsche beider Personen zu diesem Thema zu besprechen, bevor man sich vorstellt.

Wenn zwischen zwei Personen ein Rangunterschied besteht, reicht es aus, allein die Wünsche der ranghöchsten Person zu ermitteln.

Eine Person, die sich vorstellen möchte, sollte zu der einen Dame sagen, aber nicht in den Ohren der anderen: „Frau A--, darf ich Ihnen Frau B-- vorstellen?" oder eine ähnliche Formel, je nach dem Grad der Intimität, die zwischen ihr und Frau A. besteht (siehe „Die Kunst des Gesprächs".)

Wenn zwei Damen gleichrangig sind, sollten die Wünsche der Person beachtet werden, mit der die Person, die sie vorstellt, am wenigsten vertraut ist.

Wenn eine Person den Wunsch geäußert hat, eine andere Person kennenzulernen, müssen nur noch die Wünsche einer Person ermittelt werden.

Nachdem die Einwilligung erteilt wurde, sollte die Einführung erfolgen.

Bei der Vorstellung sollte die Dame mit dem niedrigsten Rang der Dame mit dem höchsten Rang vorgestellt werden; Auf keinen Fall darf die Dame mit dem höchsten Rang der Dame mit dem niedrigsten Rang vorgestellt werden. Dieser Punkt der Etikette sollte stets strikt beachtet werden.

Ein Gentleman sollte immer einer Dame vorgestellt werden , unabhängig von seinem Rang, ohne Rücksicht auf ihren Rang, welchen auch immer er sein mag. Diese Regel ist unveränderlich und basiert auf dem Privileg des Geschlechts – „ *place aux dames* ".

Es ist nicht üblich, den Wunsch eines Herrn zu ermitteln, ob er einer Dame vorgestellt wird oder nicht, obwohl es auf einem Ball üblich ist, dies zu tun, wenn die Bekanntmachung aus einem besonderen Grund erfolgt, nämlich der Gewinnung einer Partnerin für eine Dame; Und da ein Gentleman möglicherweise nicht in der Lage oder nicht willens ist, die Dame zum Tanzen aufzufordern, ist es obliegend, im Voraus festzustellen, ob die Einführung erwünscht ist oder nicht, andernfalls wäre die Einführung für den Zweck nutzlos und für die Dame eine Enttäuschung .

„Möchten Sie Fräulein A—— vorgestellt werden?" oder eine solche höfliche Phrase (siehe „Die Kunst des Konversierens"), ist die Art von Formel, mit der man die Wünsche eines Herrn bezüglich einer Vorstellung im Ballsaal ermitteln kann; Als Vorstellung im Ballsaal versteht man die Absicht eines Herrn, eine Dame zum Tanzen aufzufordern oder sie zum Abendessen einzuladen.

In der allgemeinen Gesellschaft wird von Männern erwartet, dass sie die Bekanntschaft von Damen suchen, anstatt sie zu meiden, unabhängig davon, welcher Gruppe in der Gesellschaft sie angehören. Für einen Gentleman ist es unerheblich, in welcher Gesellschaft sich seine Bekannten bewegen, und er kann zu allen höflich sein, ohne jemanden in seinen verschiedenen Kreisen zu beleidigen.

Im Hinblick auf sein eigenes Geschlecht ist ein Gentleman im Allgemeinen ebenso exklusiv in Bezug auf die Bekanntschaften, die er knüpft, wie eine Dame in Bezug auf die Bekanntschaften, die sie knüpft. Die Reziprozität des Geschmacks ist die Grundlage, auf der Bekanntschaften zwischen Menschen entstehen, die in gewissem Maße von der sozialen Stellung abhängig sind; obwohl es für diese Regel selbst zahlreiche Ausnahmen gibt.

Es ist die Regel, dass ein Gentleman einen gemeinsamen Freund oder Bekannten darum bittet, einer Dame vorgestellt zu werden, und es ist die übliche Regel, dies zu tun, wenn ein Gentleman einer bestimmten Dame vorgestellt werden möchte; aber Herren bitten nicht darum, einander vorgestellt zu werden, es sei denn, es liegt ein besonderer Grund dafür vor – ein Grund, der sich sowohl für die Person, deren Bekanntschaft gewünscht

wurde, als auch für die Person, die sie vorstellt, empfiehlt; andernfalls würde
ein solcher Wunsch entweder kindisch oder kriecherisch erscheinen, so dass
die Bitte auf Ablehnung stoßen und die angebotene Bekanntschaft abgelehnt
werden könnte.

Beim Kennenlernen zwischen Damen sollte eine unverheiratete Dame
einer verheirateten Dame vorgestellt werden, es sei denn, die unverheiratete
Dame hat einen höheren Rang als die verheiratete Dame, wenn die Regel
umgekehrt ist.

Die korrekte Formel für Vorstellungen ist „Mrs. „ Mrs. Bei Gleichrangigkeit
der Damen spielt es keine Rolle, welcher Name zuerst genannt wird; Im
Allgemeinen besteht jedoch ein ausreichender Unterschied in der sozialen
Stellung der beiden Damen, um einen geringfügigen Unterschied zugunsten
der einen oder der anderen zu machen, den die Person, die sie vorstellt,
berücksichtigen sollte.

Nach der Vorstellung verbeugen sich die Damen voreinander und jede Dame
macht eine kleine Bemerkung.

Es ist nicht üblich, dass Damen sich beim ersten Kennenlernen die Hand
geben, sondern sich nur verbeugen. aber es gibt sehr viele Ausnahmen von
dieser Regel.

Wenn eine Dame einen höheren Rang als die andere hat, wäre es ein
Kompliment und ein Zeichen der Freundlichkeit ihrerseits, wenn sie einen
Handschlag anbietet.

Wenn eine Person zwei enge Freunde einander vorstellt, wird von ihnen
erwartet, dass sie sich die Hand geben, anstatt sich nur zu verbeugen.

Die Verwandten eines verlobten Paares sollten bei ihrer Vorstellung sowohl
der Braut als auch dem gewählten Bräutigam die Hand schütteln, ebenso wie
die innigen Freunde eines verlobten Paares; ebenso sollten die Beziehungen
der beiden Familien einander vorgestellt werden.

Es ist das Privileg der Dame, in jedem Fall als Erste den Handschlag
anzubieten, wenn ihr ein Herr vorgestellt wird.

Eine Dame sollte jeder Person, die ihr in ihrem eigenen Haus vorgestellt
wird, die Hand schütteln – unabhängig davon, ob die Person von einem
gemeinsamen Freund mitgebracht wird oder auf Einladung eines
gemeinsamen Freundes anwesend ist.

kleinen und großen **Dinnerpartys sollte die Gastgeberin nach eigenem
Ermessen entscheiden, welche Vorstellungen sie für angebracht hält.**
Es ist nicht üblich, sich bei einer Dinnerparty allgemein vorzustellen; aber
wenn der Gastgeber oder die Gastgeberin einander fremde Gäste zum

Abendessen schickt, sollte er den Herrn der Dame vorstellen, die er zum Abendessen mitnehmen soll. Es wäre völlig unnötig, vorher die Erlaubnis der Dame einzuholen. Es würde ausreichen, die Vorstellung einige Augenblicke vor der Ankündigung des Abendessens zu machen, und die übliche Formel lautet: „Frau A., Herr B. werden Sie zum Abendessen einladen." Eine Verbeugung ist die Anerkennung dieser Einführung.

Wenn die Mehrheit einer Dinnerparty einander fremd ist, sollte ein Gastgeber oder eine Gastgeberin einen oder zwei der Hauptgäste einander vorstellen, wenn die Zeit es zulässt, bevor das Abendessen serviert wird; solche Vorstellungen werden häufiger bei Dinnerpartys auf dem Land als bei Dinnerpartys in der Stadt gemacht.

In manchen Fällen sollte eine Gastgeberin die Damen nach dem Abendessen im Salon einander vorstellen, wenn sich die Gelegenheit bietet, und sie hält es für ratsam, dies zu tun.

In der Regel stellt ein Gastgeber die Herren nach dem Abendessen im Speisesaal selten einander vor, da sie sich bei solchen Gelegenheiten wie selbstverständlich ansprechen.

Eine Gastgeberin sollte ihre Hauptgäste einander vorstellen, bei Fünf-Uhr-Tees, Gartenpartys, kleinen „Zuhause" usw. – das heißt Herren und Damen –, um sie mit den Damen bekannt zu machen die Teestube. Auch in diesem Fall sollte die Vorstellung ohne vorherige Rücksprache mit der Dame erfolgen; und ein Gentleman, der den Grund der Einführung kennt, sollte sofort die erwartete Höflichkeit erweisen.

Bei solchen Zusammenkünften sollte eine Gastgeberin bei allgemeinen Vorstellungen, die sie für angemessen hält, nach eigenem Ermessen vorgehen und jeden Herrn einer Dame vorstellen, ohne vorher mit der Dame Rücksprache zu halten, wenn sie glaubt, dass die Vorstellung für sie angenehm sein wird.

Wenn sie Damen einander vorstellt, sollte sie verheirateten Damen und Damen von Rang die Möglichkeit geben, sich vorzustellen; Sie sollte aber junge unverheiratete Damen einander vorstellen, wenn sie es für richtig hält.

Wenn Anrufer gleichzeitig eintreffen , sollte die Gastgeberin sie einander direkt oder indirekt vorstellen, sofern kein sozialer Grund dagegen spricht.

Wenn eine Gastgeberin erkennt, dass ihre Besucher keine gegenseitige Bekanntschaft wünschen oder, wenn sie der Meinung ist, dass die Einführung nicht ganz angemessen und für beide Personen angenehm ist, sollte sie es nicht tun, sondern sich nacheinander mit jedem Besucher unterhalten Gleichzeitig darf das Gespräch nicht zu allgemein werden.

Bei großen Zusammenkünften konnten Personen, die der gegenseitigen Bekanntschaft aus dem Weg gehen wollten, im Haus eines gemeinsamen Bekannten anwesend sein, ohne in direkten Kontakt miteinander zu kommen, vorausgesetzt, der Gastgeber und die Gastgeberin verfügten über genügend Fingerspitzengefühl und Diskretion, um nicht zu versuchen, eine Annäherung zwischen *ihnen* herbeizuführen .

Bei Landhauspartys sollte die Gastgeberin die Hauptdamen am ersten Tag ihrer Ankunft einander vorstellen; Wenn es sich jedoch um eine große Gesellschaft handelt, sollte die Einführung nicht generell erfolgen, sondern nach dem Ermessen der Gastgeberin erfolgen. Die Tatsache, dass Personen im selben Haus zu Gast sind, stellt an sich schon eine Einführung dar, und es liegt an den so zusammengebrachten Gästen, ob die Bekanntschaft zu einer späteren Intimität reift oder nicht.

Die gleiche Bemerkung gilt in gewissem Maße auch für den Nachmittagstee und „zu Hause". Bei Bedarf unterhalten sich die Gäste miteinander. Der Akt einer solchen Unterhaltung würde keine Bekanntschaft darstellen, obwohl sie unter bestimmten Umständen eine Verbeugungsbekanntschaft begründen könnte, insbesondere zwischen Herren.

Damen sollten sich nicht voreinander verbeugen, nachdem sie beim Nachmittagstee oder auf einer Gartenparty nur ein paar Bemerkungen ausgetauscht hatten, es sei denn, zwischen ihnen bestand eine besondere soziale Verbindung, die dies rechtfertigte. In diesem Fall sollte die Dame mit dem höchsten Rang die Verbeugung übernehmen Initiative.

Einführungen auf öffentlichen Bällen. – Es ist falsch anzunehmen, dass es die Pflicht der Ordner sei, sich auf öffentlichen Bällen vorzustellen; Es ist die Ausnahme und nicht die Regel, dass Verwalter Personen einander vorstellen, die ihnen selbst fremd sind.

Die Gesellschaft lehnt es ab, und die Verwalter lehnen es ab, promiskuitive Vorstellungen zu machen, und zwar aus folgenden Gründen: Erstens, was die Aufsichtsperson betrifft, ob Mutter oder Verwandte, die die Obhut einer jungen Dame hat; dann was eine junge Dame selbst betrifft; und nicht zuletzt, was die Position des Verwalters selbst betrifft. Eine Aufsichtsperson sieht natürlich unzufrieden aus und fühlt sich unzufrieden, wenn ein Verwalter, der ihr selbst fremd ist, anbietet, einen Mann vorzustellen, der ihm offensichtlich fremd ist, was sie dadurch erkennt, dass er sagt: „Dieser Herr möchte Ihrer Tochter vorgestellt werden." oder indem er den Fremden nach seinem Namen fragt, bevor er ihn vorstellt. Eine Aufsichtsperson ist für die Bekanntschaften verantwortlich, die eine junge Dame unter ihrer Aufsicht auf einem Ball knüpft, und wenn sie unter ihren eigenen Freunden und Bekannten keine Partner für sie finden kann, würde sie es vorziehen, einen vergleichsweise langweiligen Abend zu verbringen, als dass sie die Leitung übernimmt Gefahr, unerwünschte Bekanntschaften zu schließen.

Junge Damen verfügen nicht immer über die Diskretion der Älteren oder über ausreichende Weltkenntnisse, um das Richtige zu tun. So lehnten einige junge Damen die Vorstellungen entweder kalt ab, oder wenn sie vorgestellt wurden, lehnten sie es ebenso kalt ab, zu tanzen, während andere, die unbedingt tanzen wollten, sowohl die Vorstellungen als auch die Partner akzeptierten und ihre Chance nutzten, um herauszufinden, ob sie es waren Brüder würden sie gerne mit so vorgestellten Fremden tanzen sehen. Ein Verwalter selbst mag es besonders nicht, für einen Mann verantwortlich gemacht zu werden, den er nicht kennt; und ob ein Begleiter und eine junge Dame alte Freunde von ihm sind oder ob sie nur neue Bekannte sind, sie vertrauen gleichermaßen darauf, dass er ihnen keine Männer vorstellt, die sie nicht kennenlernen möchten und von denen er nichts außer dem weiß, was sie haben bat darum, ihnen vorgestellt zu werden.

Nur sehr wenige Verwalter kümmern sich darum, eine Dame, die sie nur vom Sehen und Namen kennen, anzusprechen, um sie einem Fremden vorzustellen; sie ziehen es vor, die Vorstellung abzulehnen, mit der Begründung, sie hätten nicht die Ehre, mit der Dame bekannt zu sein.

Die Stewards sind der Ansicht, dass die Stellung eines jungen Mannes eine besondere sein muss und dass seine Anwesenheit auf einem Ball eine gewisse Anomalie darstellt, wenn er keinen Bekannten im Saal hat, durch den er dem einen oder anderen der Stewards bekannt werden kann oder über den er einer bestimmten Dame vorgestellt werden kann, mit der er tanzen möchte.

Wenn ein Herr auf einem öffentlichen Ball einer jungen Dame vorgestellt wird, bedeutet das im Allgemeinen, dass er ihr als Partner vorgestellt wird und dass er sie zwar nicht zum nächsten Tanz auffordern wird, dies aber zu einem späteren tun wird, oder dass er wird ihr zumindest anbieten, sie zum Abendessen einzuladen, oder, falls früher am Abend, ihr etwas Tee zu geben, oder, wenn sie diese Höflichkeiten ablehnt, das Gespräch mit ihr fortzusetzen, bis der nächste Tanz beginnt oder bis ein Tanz beginnt ist vorbei. Wenn ein Gentleman keines dieser Dinge tut, sondern gleich nach der Vorstellung weggeht, ist das ein Beweis dafür, wie wenig er sich das gewünscht hat und dass ihm zweifellos nicht die Möglichkeit gegeben wurde, es abzulehnen.

Gutmütige Freunde beiderlei Geschlechts wissen, wie schwierig es ist, Partner für gut gekleidete, gut erzogene und gut aussehende Mädchen auf einem Ball zu finden, es sei denn, sie sind auf die eine oder andere Weise überdurchschnittlich attraktiv, was in diesem Fall der Fall ist beliebt und begehrt, und die einzige Schwierigkeit liegt bei den jungen Damen selbst, wie sie die Tänze am besten aufteilen sollen, um ihre zahlreichen Partner zufrieden zu stellen, oder ihre Begleiter zu überreden, für einen weiteren Tanz zu bleiben, den sie versprochen haben, usw.

In der Ballsportwelt ist es eine wohlbekannte Tatsache, dass die Mehrheit der jungen Männer darauf bestehen, in einem Ballsaal den beliebtesten Mädchen vorgestellt zu werden, und sich weigern, jemandem vorgestellt zu werden, der nicht viele Partner zu haben scheint.

Öffentliche Bälle bestehen in Wirklichkeit aus einer Reihe kleiner Gruppen und unterschiedlicher Bühnenbilder, wobei jede Gruppe oder Party völlig unabhängig von der anderen ist.

Auf Kreisbällen veranstalten die Kreisbewohner große Hauspartys, und jede Hausparty mischt sich je nach Stellung oder Neigung unter die anderen Hauspartys oder nicht.

Wenn sich auf einem Ball drei große Hausparteien zusammenschließen, bilden sie eine sehr imposante Mehrheit; Aber es gibt noch andere Gruppen im selben Ballsaal, die zur gleichen Band tanzen und sich in den gleichen Abendmahlsraum begeben, gleich weit voneinander entfernt und gleich verschieden.

Auf Bällen, die an Wasserplätzen abgehalten werden, veranstalten die Bewohner zwar keine großen Hauspartys, schließen sich aber doch mit den ihnen bekannten Bewohnern zusammen, verstärkt durch Freunde, die absichtlich herkommen, um beim Ball dabei zu sein . Auf den ersten Blick kann es also nicht anders, als dass die Vorstellungen eines Verwalters schlecht aufgenommen werden, egal in welcher Situation er dazu gezwungen wird; und es versteht sich von selbst, dass Kennenlernen, um sich als akzeptabel zu erweisen, nur über Freunde und Bekannte erfolgen sollten, und selbst dann mit Fingerspitzengefühl und Urteilsvermögen.

Da es sich bei den Sportkommissaren eines Balls in der Regel um die einflussreichsten Herren des Ortes handelt, ist es selbstverständlich, dass sie mit vielen, wenn nicht allen wichtigen anwesenden Personen vertraut sind. Wenn sie sich also vorstellen, geschieht dies nicht aufgrund ihres Amtes , sondern einfach aus Freundschaft und durch die persönliche Bekanntschaft mit den von ihnen Bekannten.

Kennenlernen im Freien ist eher eine Frage der Neigung als nicht, denn wenn eine Dame beispielsweise mit einer anderen Dame spazieren geht, bei der sie zu Besuch ist, sollte sie ihrer Gastgeberin alle Freunde vorstellen, die sie zufällig trifft, und ihre Gastgeberin sollte das Gleiche tun, wenn sich Zeit und Gelegenheit dazu bieten; Sollte es einen Grund dafür geben, dass sich eine der beiden Damen nicht vorstellt, sollte dies erklärt werden, wenn sie wieder allein sind. Denn wenn eine der beiden Damen die andere vom Gespräch ausschließen würde, würde dies als unhöflich gegenüber der

Ausgeschlossenen angesehen werden. Wenn sich zwei Damen beim Spazierengehen zufällig begegnen und anschließend zwei oder mehr Damen hinzukommen, sollte sich keine der beiden Damen einander vorstellen, es sei denn, es liegt ein besonderer Grund dafür vor. Eine Dame sollte in der Regel keine Herren einander vorstellen, es sei denn, einer von ihnen ist ihr Gastgeber, obwohl dies korrekt wäre.

Wie anlässlich einer Vorstellung vorzugehen ist, hängt fast ausschließlich davon ab, aus welchem Grund sie erfolgt ist und von wem und wem die Person vorgestellt wird. Sogar der *Ort* hat etwas damit zu tun, und daher werden verschiedene Fragen aufgeworfen, über die sofort ein Urteil gefällt werden muss. Der Geist muss sich blitzschnell über den Boden bewegen, um zur richtigen Vorgehensweise zu gelangen; Aber der Geist reagiert nicht immer auf den Ruf, der an ihn gerichtet wird: Er zögert und handelt nicht aufgrund des Ergebnisses der Überlegung, sondern aufgrund der Eingebung des Augenblicks.

Die empfangene Regel besteht nicht darin, sich die Hand zu geben , sondern sich lediglich zu verbeugen, wenn man ihm vorgestellt wird; aber diese Regel würde unter bestimmten Umständen nicht zutreffen; es würde den Einführenden und den Eingeführten enttäuschen. Wenn zum Beispiel ein Verwandter des Erstgenannten die vorgestellte Person ist, wäre eine Verbeugung eine sehr abschreckende Reaktion auf die vorgenommene Vorstellung; Händeschütteln hingegen wäre das Richtige, und beide Personen sollten gleichzeitig diese herzliche Anerkennung aussprechen. Erfolgt andererseits eine lockere Vorstellung ohne Vorsatz und sind die Vorgestellten einander völlig unbekannt, genügt ein Austausch von Verbeugungen von ihnen.

Zu den Ausnahmen für die bloße Verbeugung bei der Vorstellung zählen die Vorstellungen zwischen jungen Damen und älteren Damen sowie zwischen jungen Damen selbst. In der Regel schüttelt eine ältere Dame einem Mädchen, das ihr vorgestellt wird, die Hand mit der Absicht, herzlich und freundlich zu sein, um nicht zu sagen herablassend, und Mädchen geben sich im Allgemeinen die Hand, anstatt sich zu verbeugen, wie es bei zwischen ihnen entstandenen Bekanntschaften der Fall ist nicht die Bedeutung, die denen älterer Damen beigemessen wird; außerdem ist eine größere Bereitschaft, Freundschaften zu schließen, das Privileg und Merkmal der Jugend.

Männer vertreten im Großen und Ganzen die gleiche Ansicht, was das Kennenlernen angeht, wie Frauen – das heißt, wenn ein Verwandter des vorgestellten Mannes die Vorstellung vornimmt, schütteln sich die Männer die Hand und verbeugen sich nicht nur. Dies gilt auch für innige Freunde: Sie stehen fast auf der Stufe von Beziehungen, und eine auf diese Weise erfolgte Vorstellung wird herzlich aufgenommen. Wenn beiläufige Vorstellungen eher aus Notwendigkeit als aus Absicht erfolgen, schütteln Männer nicht die Hand. Wenn „Ich glaube, Sie haben A getroffen." oder „Ich glaube, Sie kennen Herrn A." gesagt wird – das eine von einem Gastgeber und das andere von einer Gastgeberin –, ist von beiden nichts weiter erforderlich als eine Verbeugung und ein Lächeln der Zustimmung, um die Einführung anzunehmen, und ein Haftungsausschluss wird nicht erwartet, wenn „Herr A." ist eigentlich nicht bekannt. Die Unsicherheit ist ein Vorwand für die Einführung.

Damen erheben sich nicht von ihren Plätzen, wenn sie bei einer „Zuhause"-Veranstaltung vorgestellt werden oder bevor das Abendessen angekündigt wird, noch nach dem Abendessen, oder wenn sie anrufen, wenn ihnen jemand vorgestellt wird, oder wenn sie selbst vorgestellt werden. Eine halbe Ausnahme gibt es zwar in überfüllten „Zuhause", wenn es fast eine Notwendigkeit ist, aufzustehen und mit der vorgestellten Dame zu sprechen: Es gibt keinen freien Platz, den sie einnehmen könnte, und wenn daher beide nicht aufstehen, Das Gespräch ist in einer Sackgasse, da die wenigen ersten konventionellen Bemerkungen eines der beiden im allgemeinen Trubel untergehen; Außerdem ist es für eine Dame unangenehm und unanständig, sich über einen Sitzenden zu beugen, um ein paar Plattitüden zu sagen. „Einleitende Bemerkungen" oder Bemerkungen, die auf Einleitungen folgen, haben zu oft einen melancholischen Klang der Alltäglichkeit und sind ausgesprochen abgedroschen. Wie können sie anders sein? Sich aus dem Alltäglichen in die Originalität zu wagen, wäre verdächtig, exzentrisch zu sein, und niemand möchte als etwas seltsam gelten.

Wenn vor und nach dem Abendessen Damen vorgestellt werden, dann an diejenigen, die nahe beieinander sitzen, und daher gibt es keine Gelegenheit, aufzustehen, wie es bei einem „Zuhause" der Fall sein könnte. Es kommt nicht in Frage, dass eine Dame von ihrem Platz aufsteht, wenn ihr ein Mann vorgestellt wird, es sei denn, dieser Mann ist ihr Gastgeber, wenn sie aufstehen und ihm die Hand schütteln sollte, oder ein geistlicher Würdenträger – zum Beispiel ein Bischof, wenn die Gelegenheit es erlaubt es, und bei einem halboffiziellen Anlass. Diese Frage beschäftigt Männer nicht, da man sie normalerweise im Stehen antrifft oder sie einer Person vorführt, um sie vorzustellen, und selbst wenn ein Mann es wagt, sich in ein „Zuhause"-Restaurant zu setzen, oder bevor das Abendessen angekündigt wird, springt er auf Er steht schnell auf, wenn jemand versucht, ihn einem Mitgast vorzustellen.

Bei Afternoon Calls müssen häufig Vorstellungen gemacht werden, vorausgesetzt, dass nur zwei oder drei Anrufer anwesend sind und die Gastgeberin das Gefühl hat, dass sie das Gespräch allgemein halten muss, indem sie eine direkte oder indirekte Einführung macht, je nachdem, was ihr am besten erscheint. Die so vorgestellten Damen bleiben sitzen und verbeugen sich. Selbst unter den oben erwähnten Ausnahmebedingungen geben sie sich nicht die Hand, beteiligen sich aber sofort an dem Gespräch, das als Konversation gilt, und schütteln beim Verlassen dem betreffenden Verwandten die Hand, nachdem sie der Gastgeberin die Hand geschüttelt und ihre Freude zum Ausdruck gebracht haben beim Treffen mit dieser nahen Verwandten – Mutter oder Schwester oder wer auch immer sie sein mag.

Kennenlernen zwischen Anrufern unter erzwungenen Umständen hat keinen großen Einfluss auf zukünftige Bekanntschaften. Die vorgestellten Personen verbringen so kurze Zeit in der Gesellschaft des anderen und wissen praktisch nichts über die Umgebung des anderen, dass sie sich nicht sicher sind, ob sie sich bei zukünftigen Treffen daran erinnern sollten, dass solche Vorstellungen stattgefunden haben, und ob sie sich verneigen oder vergessen sollen. Eigentlich wäre es richtig, sich zu verbeugen, wenn die Gelegenheit dazu gegeben wird, aber wenn der Wunsch, Anerkennung zu verleihen, nicht auf Gegenseitigkeit beruht, nützt es wenig, wenn man ihm widerwillig nachgibt, und es wäre noch schlimmer, wenn ihm die Anerkennung verweigert würde. Manche Menschen haben ein kurzes Gedächtnis für Gesichter, andere sind kurzsichtig, und mit diesen beiden Nachteilen muss man rechnen, wenn man von einer Person, der man auf diese Weise vorgestellt wurde, Anerkennung erwartet.

KAPITEL III

Hinterlassen von Karten

DIE Etikette des Kartenhinterlassens ist ein Privileg, das die Gesellschaft in die Hände von Damen legt, um ihre Bekanntschaften und Intimitäten zu regeln und zu bestimmen, zu regeln und zu entscheiden, wen sie besuchen wollen und wen nicht, wen sie in ihre Freundschaft aufnehmen und wen sie am weitesten entfernt halten wollen, wen sie weiter pflegen wollen und wen sie aufgeben wollen.

Es scheint, dass der Vorgang des Hinterlegens von Visitenkarten nur unvollständig verstanden wird und dass hinsichtlich der tatsächlichen Verwendung von Visitenkarten viele falsche Vorstellungen vorherrschen. Der Zweck des Hinterlegens von Karten besteht darin, zu signalisieren, dass ein Anruf getätigt wurde, dass die gebotene Höflichkeit gezeigt wurde und dass im Gegenzug eine entsprechende Höflichkeit erwartet wird.

Das Hinterlassen von Karten oder das Hinterlassen von Karten ist einer der wichtigsten gesellschaftlichen Bräuche, da es die Grundlage oder den Kern aller Bekanntschaften in der allgemeinen Gesellschaft darstellt. Das Hinterlassen von Karten ist laut Etikette der erste Schritt zur Bildung oder Erweiterung eines Bekanntenkreises, die Nichtbeachtung der vorgeschriebenen Regeln ist ein sicherer Schritt in die entgegengesetzte Richtung. Das Folgende ist der erhaltene Kodex für das Hinterlegen von Karten in allen Einzelheiten gemäß der Etikette, die in guter Gesellschaft sowohl von Damen als auch von Herren eingehalten wird, und sollte treu befolgt werden.

Eine Visitenkarte einer Dame sollte in kleiner, klarer Kupferschrift gedruckt sein und darf keine Verzierungen wie Zier- oder altenglische Buchstaben enthalten. Es sollte keine dünne Karte sein, sie sollte drei Zoll und fünf Achtel breit und etwas weniger als zweieinhalb tief sein.

Der Name der Dame sollte in der Mitte der Karte aufgedruckt sein, ihre Adresse in der linken Ecke. Wenn sie eine zweite Adresse hat, sollte diese in die gegenüberliegende Ecke der Karte gedruckt werden. Wenn es sich bei der zweiten Adresse nur um eine temporäre handelt, wird sie normalerweise geschrieben und nicht gedruckt.

Eine verheiratete Frau sollte niemals ihren Vornamen auf einer Karte verwenden. Sie sollte jedoch den Vornamen ihres Mannes vor ihrem Nachnamen verwenden, wenn dessen Vater oder älterer Bruder lebt.

Heutzutage gilt es als altmodisch, dass die Namen von Ehemännern und Ehefrauen auf derselben Karte gedruckt werden, obwohl es in Badeorten immer noch üblich ist, die beiden Namen auf derselben Karte zu haben, „Mr. und Mrs. Dash". gelegentlich gefolgt; Aber selbst wenn diese Karten verwendet werden, benötigen eine Dame und ein Herr immer noch eigene Karten.

Eine Dame, die einen großen Bekanntenkreis hat, sollte ein Besuchsbuch führen, in das sie die Namen ihrer Bekannten und das Datum eintragen kann, an dem ihre Karten bei ihr hinterlassen wurden, zusammen mit den Daten ihrer Rückkehrkarten, die sie darauf hinterlassen hat, damit sie wissen könnte, ob a ob die Karte ihr von ihnen zusteht oder ob sie ihnen von ihr zusteht.

Eine Dame mit einer kleinen Bekanntschaft würde ein Notizbuch für diesen Zweck als ausreichend empfinden; In der Mitte jeder Seite sollte eine Linie gezogen werden, die sie in zwei Spalten unterteilt, die eine Spalte für die Namen und die gegenüberliegende Spalte für die Daten der getätigten und zurückgegebenen Anrufe.

Das Hinterlegen von Karten obliegt grundsätzlich der Hausherrin; eine Frau sollte Karten sowohl für ihren Mann als auch für sich selbst hinterlassen; und eine Tochter für ihren Vater. Der Hausherr hat wenig oder gar nichts mit dem Hinterlassen von Karten zu tun, außer Karten bei seinen Junggesellenfreunden zu hinterlassen.

Auf dem Land ist es anders, und wer nach Hause zurückkehrt, wird zunächst von seinen Freunden und Bekannten angerufen, es sei denn, es liegen außergewöhnliche Umstände vor.

Damen, die in der Stadt ankommen, sollten ihren Bekannten und Freunden Karten hinterlassen, um ihnen mitzuteilen, dass sie zurückgekehrt sind.

Visitenkarten sollten persönlich abgegeben und nicht per Post verschickt werden, obwohl dies in der Stadt, wenn die Entfernung groß ist, stillschweigend erlaubt ist; aber in der Regel hinterlassen Damen ihre Karten immer selbst. Wenn Damen mit einem großen Bekanntenkreis während der Saison in der Stadt ankommen, schicken sie ihre Visitenkarten oft über einen Diener oder einen Schreibwarenhändler an ihre verschiedenen Freunde und Bekannten.

Die Routine des Kartenhinterlassens. — Was die Routine des Kartenhinterlassens betrifft. Beim Autofahren sollte eine Dame ihren Diener bitten, sich zu erkundigen, ob die Herrin des Hauses, in dem sie ankommt, „zu Hause" ist. Wenn sie nicht „zu Hause" ist und es sich um einen ersten Besuch handelt, sollte sie ihm *drei* Karten geben – *eine* von ihr und *zwei* von ihrem Mann. Ihre Karte bleibt für die Herrin des Hauses und die Karten ihres Mannes sowohl für den Herrn als auch für die Frau.

Wenn es sich nicht um einen ersten Anruf handelt, sollte eine Dame nur eine der Karten ihres Mannes hinterlassen, wenn seine Bekanntschaft mit dem Ehemann ihrer Freundin eher intim ist und sie die Angewohnheit haben, sich häufig zu treffen. Wenn sie sich hingegen nur wenig kennen und sich nur selten treffen, sollten zwei seiner Karten übrig bleiben. Dies allerdings nicht bei jedem Anlass des Anrufs.

Wenn eine Dame lediglich Karten hinterlässt, sollte sie die drei Karten ihrem Diener geben und sagen: „Für Frau –.“ Dies stellt sicher, dass die Karten an der richtigen Adresse hinterlassen werden, und ist die richtige Formel für den Anlass.

Wenn eine Dame spazieren geht und feststellt, dass die Herrin des Hauses, bei dem sie anruft, „nicht zu Hause“ ist, sollte sie wie oben beschrieben handeln.

Wenn eine Dame einen Anruf tätigen möchte, sollte sie fragen, ob „Frau —
— zu Hause ist?“ Und wenn die Antwort bejaht wird, sollte sie nach dem Anruf *zwei* Karten ihres Mannes auf dem Flurtisch liegen lassen und sie weder in den Kartenkorb legen noch auf dem Salontisch liegen lassen oder sie anbieten an ihre Gastgeberin, was alles sehr falsch wäre; aber sie könnte sie, sobald sie die Halle erreicht hatte, schweigend dem Diener übergeben, oder sie könnte sie durch ihren eigenen Diener hereinschicken, während sie in ihrer Kutsche saß und sagte: „Für Mr. und Mrs. Smith.“ Sie sollte ihre *eigene* Karte nicht auf dem Flurtisch liegen lassen, da der Grund dafür, nachdem sie die Dame des Hauses gesehen hat, nicht mehr besteht. [1]

Wenn eine Dame, die zu Besuch kommt, von ihrem Ehemann begleitet wird und die Hausherrin zu Hause ist, sollte der Ehemann nur eine seiner Karten für den abwesenden Hausherrn hinterlassen; Wenn der Hausherr ebenfalls zu Hause ist, sollte in diesem Fall keine Karte hinterlassen werden.

Wenn die Hausherrin eine oder mehrere erwachsene Töchter hat, sollte die Dame, die Karten hinterlässt, eine Ecke ihrer Visitenkarte – im Allgemeinen die rechte Ecke – nach unten klappen, um die Tochter oder die Töchter in den Anruf einzubeziehen. Dieser Brauch, eine Ecke einer Visitenkarte abzulehnen, bedeutet, dass neben der Gastgeberin auch andere Damen der Familie an dem Anruf beteiligt sind. Ein Ausländer dreht das *Ende* einer Karte um und nicht nur eine Ecke, was nicht die gleiche Bedeutung hat. Es soll bedeuten, dass er es persönlich hinterlassen hat.

Eine Dame sollte nicht den Töchtern des Hauses eine Karte ihres Mannes hinterlassen, doch nicht selten hinterlässt sie seine Karte den erwachsenen Söhnen des Hauses.

Wenn eine Dame beabsichtigt, einer Freundin Karten zu hinterlassen, die bei jemandem zu Gast ist, den sie nicht kennt, sollte sie Karten nur für ihre Freundin und nicht für die Gastgeberin ihrer Freundin hinterlassen; Wenn sie aber mit der Gastgeberin ihrer Freundin einigermaßen vertraut ist, sollte sie bei ihrem ersten Besuch bei ihr Karten hinterlassen, aber es wäre nicht notwendig, dies bei jedem weiteren Besuch zu tun, insbesondere wenn sie häufig vorkommen.

Junge Damen sollten keine eigenen Visitenkarten haben; Ihre Namen sollten unter denen ihrer Mutter auf ihrer Karte gedruckt werden. Falls keine Mutter lebt, sollte der Name der Tochter unter dem Namen ihres Vaters auf der üblichen Visitenkarte für Damen gedruckt werden, jedoch niemals auf den kleineren Karten, die von Herren verwendet werden. Wenn junge Damen von Verwandten oder Freunden in die Gesellschaft mitgenommen werden, sollten ihre Namen mit Bleistift unter den Namen der Begleitdamen auf ihren Visitenkarten geschrieben werden.

Jungfräuliche Damen ab einem bestimmten Alter sollten eigene Visitenkarten haben, aber bis eine junge Dame ein sogenanntes bestimmtes Alter erreicht hat, spricht es nicht für geringe Handlungsfreiheit, eine eigene Karte zu haben; aber wenn sie keine Aufsicht mehr benötigt, hat sie Anspruch auf eine eigene Karte, da sie eindeutig ihre eigene Geliebte ist und ihre Bekannten selbst auswählen kann.

Wenn eine junge Dame ohne Begleitung ihrer Eltern zu Besuch ist und Damen besuchen möchte, bei denen die Dame, bei der sie wohnt, unbekannt ist, sollte sie die Karte ihrer Mutter hinterlassen, auf der auch ihr eigener Name steht, und mit Bleistift zeichnen durch den Namen ihrer Mutter, um zu verdeutlichen, dass sie bei dieser Gelegenheit nicht bei ihr war.

Die Rückgabe der Karten sollte nach Möglichkeit immer innerhalb einer Woche, spätestens jedoch zehn Tage nach dem Verlassen erfolgen, höflicher ist es jedoch, dies innerhalb einer Woche zu tun. Und es muss darauf geachtet werden, den „Anruf" oder die „Karten" entsprechend der Etikette zurückzugeben, die von der Person eingehalten wird, die den Anruf tätigt oder die Karte hinterlässt; das heißt, dass ein „Anruf" *nicht* nur durch eine Karte oder eine „Karte" durch einen „Anruf" zurückgegeben werden darf. Dies ist ein Punkt, bei dem Damen sehr vorsichtig sein sollten.

Sollte eine höherrangige Dame durch einen „Anruf" eine Karte zurückgeben und fragen, ob die Herrin des Hauses „zu Hause" sei, so würde sie dies unter strenger Etikette tun; und sollte sie einen „Anruf" nur mit einer Karte erwidern, sollte es klar sein, dass sie sich eine Bekanntschaft nur im Geringsten wünschte; Und sollte eine Dame einen Bekannten von höherem Rang als sie selbst besuchen, der ihr nur eine Karte hinterlassen hatte, wäre dies ein Verstoß gegen die Etikette.

In großen Lokalen trägt der Portier die Namen aller Besucher in ein speziell für diesen Zweck geführtes Buch ein, während einige Damen ihren Diener lediglich bitten, die für sie hinterlassenen Karten zu sortieren.

Auf den im Haus hinterlassenen Karten sollte niemals der Name der Dame oder des Herrn stehen, für die die Karten bestimmt sind. Der einzige Fall, in dem dies getan werden sollte, wäre, wenn einer Dame oder einem Herrn, der in einem überfüllten Hotel übernachtet, Karten hinterlassen werden und deren Namen, um Verwirrung zu vermeiden und sicherzustellen, dass sie sie erhalten, wie folgt darauf geschrieben werden sollten: „ Für Herrn und Frau Smith. Aber das wäre ein ziemlicher Ausnahmefall, sonst wäre es äußerst vulgär.

Hinterlassen von Karten nach Unterhaltungen. – Visitenkarten sollten nach den folgenden Unterhaltungen hinterlassen werden: Bälle, Empfänge, private Theateraufführungen, Amateurkonzerte und Abendessen, von den Eingeladenen, unabhängig davon, ob die Einladungen angenommen wurden oder nicht, und sollten am Tag nach der Unterhaltung zurückgelassen werden, wenn … möglich, und zwar innerhalb der Woche nach den bereits beschriebenen Regeln zur Kartenabgabe. Bei diesen Gelegenheiten sollten die Karten ohne Rückfrage hinterlassen werden, ob die Gastgeberin zu Hause ist, obwohl es nach einer Dinnerparty die Regel ist, sie zu fragen, ob sie zu Hause ist, da das Essen in einem Haus eine größere Intimität bedeutet, als dort anwesend zu sein eine große Versammlung. Wenn die Gastgeberin nicht zu Hause war, sollten die Karten hinterlassen werden.

Wenn eine Dame nur einmal bei einer Veranstaltung anwesend war, sei es, dass die Einladung über einen gemeinsamen Freund oder direkt von der Gastgeberin selbst kam, da die Gastgeberin nur eine kleine Bekannte von ihr ist, kann sie neben dem Hinterlassen von Karten am darauffolgenden Tag auch Folgendes tun: Wenn sie es wünscht, hinterlassen Sie Karten für die folgende Saison oder, wenn Sie in derselben Stadt wohnen, innerhalb einer angemessenen Zeit nach der Unterhaltung; aber wenn diese Karten nicht durch Hinterlassen von Karten als Gegenleistung anerkannt werden, sollte sie natürlich verstehen, dass die Bekanntschaft nicht weitergehen soll.

Eine Dame sollte keine Karten bei einer anderen Dame hinterlassen, die sie erst kürzlich auf einer Dinnerparty oder beim Nachmittagstee kennengelernt hat. Sie muss sie zum Beispiel mehrmals in der Gesellschaft treffen und sich sicher sein, dass ihre Bekanntschaft erwünscht ist, bevor sie es wagt, Karten zu hinterlassen. Wenn zwei Damen den gleichen Rang haben, ist ihr Fingerspitzengefühl der beste Anhaltspunkt dafür, ob es ratsam ist, einander Karten zu lassen oder nicht; Die höherrangige Dame kann die Initiative ergreifen, wenn sie will. Äußert eine der Damen den Wunsch, die Bekanntschaft dadurch zu fördern, dass sie die andere bittet, bei ihr vorbeizuschauen, sollte der Vorschlag von der Dame mit dem höchsten Rang kommen; Bei gleichem Rang ist es unerheblich, wer zuerst den Vorschlag macht. In jedem Fall sollte der Anruf jedoch innerhalb der Woche bezahlt werden.

Den Neuankömmlingen Karten hinterlassen. —Auf dem Land sollten die Einwohner die ersten sein, die den Neuankömmlingen Karten hinterlassen, nachdem sie sich über die Stellung der Neuankömmlinge in der Gesellschaft informiert haben.

Personen, die sich in derselben Sphäre bewegen, sollten entweder Karten hinterlassen oder anrufen, je nachdem, wie sie feierlich oder freundlich sein wollen, und die Rückbesuche sollten auf die gleiche Weise bezahlt werden, eine Karte für eine Karte, ein Anruf für einen Anruf.

Es ist die gängige Regel, dass Anwohner Neuankömmlinge aufsuchen sollten, auch wenn sie sie noch nicht kennen oder kennengelernt haben.

Neuankömmlinge, auch von höherem Rang, sollten sich zunächst nicht an die Bewohner wenden, sondern warten, bis die Bewohner die Initiative ergriffen haben. Wenn die Bewohner die Bekanntschaft nach dem ersten Treffen nicht fortsetzen möchten, wird sie dadurch abgebrochen, dass sie keine Karten hinterlassen oder nicht erneut anrufen. Wenn die Neuankömmlinge keine Lust haben, die Bekanntschaft fortzusetzen, sollten sie die Anrufe erwidern, indem sie nur Karten hinterlassen. Die Anwerbung von Neuankömmlingen im Land sollte nicht wahllos erfolgen und der individuelle Status in der Gesellschaft sollte gebührend berücksichtigt werden.

Die Dame mit der höchsten gesellschaftlichen Stellung in dem Kreis, zu dem die Neuankömmlinge gehören, übernimmt im Allgemeinen die Verantwortung, die Neuankömmlinge zuerst aufzusuchen. Mit „Neuankömmlingen" sind Personen gemeint, die beabsichtigen, sich für längere Zeit oder auch nur für kurze Zeit in einem Kreis oder einer Stadt aufzuhalten und sich dort nicht nur gelegentlich aufhalten.

Der Brauch der Bewohner, Neuankömmlinge aufzusuchen, ist ausschließlich der Kreisgesellschaft vorbehalten und gilt nicht für Bewohner großer Städte und dicht besiedelter Badeorte.

In alten Domstädten und ruhigen Landstädten, fernab der Metropolen, gilt hingegen die Regel, dass die Bewohner Neuankömmlinge aufsuchen.

Karten „Anfragen". —Karten zur Kontaktaufnahme mit Freunden während ihrer Krankheit sollten persönlich abgegeben und nicht per Post verschickt werden; aber sie können von einem Diener geschickt werden. Auf der Visitenkarte einer Dame sollte über dem aufgedruckten Namen stehen:

„Um sich nach Frau Smith zu erkundigen." Wenn sich die angefragte Person ausreichend erholt hat, um den Dank persönlich zu erwidern, ist die übliche Art der Dankbarkeit die übliche Visitenkarte mit der Aufschrift „Vielen Dank für freundliche Anfragen" über dem gedruckten Namen .

PPC-Karten. – Früher wurden PPC-Karten innerhalb einer Woche nach der Abreise abgegeben, oder innerhalb von zehn Tagen, wenn der Bekannte groß war.

Die Buchstaben PPC für *pour prendre congé* , die in der unteren Ecke von Visitenkarten stehen, weisen auf das Verlassen der Stadt oder eines Viertels hin. PPC-Karten können persönlich abgegeben oder von einem Bediensteten verschickt werden; sie können auch per Post verschickt werden. Der Zweck der Hinterlegung von PPC-Karten besteht darin, Verabschiedungen und Korrespondenz bezüglich der Abreise zu vermeiden und zu verhindern, dass es zu Beleidigungen kommt, wenn Briefe und Einladungen unbeantwortet bleiben.

Im Land ist es bei einer Abwesenheit von drei bis sechs Monaten notwendig, PPC-Karten zu hinterlassen; In diesem Zeitraum wäre es nicht erforderlich, eine vorübergehende Abwesenheit mitzuteilen, die keine tatsächliche Abreise darstellt. Kurze Abwesenheiten machen das Hinterlegen von PPC-Karten überflüssig. Die Feiertagsbewegungen zu Weihnachten, Ostern und Pfingsten sind anerkannt und es besteht keine Abschiedspflicht. PPC-Karten werden heutzutage selten oder nie mehr in der Stadt zurückgelassen.

Geschäftsanrufe. – Wenn eine Dame einen rein geschäftlichen Besuch bei einer Dame oder einem Herrn macht, sollte sie ihre Karte dem Diener geben, damit er sie zu seinem Herrn oder seiner Geliebten bringt, aber bei keiner anderen Gelegenheit sollte sie dies tun.

Visitenkarten für Herren. – Eine Herrenkarte sollte dünn sein – dicke Karten sind nicht geschmackvoll – und nicht glasiert, und die übliche schmale Breite haben, *dh* anderthalb Zoll tief und drei Zoll breit; sein Name sollte in der Mitte gedruckt werden, also: „Mr. Smith" oder „Mr. Francis Smith", falls er den Zusatz seines Vornamens benötigt, um ihn von seinem Vater oder älteren Bruder zu unterscheiden. „Francis Smith" auf die Karte drucken zu lassen, ohne das Präfix „Mr." wäre geschmacklos.

Initialen, die sich auf einen Ehrenrang beziehen, sollten niemals auf einer Karte geschrieben oder gedruckt werden, wie z. B. DL, KC, MP, KCB, MD usw. Militärische oder berufliche Titel stehen zwangsläufig vor dem Nachnamen der Person, die sie trägt, und werden immer verwendet, wie z „Colonel Smith", „Captain Smith", „Rev. H. Smith", „Dr. Smith" usw.

Was Titel betrifft, ist „The Honourable" der einzige Titel, der nicht auf einer Visitenkarte verwendet wird. Daher sollte die Karte „The Honourable Henry Smith" nur die Worte „Mr. Henry Smith" tragen.

Die Karte eines Baronets sollte so gedruckt werden: „Sir George Smith" und die Karte eines Ritters sollte so gedruckt werden: „Sir Charles Smith". Die Adresse eines Herrn sollte in der linken Ecke der Karte aufgedruckt sein. Wenn Sie Mitglied eines Clubs sind, ist es üblich, den Namen des Clubs auf der rechten Seite aufzudrucken. Offiziere tragen normalerweise den Namen des Vereins in der linken Ecke anstelle der Adresse und das Regiment, dem sie angehören, auf der rechten Seite.

Die Karten sollten in kleiner Kupferschrift ohne jegliche Verzierungen gedruckt werden. Alte englische Buchstaben sehen auf einer Karte altmodisch aus und werden nur wenig verwendet; und Ziergroßbuchstaben werden nie verwendet und sind veraltet. Der Schriftzug sollte so schlicht und frei von jeglicher Verschönerung sein, wie es nur geht.

Die Routine des Kartenhinterlassens für Herren. – Für Junggesellen ist das Hinterlassen von Karten eine lästige Routine der Etikette und wird daher oft vernachlässigt, weil sie in den Nachmittagsstunden kaum oder gar keine Muße zur Verfügung haben. Dies ist mittlerweile in der Gesellschaft völlig verstanden und akzeptiert. Wenn sich ein Junggeselle jedoch in der Gesellschaft zurechtfindet und Muße hat, die Bekanntschaften, die er bereits gemacht hat, zu vertiefen, sollte er sich an die Regeln des Kartenhinterlassens halten.

Von Junggesellen wird in der Regel erwartet, dass sie dem Herrn und der Frau, die sie kennen, Karten hinterlassen, sobald sie erfahren, dass die Familie in der Stadt angekommen ist. oder wenn ein Junggeselle selbst verreist war, sollte er nach seiner Rückkehr sofort Karten bei seinen Bekannten hinterlassen. Er sollte eine Karte für die Herrin des Hauses und eine für seinen Herrn hinterlassen.

Ein Gentleman sollte keinen Winkel seiner Karte ausschlagen, auch wenn er außer der Hausherrin noch andere Damen der Familie kennt. Ein Herr sollte den jungen Töchtern des Hauses oder einem jungen Verwandten seiner Herrin, der möglicherweise bei ihr wohnt, keine Karte hinterlassen; aber wenn ein ihm bekanntes Ehepaar bei den Freunden, die er besucht, wohnte, sollte er ihnen zwei Karten hinterlassen, eine für die Frau und eine für den Ehemann, und dem Diener sagen, für wen sie bestimmt sind.

Was das Hinterlassen von Karten bei neuen Bekannten betrifft, sollte ein Herr seine Karte nicht einer verheirateten Dame oder der Hausherrin hinterlassen, der er vorgestellt wurde, egal wie gnädig oder angenehm sie ihm gegenüber gewesen ist, es sei denn, sie bittet ihn ausdrücklich darum ruft sie an oder gibt ihm unmissverständlich zu verstehen, dass sie damit einverstanden wäre. Diese Regel gilt unabhängig davon, ob die Einführung bei einer Dinnerparty, einem Ball, „zu Hause", bei einer Zusammenkunft auf dem Land oder anderswo stattgefunden hat; er hätte nicht das Recht, seine Karte wegen einer so geringen Bekanntschaft bei ihr zu hinterlassen; denn wenn sie seine weitere Bekanntschaft wünschte, würde sie eine höfliche Anspielung auf seine Berufung in ihrem Haus machen; in diesem Fall sollte er seine Karte sobald wie möglich bei ihr hinterlassen, und er sollte auch eine Karte für den Hausherrn hinterlassen Haus, der Ehemann oder Vater der Dame (je nach Fall), auch wenn er seine Bekanntschaft bei der Bekanntschaft mit der Dame nicht gemacht hatte.

Ein Gentleman sollte eine Karte nicht bei einer jungen Dame hinterlassen, der er vorgestellt wurde, sondern bei ihrer Mutter oder dem Verwandten, bei dem sie wohnt.

Wenn die Bekanntschaft zwischen den Herren nur gering ist, sollten sie gelegentlich Karten aufeinander legen, besonders wenn sie sich nicht im selben Kreis bewegen und sonst wahrscheinlich nicht zusammenkommen; Daraus folgt im Allgemeinen, dass derjenige, der sich die Bekanntschaft am meisten wünscht, seine Karte zuerst hinterlässt, immer in der Annahme, dass die Stärke der Bekanntschaft dies rechtfertigen würde. Derjenige mit dem höchsten Rang sollte derjenige sein, der zu erkennen gibt, dass er die Bekanntschaft des anderen wünscht; Wenn der Rang gleich ist, ist es eine Frage der Neigung, die zuerst ruft.

Die Regeln der Etikette sind zwar im Hinblick auf Bekannte streng, gelten jedoch kaum oder gar nicht für enge Freunde. Freundschaft hat Vorrang vor Etikette.

Wenn ein Junggeselle eine Reihe enger Freunde hat, muss er ihnen gegenüber nur sehr wenig Karten hinterlassen.

Hinterlassen von Karten nach Unterhaltungen. – Falls ein Herr eine Einladung zu einer Unterhaltung von einem Bekannten oder von einem neuen Bekannten oder von einem gemeinsamen Freund erhält, sollte er seine Karten innerhalb einer Woche oder zehn Tagen nach der Unterhaltung im Haus hinterlassen, eine für die eine für die Herrin und eine für den Hausherrn, unabhängig davon, ob er die Einladung angenommen hat oder nicht. Unter Freunden wird diese Regel stark gelockert.

Es ist üblich, dass ein Herr seine Karten nach jeder Unterhaltung, zu der er von ihnen eingeladen wurde, beim Gastgeber oder bei der Gastgeberin hinterlässt, sei es eine Dinnerparty oder ein Ball, oder „zu Hause" usw. Ob ob er anwesend war oder nicht, die Tatsache, dass er von ihnen eingeladen wurde, verpflichtet ihn, ihnen diese Höflichkeit zu erweisen, obwohl in der allgemeinen Gesellschaft hinsichtlich dieser besonderen Regel mittlerweile ein großer zeitlicher Spielraum eingeräumt wird.

Wenn Sie von einem neuen Bekannten eingeladen werden, sollten Sie die Karten ein paar Tage nach der Bewirtung hinterlassen. Wenn Sie jedoch von einem weniger neuen Bekannten eingeladen werden, sollten Sie sie innerhalb von zehn Tagen oder zwei Wochen hinterlassen. Je früher die Karten hinterlassen werden, desto größer ist die gezeigte Höflichkeit.

Wenn ein bekannter Junggeselle eine Einladung gibt, gilt die gleiche Regel hinsichtlich der Notwendigkeit, dass ihm von den Herren, die ihn nur wenig kennen und die zu der Einladung eingeladen wurden, Karten hinterlassen werden.

Wenn ein Herr zu einer Unterhaltung im Haus eines neuen Bekannten eingeladen wurde, sei es eine Dame oder ein Herr, wäre es für ihn eine gute Sitte, ihm seine Karte bei der Ankunft in der Stadt oder anderswo zu hinterlassen Möglicherweise haben sie ihn zu keiner weiteren von ihnen innerhalb des Jahres veranstalteten Bewirtung eingeladen. Wenn sie ihn im folgenden Jahr nicht erneut einladen, könnte er die Bekanntschaft als beendet betrachten und aufhören, anzurufen. Diese kostenlosen Anrufe bzw. verbleibenden Karten sollten im Laufe des Jahres durchschnittlich nicht mehr als vier betragen.

Gedenkkarten sind in der Gesellschaft veraltet und sollten daher weder an Verwandte noch an Freunde verschickt werden.

Eine Witwe sollte ihren Vornamen nicht auf ihren Visitenkarten verwenden, um sie von anderen Familienmitgliedern ihres verstorbenen Mannes zu unterscheiden. Ihre Karten sollten wie zu seinen Lebzeiten gedruckt werden.

FUSSNOTEN:

[1] Es ist jedoch zulässig, bei einem *ersten* Besuch zu sagen: „Ich lasse meine Karte im Flur liegen, um Sie an meine Adresse zu erinnern"; oder so ein Satz.

KAPITEL IV

Anrufe bezahlen

DAMEN eine strenge und feierliche Etikette untereinander. Die Unkenntnis oder Missachtung der Regeln zur Bezahlung von Anrufen bringt viele Unannehmlichkeiten mit sich; Wenn beispielsweise eine Dame es versäumt, wegen eines Bekannten einen Besuch abzustatten, läuft sie Gefahr, dass sie selbst und ihre Töchter von den Unterhaltungen ausgeschlossen werden, die dieser Bekannte bietet.

Wenn innerhalb einer angemessenen Zeit kein Anruf getätigt wird, kann es zwischen Damen, die sich noch nicht so gut kennen, zu Kälte kommen. Manche Damen nehmen dieses Versäumnis gutmütig oder gleichgültig auf, während bei anderen die Bekanntschaft zu einer bloßen Verbeugungsbekanntschaft wird, um anschließend ganz fallen gelassen zu werden.

Der erste Grundsatz beim Aufrufen besteht darin, dass diejenigen, die als Erste in der Stadt ankommen, als *Erste* ihre Bekannten anrufen und ihnen ihre Rückkehr mitteilen sollen.

„Morgenbesuche", die so bezeichnet werden, weil sie vor dem Abendessen getätigt werden, sind streng genommen „Nachmittagsbesuche", da sie nur zwischen drei und sechs Uhr getätigt werden sollten.

Anrufe, die morgens, also vor ein Uhr, getätigt werden, würden nicht unter die Bezeichnung „Morgenanrufe" fallen, da sie nur von engen Freunden und nicht von Bekannten getätigt werden können und daher nicht den Regeln unterliegen Es gelten die Regeln der Etikette, die die Nachmittagsanrufe regeln. Diese Anrufe werden – was die Uhrzeit des Anrufs betrifft – in hohem Maße durch den genauen Grad der Intimität bestimmt, die zwischen der Person, die anruft, und der angerufenen Person besteht. Von drei bis vier Uhr ist die feierliche Rufstunde; von vier bis fünf Uhr ist die halbzeremonielle Stunde; und von fünf bis sechs Uhr ist die ganz freundliche und ohne Zeremonie stattfindende Stunde.

Wenn eine Dame mit dem Auto unterwegs ist und das Haus eines Bekannten besucht, sollte sie zu ihrer Dienerin sagen: „Fragen Sie, ob Frau A. zu Hause ist."

Wenn eine Dame spazieren geht, sollte sie sich selbst die gleiche Frage stellen.

Wenn die Antwort verneinend ist, sollte sie eine ihrer eigenen Karten und eine ihres Mannes hinterlassen und dem Diener sagen: „Für Herrn und Frau A--."

Wenn die Antwort positiv ist, sollte die Dame ohne weitere Bemerkung das Haus betreten und dem Diener in den Salon folgen.

Der Diener sollte dem Besucher vorausgehen und ihm den Weg in den Salon weisen, und wie gewohnt ein Besucher auch an ein Haus sein mag, es ist immer noch die richtige Etikette, dass der Diener ihm den Weg weist und ihn oder sie dazu auffordert seine Geliebte; und auf diese Regel sollte nicht verzichtet werden, außer im Falle sehr naher Verwandter oder sehr vertrauter Freunde.

An der Tür des Salons wartet der Diener einen Moment, bis der Besucher den Treppenabsatz erreicht hat, wo der Besucher dem Diener seinen Namen nennen soll, „Herr A———" oder „Frau A———". der Diener wird davon nichts wissen.

Wenn der Besucher, der anruft, den Titel „Ehrenwert" trägt, sollte er oder sie dies dem Bediensteten bei der Namensnennung nicht nennen, und der Bedienstete sollte es auch nicht erwähnen, wenn er den Besucher ankündigt.

Alle Titel werden vollständig von den Bediensteten derjenigen verliehen, die sie tragen, also: „Der Herzog und die Herzogin von A--", „Der Marquis und die Marquiseurin von B--", „Der Graf und die Gräfin von C--" „Viscount und Viscountess D———", „Lord und Lady E—" usw.; aber eine Marquise, eine Gräfin oder eine Viscountess würde sich, wenn sie ihren Namen zur Bekanntgabe bei einem Morgenbesuch nannte, nur „Lady A—" nennen.

Ein Herr oder eine Dame sollte niemals dem Diener seine Visitenkarte geben, wenn die Hausherrin zu Hause ist.

Ein Diener sollte nicht an die Tür des Salons klopfen, wenn er Besucher ankündigt. Der Diener sollte beim Öffnen der Salontür innerhalb der Tür stehen, er sollte nicht hinter der Tür stehen, sondern weit in den Raum hinein; Wenden Sie sich, wenn möglich, der Hausherrin zu und sagen Sie „Herr A--" oder „Frau A--".

Wenn sich die Herrin des Hauses beim Eintreffen eines Besuchers nicht im Salon befindet, sollte sich der Besucher an ihrem Eingang niederlassen und aufstehen.

Besucher sollten den Diener nicht fragen, wie lange seine Herrin noch bleiben wird, wo sie ist, was sie gerade macht usw. Von Besuchern wird nicht erwartet, dass sie sich mit den Dienern ihrer Bekannten unterhalten, und sie sollten sich auch nicht an Gesprächen beteiligen mit ihnen.

Als früher ein Gentleman einen Besuch abstattete, nahm er Hut und Stock in der Hand mit in den Salon und hielt sie so lange, bis er die Hausherrin gesehen und ihr die Hand geschüttelt hatte. Er legte sie entweder auf einen Stuhl oder Tisch in der Nähe oder hielt sie in der Hand, je nachdem, ob er sich wohl fühlte oder umgekehrt, bis er sich verabschiedete. Viele Männer mittleren und älteren Alters folgen dieser Mode immer noch bis zu einem gewissen Grad und nehmen ihre Hüte und Stöcke mit in den Salon, wenn sie formelle Anrufe tätigen.

Die neuere Mode bei jüngeren Männern besteht darin, ihre Hüte und Stöcke im Flur zu lassen und sie nicht mit in den Salon zu nehmen, wenn sie anrufen. Dies zu tun ist jetzt sehr allgemein, da Hüte im Weg sind, wenn Tee getrunken wird; außerdem vergaßen Männer oft, wo sie ihre Hüte platzierten, und mussten häufig in den Salon zurückkehren, um sie zu suchen.

Bei „zu Hause", kleinen Nachmittagstees, Mittagessen, Abendessen usw. gilt die gleiche Regel, und geladene Gäste lassen Hüte im Saal zurück.

Ein Herr sollte seinen Stock oder Regenschirm nicht mit in den Salon nehmen, sondern ihn im Flur lassen.

Wenn Herren Handschuhe tragen, können sie diese nach Belieben ausziehen oder anbehalten, es ist egal, was sie tun, aber wenn während des Teetrinkens telefoniert wird, ist es üblicher, sie auszuziehen.

Wenn die Hausherrin im Salon ist, wenn ein Besuch angekündigt wird – und sie sollte ihre Beschäftigungen so einrichten, dass sie immer an den Nachmittagen dort zu finden ist, an denen sie „zu Hause" sein will, falls Besucher kommen –, sollte sie aufstehen, Kommen Sie nach vorne und schütteln Sie ihrem Besucher die Hand. Sie sollte ihren Besucher nicht bitten, Platz zu nehmen oder „Platz zu nehmen", sondern sie könnte sagen: „Wo werden Sie sitzen?" oder: „Willst du hier sitzen?" oder so etwas in diesem Sinne; und sollte sich sofort hinsetzen und erwarten, dass ihr Besucher das Gleiche tut, so nahe wie möglich bei ihr.

Sowohl die Gastgeberin als auch der Besucher sollten sich davor hüten, während eines morgendlichen Anrufs ein wählerisches Verhalten an den Tag zu legen, da ein morgendlicher Anruf in den meisten Fällen ein *Tête-à-Tête ist* und ein *Tête-à-Tête* zwischen zwei Personen, die sich aber einigermaßen kennen, eine beträchtliche Zeit erfordert ein Maß an Fingerspitzengefühl und *Lebenskunst* , das mit Leichtigkeit und Selbstbeherrschung aufrechterhalten werden kann. Eine wählerische Frau ist ohne Ruhe, ohne Würde und ohne *Lebenskunst* .

Eine Gastgeberin verrät, dass sie nicht sehr an die Gesellschaft gewöhnt ist, wenn sie versucht, ihren Besucher durch die Herstellung von Alben, Fotografien, Büchern, illustrierten Zeitungen, Zeichnungsmappen, den künstlerischen Bemühungen der Familienmitglieder und dergleichen zu unterhalten; Konversation ist alles, was nötig ist, ohne auf bildliche Darstellungen zurückgreifen zu müssen.

Wenn das Gespräch nicht intim genug ist, um sich auf Familienangelegenheiten zu beziehen, sollte es sich um leichte Themen der Stunde drehen. [2]

Menschen, die nicht an die Gesellschaft gewöhnt sind, neigen dazu, auf die oben genannten zufälligen Hilfsmittel zurückzugreifen. Eine Gastgeberin sollte sich ausschließlich auf ihre eigene Konversationsfähigkeit verlassen, um die kurze Viertelstunde – die die Grenze eines feierlichen Anrufs darstellt – für ihren Besucher angenehm zu gestalten. Die Gastgeberin sollte ihrem Besucher keine Erfrischungen, zum Beispiel Wein und Kuchen anbieten. Den Morgenbesuchern sollten keinerlei Erfrischungen, außer Tee, angeboten werden; Sie sollen sie nicht verlangen.

Auf dem Land ist es üblich, den Herren Sherry anzubieten und für die Damen Tee zu bestellen, auch wenn der Anruf eher früh am Nachmittag und kurz vor der Stunde des Teetrinkens erfolgt.

Förmliche Besuche werden in der Regel vor halb vier Uhr abgestattet; Wenn aber Tee hereingebracht wird, während der Besucher im Salon ist, oder wenn der Besucher anruft, während die Gastgeberin Tee trinkt, sollte sie ihrem Besucher selbstverständlich Tee anbieten.

Wenn die Hausherrin nur wenige Gäste erwartet, wird „Tee" auf einen kleinen Tisch gestellt – meist wird hierfür ein silbernes Tablett verwendet. Die Gastgeberin sollte den Tee selbst einschenken; Wenn ein Herr anwesend ist, sollte er die Tassen dem Besucher oder der Besucherin reichen, andernfalls sollte die Gastgeberin dies selbst tun und dann den Zucker und die Sahne reichen, ohne zu fragen, ob ihre Besucher beides haben möchten, es sei denn, sie bereitet die Tassen Tee zu selbst, in diesem Fall sollte sie die Frage stellen.

Wenn ein zweiter Besucher zehn oder fünfzehn Minuten nach dem ersten Besucher eintrifft, sollte sich der erste Besucher so schnell wie möglich verabschieden. Wenn der zweite Besucher eine Dame ist, sollte die Gastgeberin aufstehen, ihr die Hand schütteln und sich dann setzen; der erste Besucher, wenn es sich um eine Dame handelt, sollte nicht aufstehen; Wenn er ein Gentleman ist, sollte er es tun.

Eine Gastgeberin sollte auch aufstehen und nach vorne treten, wenn ein Herr angekündigt wird; Dies gibt ihr die Gelegenheit, einige Augenblicke mit ihm zu sprechen, sobald er das Zimmer zum ersten Mal betritt. Der zweite Besucher sollte sich sofort in die Nähe der Gastgeberin setzen.

Sie sollte die Anrufer einander vorstellen, es sei denn, sie hat einen besonderen Grund, dies nicht zu tun. Sie könnte jedoch im Verlauf des Gesprächs lediglich den Namen jedes Anrufers nennen, damit jeder den Namen des anderen kennt. Dies geschieht heutzutage häufig, wenn keine formellen Vorstellungen stattfinden. Wenn die Gastgeberin über Fingerspitzengefühl und Redegewandtheit verfügt, sollte sie beide Anrufer geschickt in das Gespräch einbeziehen (ein Thema, das in „Die Kunst des Gesprächs" ausführlich behandelt wird). Die Gastgeberin sollte diesen letzteren Weg nicht einschlagen, es sei denn, sie ist sich darüber im Klaren, dass die beiden Besucher einander wahrscheinlich schätzen würden.

Wenn ein Besucher unmittelbar nach dem anderen eintrifft, sollte sich die Gastgeberin gleichermaßen mit beiden Besuchern unterhalten, und die Dame, die als erste kam, sollte nach einem Anruf von zehn bis fünfzehn Minuten als erste gehen. Wenn nur ein Besucher anwesend ist, sollte die Gastgeberin ihn zur Tür des Salons begleiten und dort einige Augenblicke verweilen, während der Besucher die Treppe hinuntersteigt. Dies wäre zwar nicht zwingend, aber höflich. Wenn der Gastgeber anwesend ist, sollte er die Dame nach unten in die Halle begleiten; Dies ist ebenfalls eine optionale Höflichkeit und hängt stark von der Wertschätzung ab, die die Dame von Gastgeber und Gastgeberin genießt.

Wenn zwei Besucher anwesend sind, sollte die Gastgeberin aufstehen und dem abreisenden Besucher die Hand schütteln; aber es sei denn, es handelte sich um eine Person von größerem Ansehen als der Besucher, der noch sitzen blieb, sollte sie sie nicht zur Tür des Salons begleiten.

Ein Besucher sollte nicht von seinem Platz aufstehen, wenn ein anderer sich verabschieden will. Sobald sich die Besucher kennengelernt haben, sollten sie aufstehen und sich die Hand geben. Wenn einer der Besucher ein Herr ist, sollte er aufstehen, auch wenn er die Dame, die sich verabschieden will, nicht kennt; er sollte nicht sitzen bleiben, wenn die Gastgeberin steht.

Wenn zwei Besucher, entweder zwei Damen oder zwei Herren, während eines Morgengesprächs ein wenig miteinander gesprochen haben, sollten sie sich beim Verlassen nicht die Hand geben, sondern sich lediglich verbeugen. Wenn sie nicht miteinander gesprochen haben, sollten sie sich nicht verbeugen.

Wenn sie offiziell vorgestellt wurden, sollten sie sich immer noch nur verbeugen, es sei denn, die Bekanntschaft ist durch vorherige Kenntnis voneinander zu einer plötzlichen Intimität geworden.

Wenn einer der anwesenden Besucher ein Herr ist, sollte er die Tür zum Salon für den abreisenden Besucher öffnen, ihn jedoch nicht nach unten begleiten, es sei denn, die Gastgeberin fordert ihn dazu auf; Der Besucher sollte sich vor ihm verbeugen und ihm danken, ihm aber nicht die Hand geben.

Wenn die Gastgeberin einem Gast die Hand geschüttelt hat und bevor sie mit ihm das Zimmer durchquert, sollte sie die Glocke im Salon läuten, damit der Diener im Flur bereit ist, die Tür zu öffnen. Sie sollte auch dann klingeln, wenn der Gastgeber die Dame nach unten begleitet. Es wäre von Seiten der Gastgeberin leichtsinnig, zu vergessen, die Klingel zu läuten, um dem Diener mitzuteilen, dass ein Besucher geht.

Auf dem Land fragt der Anrufer manchmal, bevor er aufsteht, um abzureisen, ob er klingeln dürfe, damit sein Auto vorbeikomme. Wenn die Gastgeberin in Reichweite der Glocke ist, sollte sie sie für sie läuten; Wenn ein Herr anwesend ist, sollte er dies tun. Beim Betreten des Dieners sollte der Anrufer sagen: „Mein Auto, bitte!“

Wenn eine Dame eine Freundin besucht, den Gast einer Person, die sie selbst nicht oder nur wenig kennt, sollte sie in beiden Fällen fragen, ob ihre Freundin zu Hause ist, und nicht, ob die Herrin des Hauses zu Hause ist heim; und nachdem sie ihren Besuch abgestattet hat, sollte sie beim Verlassen des Hauses Karten für die Herrin hinterlassen, wenn sie sie einigermaßen kennt, sollte es aber nicht tun, wenn sie sie nicht kennt.

Wenn eine Dame einen Gast zu Besuch hat, sollte sie, wenn ihr Gast Besuch erwartet, zu dieser bestimmten Zeit den Salon nicht verlassen, es sei denn, die erwarteten Besucher sind gemeinsame Freunde von ihr und dem Gast.

Wenn sie mit ihren Gästen im Salon ist, wenn ein Besuch angekündigt wird, so dass eine Vorstellung unvermeidlich ist, sollte eine formelle Vorstellung erfolgen, aber die Hausherrin sollte sich nach wenigen Minuten leise entschuldigen Verlassen Sie den Raum und kehren Sie erst nach Abreise des Besuchers zurück. Es wäre rücksichtslos, wenn die Hausherrin im Salon bleiben würde, während ihr Fremde Besuche bei ihrem Gast abstatten, es sei denn, dies sei auf ausdrücklichen Wunsch ihres Gastes geschehen. Wenn ein Besucher ein Herr und der Gast eine junge unverheiratete Dame ist, sollte die Hausherrin im Salon bleiben, um sie zu beaufsichtigen.

Wenn die Hausherrin die Bekanntschaft mit einem bestimmten Freund ihres Gastes machen möchte, von dem sie einen Besuch erwartet hat, sollte der Gast zum Zeitpunkt des Besuchs und bevor der Besucher sich verabschiedet, fragen, ob er ihr dies erlauben wird Stellen Sie sie der Dame vor, bei der sie wohnt. Wenn ihr Besucher die Vorstellung wünscht, sollte sie dann anrufen und den Diener bitten, seiner Herrin mitzuteilen, dass Frau A. im Wohnzimmer ist. Die Gastgeberin würde diese Nachricht so verstehen, dass ihre Anwesenheit erwünscht ist, und die Vorstellung würde dann erfolgen auf ihr Erscheinen gemacht werden. Eine auf diese Weise durchgeführte

Bekanntschaft könnte die Grundlage für eine zukünftige Bekanntschaft werden, da beide Damen die Möglichkeit gehabt hätten, die Bekanntschaft der anderen abzulehnen, wenn sie dazu geneigt wären; wohingegen eine erzwungene Einführung, bei der keine Option besteht, kaum als Grundlage für eine zukünftige Bekanntschaft gelten würde, es sei denn, die auf diese Weise vorgestellten Damen würden sich gegenseitig wertschätzen.

Auf dem Land hat ein Gast selten Freunde und Bekannte in der Nachbarschaft, die seiner Gastgeberin unbekannt sind; andernfalls sollte die Gastgeberin ihrem Gast Gelegenheit geben, ihn zu sehen, indem sie ihn beim Anruf zusammenlässt.

Wenn ein Gast anwesend ist, wenn die Hausherrin Besucher empfängt, sollte sie ihn ihrem Gast oder ihr Gast ihnen vorstellen, je nach Rang eines der beiden (siehe Kapitel II.) .

Wenn eine Dame mit einer Freundin unterwegs ist, die dem Bekannten, den sie anruft, unbekannt ist, sollte sie sie während ihres Anrufs nicht mit ins Haus nehmen, es sei denn, sie ist eine junge Dame oder es gibt etwas Besonderes Anlass, die beiden Damen einander vorzustellen, oder es sei denn, dass beide Damen den Wunsch geäußert haben, sich kennenzulernen. Gelegentlich telefonieren Ehemänner und Ehefrauen gemeinsam, häufiger jedoch nicht. Eine Dame kommt in der Regel alleine vorbei, es sei denn, sie hat eine erwachsene Tochter, wenn sie ihre Mutter begleiten sollte.

Gelegentlich gehen zwei Damen, die beide mit der Dame des Hauses vertraut sind, gemeinsam ihre Besuche ab. Eine Familiengesellschaft, bestehend aus Vater, Mutter und Tochter oder Töchtern, kommt selten gemeinsam in die Stadt, es sei denn, es liegen ganz außergewöhnliche Umstände vor. aber auf dem Land würde eine Familiengruppe von drei oder vier Personen ganz selbstverständlich zusammenkommen; Es entspricht der landestypischen Etikette, dies zu tun.

Ein erheblicher Unterschied besteht in Bezug auf „Sonntagsanrufe" oder Anrufe am Sonntag. Damen sollten sonntags keine feierlichen Besuche abstatten; Es entspräche nicht der Etikette, wenn eine Bekannte an einem Sonntag vorbeikäme, sondern würde eher als Freiheit betrachtet werden, es sei denn, sie würde ausdrücklich dazu aufgefordert. Intime Freunde hingegen machen den Sonntag oft zu einem besonderen Tag für Anrufe, und deshalb verlängern Damen und Herren – insbesondere Herren – ihre Anrufzeiten sonntags von drei bis sechs Uhr.

Wenn eine Dame nur die Töchter einer Familie kennt und nicht deren Vater oder Mutter, sollte sie die Töchter aufsuchen, die sie beim nächsten Besuch sofort ihrer Mutter vorstellen sollten. Wenn die Mutter nicht anwesend ist, sollte die anrufende Dame Karten für sie hinterlassen; und bei allen morgendlichen Besuchen, wenn die Töchter des Hauses in Abwesenheit ihrer Mutter, sei es aus Unwohlsein oder aus anderen Gründen, einen feierlichen Besuch von einer Bekannten erhalten, sollten die Karten für sie im Flur hinterlassen werden, bevor sie von der anrufenden Dame verlassen wird (siehe Kapitel III.).

In allen Fällen, wenn „Morgenbesuche" getätigt werden und die angerufene Dame nicht zu Hause ist, sollten die Karten gemäß der in Kapitel II beschriebenen Etikette hinterlassen werden. , eine Etikette, die strikt eingehalten werden sollte; Wenn die gerufene Dame „zu Hause" ist, sollten Karten für die Herren der Familie hinterlassen werden, wobei die gleichen Regeln für das Hinterlegen von Karten gelten, die nicht allzu genau befolgt werden dürfen.

Eine Hausherrin sollte ihrer Dienerin nach oder vor dem Mittagessen oder vor den Besuchszeiten mitteilen, ob sie beabsichtigt, nachmittags für Besucher „zu Hause" zu sein oder nicht.

„Nicht zu Hause" ist die verständliche Ausdrucksformel dafür, dass man keine Besucher sehen möchte.

„Nicht zu Hause" soll keine Unwahrheit implizieren, sondern vielmehr bedeuten, dass es aus irgendeinem Grund oder aus bestimmten Gründen nicht wünschenswert ist, Besucher zu sehen; und da es unmöglich wäre, Bekannten zu erklären, warum und warum es unbequem ist, Besucher zu empfangen, ist die Formel „Nicht zu Hause" eine völlig ausreichende Erklärung, vorausgesetzt immer, dass ein Diener in der Lage ist, eine direkte Antwort zu geben einmal von „Nicht zu Hause", als die Anfrage an ihn gestellt wird. Wenn ein Diener nicht sicher ist, ob seine Herrin Besuch empfangen möchte oder nicht, ist es für die Dame, die ihn anruft, fast eine direkte Beleidigung, wenn er mit seiner Antwort zögert und sie entweder in ihrer Kutsche sitzen oder im Flur stehen lässt. während „Er wird sehen, ob seine Geliebte ‚zu Hause' ist" und vielleicht mit der unbefriedigenden Antwort zurückkommt, dass sie „Nicht zu Hause" ist; In diesem Fall wird die Andeutung eher als persönlicher Ausschluss denn als allgemeiner Ausschluss von Besuchern wahrgenommen.

Wenn sich eine Dame gerade zum Ausgehen anzieht, wenn ein Besucher anruft, kann der Diener dies dem Besucher mitteilen und anbieten, sich zu erkundigen, ob seine Geliebte den Anrufer empfangen wird; und der Anrufer sollte nach eigenem Ermessen entscheiden, ob er ihm dies gestattet oder nicht; Sofern es sich jedoch nicht um einen wichtigen Besuch handelt, wäre es in einem solchen Fall am besten, nur Karten zu hinterlassen.

Wenn ein zweiter Besucher anruft, sollte es einem Diener nicht erlaubt sein zu sagen, dass seine Herrin „mit einer Dame" oder „mit einem Herrn verlobt" sei, sondern sollte den zweiten Besucher in den Salon führen, wie er es zuvor getan hat erster Anrufer. Er sollte sich nicht erkundigen, ob sein Frauchen den zweiten Anrufer sehen wird oder nicht. Er sollte dem zweiten Besucher auch nicht mitteilen, ob jemand bei seiner Geliebten ist oder nicht, wie es unwissende Diener nur zu gerne tun.

Es ist nicht üblich, zum Nachmittagstee Kaffee anzubieten; Es wird nur Tee gegeben. Kaffee anzubieten ist eine ausländische Mode und keine englische.

„Morgenbesucher" sollten nicht zum Teetrinken in den Speisesaal geführt werden; und Tee wird im Speisesaal nur anlässlich eines großen Nachmittagstees oder Nachmittagstees „zu Hause" usw. serviert. (Siehe Kapitel über „Nachmittag ‚Zu Hause'", S. 151.)

Die Teestunde variiert von 16 bis 16.30 Uhr. Wenn um 16 Uhr Anrufer anwesend sind, sollte der Tee zu dieser Stunde gebracht werden. Es sollte auf einen kleinen Tisch gestellt werden, der zunächst mit einem weißen Leinen- oder Damast-Geschirrtuch bedeckt wird. Das Teetablett sollte groß genug sein, um neben dem Porzellan, der silbernen Teekanne usw. auch eine Urne für heißes Wasser aufzunehmen, die hineingebracht und darauf gestellt werden sollte. In der Nähe des Teetisches sollte ein Ständer mit warmen Kuchen, einem ungeschnittenen Kuchen, kleinen Kuchen, kleinen Sandwiches und dünnem Butterbrot aufgestellt werden. Winzige Teeteller sollten in einem Stapel auf dem Teetablett platziert werden, da sie allgemein verwendet werden. Den Tee sollte die Gastgeberin oder ihre Tochter einschenken.

Abgesehen von der oben genannten Art des Nachmittagstees gibt es die neuere Mode, die man als „Runden-Tisch-Tee" bezeichnen könnte, an dem Gastgeberin und Gäste sitzen, aber dieser Stil ist aus diesem Grund derzeit in Landhäusern üblicher als in Stadthäusern des Platzbedarfs, sofern kein anderer Grund vorliegt. Der Tee wird in einem kleineren Salon auf einem großen runden oder ovalen Tisch serviert, der mit einem weißen Tischtuch bedeckt ist, auf dem das Teetablett mit seinem gesamten Inhalt steht. Kuchen, warme und kalte, Sandwiches, Gebäck, Obst, Marmelade, Brot und Butter, Kekse, trockener Toast usw. werden gereicht, und die am Tisch sitzenden Besucher bedienen sich selbst, was sie brauchen. Die Gastgeberin schenkt den Tee ein und reicht die Tassen, als ob die Gäste nicht auf diese Weise sitzen würden. Dessertteller sowie Dessertmesser und -gabeln sollten neben den kleinen Teetellern auf den Tisch gestellt und nach Bedarf mitgenommen werden.

FUSSNOTEN:

[2] Siehe Werk mit dem Titel „The Art of Conversing".

KAPITEL V

VORRANG

DIE Rangfolge, die jedem Einzelnen entsprechend seinem Rang zusteht, ist bei offiziellen Banketten und feierlichen Dinnerpartys von großer Bedeutung und sollte strikt eingehalten werden.

Was den Vorrang unter königlichen Persönlichkeiten betrifft , hat der Souverän Vorrang vor allen anderen im Reich; Der König hat Vorrang vor Königin Maria. Der Prinz von Wales hat Vorrang vor dem Herzog von Connaught. Königin Alexandra hat Vorrang vor den königlichen Prinzessinnen. Die königlichen Prinzessinnen haben Vorrang vor ihren Ehemännern, Prinz Christian und dem Herzog von Argyll.

Der Vorrang, der ausländischen königlichen Persönlichkeiten in diesem Land zuerkannt wird, hängt stark von ihrem individuellen Rang ab. Kaiserliche Hoheiten und Königliche Hoheiten haben Vorrang vor Gelassenen Hoheiten.

Der Vorrang, der den Fürsten des Ostens eingeräumt wird, ist im Allgemeinen gleichbedeutend mit dem Vorrang, der den Gelassenen Hoheiten zuerkannt wird. In einigen Fällen sind die Ansprüche auf individuelle Vorrangigkeit jedoch so schwer zu definieren, dass es in offiziellen Fällen manchmal erforderlich ist, eine Sonderregelung für den Umfang des zulässigen Vorrangs zu treffen.

Was den allgemeinen Vorrang betrifft, haben Erzbischöfe, Botschafter, der Lord High Chancellor, der Premierminister, der Lord Chancellor of Ireland, der Lord President of the Council und der Lord Privy Seal Vorrang vor den Herzögen; Herzöge haben Vorrang vor Grafen und so weiter in den verschiedenen Adelsstufen.

Außenminister und Gesandte haben nach den Herzögen in der Reihenfolge ihres Dienstalters in England Vorrang. In allen Fällen, in denen der Vorrang zwischen gleichrangigen Personen festgelegt werden soll, ist es notwendig, sich für das Datum der Titelerstellung auf einen Adelsstand zu beziehen, da dieser tatsächlich über den gesamten Vorrang entscheidet.

Für den Vorrang von Baronetten und ihren Frauen sollte eine Baronetage konsultiert werden.

Für den Vorrang von Rittern und ihren Frauen sollte in Bezug auf jeden Ritterorden ein Ritterstand konsultiert werden.

Für den Vorrang aufgrund des Anwaltsberufs sollte eine Gesetzesliste herangezogen werden, wenn diese nicht durch Amt oder Geburt definiert ist.

Für den Vorrang des Klerus sollte eine Liste der Geistlichen zu Rate gezogen werden, wenn die Vorrangstellung oder Geburt dies nicht definiert.

Für den Vorrang von Offizieren in der Armee und der Marine sollten eine Heeresliste und eine Marineliste herangezogen werden, um den jeweils zustehenden Vorrang in den einzelnen Dienststellen zu bestimmen.

gemäß den Dienstterminen **zum Abendessen geschickt werden , aber kein Zweig der Armee hat hinsichtlich des Rangs der Offiziere Vorrang vor dem anderen;** Das heißt, ein Oberst von 1901, beispielsweise eines Westindien-Regiments, würde einem Oberst der Garde, Artillerie oder Kavallerie von 1902 vorangehen. Die zu einer Brigadeparade aufgestellte Kavallerie nimmt den rechten Teil der Linie ein; also: Artillerie, Royal Engineers, Fußgarde und reguläre Regimenter, Regimenter und Westindien-Regimenter, in der in der Armeeliste genannten Reihenfolge.

Bezüglich der Rangfolge zwischen Offizieren der kombinierten Streitkräfte sollte eine Tabelle mit den „relativen Rängen und Rangfolgen in der Armee und der Marine" zu Rate gezogen werden, da ein Kapitän der Marine nach dreijähriger Dienstzeit einem Oberst der Armee, einem Leutnant der Armee, gleichgestellt ist Marine mit acht Dienstjahren Dienstgrad mit einem Major in der Armee und einem Leutnant unter diesem Dienstgrad in der Marine, Dienstgrade mit einem Hauptmann in der Armee usw.

Konsulatsbeamte haben außerdem Vorrang, je nach Dienstalter in England und Datum der offiziellen Ankunft. Als Datum ist jeweils die Liste des Auswärtigen Amtes des laufenden Jahres heranzuziehen.

Was den Vorrang betrifft, der Witwen zusteht, die Titel tragen und erneut geheiratet haben: Die Witwe eines mit einem Bürgerlichen verheirateten Gleichaltrigen behält ihren Titel aus Höflichkeit, und der Vorrang aufgrund des Titels wird ihr zuerkannt.

Wenn die Witwe eines Herzogs eine Person mit einem niedrigeren Rang als ihrem verstorbenen Ehemann heiratet, behält sie dennoch ihren Vorrang.

die Tochter eines Adligen mit einem Baronet oder einem Bürgerlichen verheiratet ist, behält sie ihren Vorrang, wenn sie jedoch mit einem Baron verheiratet ist, verschmilzt ihr Vorrang mit dem ihres Mannes.

Die Witwe eines Baronets, die mit einem Bürgerlichen verheiratet ist, behält ihren Titel von Rechts wegen und nicht aus Höflichkeit.

Die Witwe eines Ritters, die mit einem Bürgerlichen verheiratet ist, behält ihren Titel nur aus Höflichkeit, ihr wird jedoch der der Witwe eines Ritters zustehende Vorrang eingeräumt.

Wenn die Tochter eines Herzogs einen Adligen heiratet, hat sie aufgrund des Ranges ihres Mannes den Vorrang; Wenn sie einen Bürger heiratet, wird ihr der Vorrang aufgrund der Tochter eines Herzogs eingeräumt.

Geschlecht **Vorrang** . Ranggleiche vom höchsten zum niedrigsten Rang richten sich nach der Entstehung ihres Titels und nicht nach dem Alter der Person, die den Titel trägt. So würde beispielsweise ein jugendlicher Herzog Vorrang vor einem alten Herzog haben, wenn der Titel des jugendlichen Herzogs ein früheres Datum trägt als der des alten Herzogs. Die gleiche Regel gilt gleichermaßen für Baronette und Ritter.

Wenn zwei Grafen bei einer Dinnerparty anwesend sind, bestimmt das Datum ihrer jeweiligen Adelspatente die ihnen zustehende Rangfolge.

Ein Gastgeber oder eine Gastgeberin sollte immer einen „Peerage" oder eine „Baronetage" konsultieren, wenn er Zweifel über den Vorrang hat, da erwartete Gäste Titel tragen; Reichtum oder soziale Stellung werden dabei nicht berücksichtigt, es handelt sich ausschließlich um eine Frage des Datums.

Der Vorrang gleichrangiger Damen gilt in gleicher Weise. Somit hat eine junge Frau eines Baronets Vorrang vor der älteren Frau eines Baronets, wenn die Entstehung des Titels ihres Mannes ein früheres Datum trägt.

Wenn die Vorrangansprüche von Personen gleichen Ranges kollidieren, sollten die Ansprüche eines Herrn zugunsten der einer Dame aufgegeben werden, sofern die Personen unterschiedlichen Geschlechts sind. Wenn also bei einer Dinnerparty zwei Paare von höherem Rang als die anderen Gäste anwesend waren, sollte der Gastgeber die Dame mit dem höchsten Rang ausschalten, und die Gastgeberin sollte von dem Herrn mit dem höchsten Rang, in diesem Fall der Dame, aussteigen Die Zweite im Rang sollte *vor ihrem Mann* zum Abendessen gehen , obwohl der Herr, der sie zum Abendessen mitnahm, einen niedrigeren Rang hatte als ihr Mann.

Esquires und die Ehefrauen von Esquires haben entsprechend ihrer sozialen Stellung Vorrang. Parlamentsmitglieder haben keinen Vorrang, obwohl dieser ihnen oft aus Höflichkeitsgründen eingeräumt wird, insbesondere in dem Landkreis, den sie vertreten; Die Ehefrauen von Parlamentsmitgliedern haben ebenfalls keinen Anspruch auf Vorrang aufgrund der Tatsache, dass ihre Ehemänner Parlamentsmitglieder sind.

Der High Sheriff eines Countys hat Vorrang vor allen anderen Gentlemen im County, welchen Rang auch immer, mit Ausnahme des Lord-Lieutenants, gemäß dem von Seiner verstorbenen Majestät König Edward erlassenen königlichen Erlass, der den Lord-Lieutenants des Countys Vorrang vor den High Sheriffs einräumt .

Der High Sheriff seines jeweiligen Bezirks hat keinen Vorrang, ebenso wenig wie ein Oberleutnant; und die Ehefrauen von Lord-Lieutenants oder High-Sheriffs haben aufgrund der offiziellen Würde ihrer Ehemänner keinen Vorrang.

Ein Assize-Richter hat Vorrang vor dem High Sheriff, da der Assize-Richter den Souverän des Reiches vertritt.

Geistliche, Rechtsanwälte , Offiziere der Armee und der Marine haben aufgrund ihres Ranges Vorrang vor Landjunkern; und in jedem Beruf sollte ihnen entsprechend der Würde, dem Datum der Ordination, dem Datum der Berufung und dem Datum der Beauftragung in ihren verschiedenen Berufen Vorrang eingeräumt werden, vorausgesetzt, dass der Rang gleich ist.

Hohe geistliche und juristische Würdenträger haben besonderen Vorrang; zum Beispiel hat der Erzbischof von Canterbury Vorrang vor allen Herzögen, und der Lordkanzler hat Vorrang vor dem Erzbischof von York, der ebenfalls Vorrang vor Herzögen hat; Bischöfe haben Vorrang vor allen Baronen, unabhängig von ihrem Gründungsdatum. Der Lord Chief Justice, der Master of the Rolls, wenn er nicht Peers ist, und alle Richter des High Court of Justice in ihren verschiedenen Abteilungen haben Vorrang nach den Geheimräten und vor Baronetten und allen Rittern, mit Ausnahme der Ritter des Hosenbandordens.

Der relative Rang zwischen Offizieren der Armee und der Marine und Doktoren der Theologie ist im Hinblick auf den Vorrang, der ihnen bei einer Dinnerparty eingeräumt wird, etwas schwierig zu bestimmen. „Dod" stellt „Knappen nach Amt, zu denen natürlich alle Offiziere der Armee und der Marine gehören", als nächstes *vor* die jüngeren Söhne von Rittern und vor Ärzte in der Göttlichkeit, die in der Reihenfolge als nächstes folgen; während „Lodge" „Offiziere der Marine und der Armee" *nach* den jüngeren Söhnen von Junggesellen, Geistlichen und Rechtsanwälten ordnet.

Vorrang bei Dinnerpartys. - Wenn bei einer Dinnerparty Mitglieder des Königshauses anwesend sind, tritt ein Prinz von königlichem Geblüt vor einer Prinzessin an die Spitze und geht mit der Gastgeberin voran, während der Gastgeber mit der Prinzessin als nächstes folgt. Auf der anderen Seite übernimmt eine Prinzessin aus königlichem Blut den Vorrang vor einem fremden Prinzen – ihrem Ehemann – und geht mit dem Heer voran.

Der Gastgeber sollte die Dame von höchstem Rang herunterholen und sie zum Speisesaal begleiten. Die Gäste sollten dem Gastgeber in Paaren entsprechend dem ihnen zustehenden Vorrang folgen, und die Gastgeberin sollte dem letzten Paar in Anwesenheit des Herrn mit dem höchsten Rang folgen.

bei einer Dinnerparty mehr Herren als Damen anwesend sind, was oft der Fall ist, sollten diese Herren der Gastgeberin in den Speisesaal folgen und ihr nicht vorausgehen .

Wenn eine verwitwete oder jungfräuliche Dame die Gastgeberin ist und kein Herr der Familie anwesend ist, der als Gastgeber fungiert, sollte der zweitrangige Herr die Dame mit dem höchsten Rang absetzen und ihr den Weg zum Speisesaal, der Gastgeberin, vorangehen Als letzter folgte der Herr von höchstem Rang.

Wenn entweder die Schwester des Mannes oder die Schwester der Ehefrau als Gastgeberin fungieren muss, sollte der Schwester der Ehefrau Vorrang eingeräumt werden.

Die Frau eines ältesten Sohnes sollte im Haus seines Vaters Vorrang vor den Schwestern ihres Mannes haben.

Was den Vorrang betrifft, der den Verwandten eines Gastgebers oder einer Gastgeberin zusteht, sollte dieser zugunsten des Vorrangs der Gäste zurücktreten, die nicht mit dem Gastgeber oder der Gastgeberin verwandt sind, obwohl ihre Verwandten möglicherweise einen höheren Rang als die Gäste selbst haben könnten.

Gelegentlich fungiert der älteste Sohn des Hauses als zweiter Gastgeber und besiegt eine Dame im zweiten oder dritten Rang; aber die Töchter des Hauses sollten immer erst nach den anderen anwesenden Damen zum Abendessen mitgenommen werden und auf keinen Fall vor ihnen.

Aufgrund des Rangs der Mutter wird weder einer Dame noch einem Herrn Vorrang eingeräumt.

Bräuten wird in der Gesellschaft kein Vorrang eingeräumt, obwohl altmodische Menschen auf dem Land es gelegentlich als ihre Pflicht betrachten, dass eine Braut sie zum Abendessen mit dem Gastgeber schickt, wenn sie innerhalb von drei Monaten nach ihrer Heirat zum ersten Mal in einem Haus speist.

Tabelle der allgemeinen Prioritäten

HERREN

- Der König.

- Der Prinz von Wales.

- Die jüngeren Söhne des Souveräns.

- Die Enkel des Souveräns.

- Die Brüder des Souveräns.

- Die Onkel des Souveräns.

- Die Neffen des Souveräns.

- Botschafter.

- Erzbischof von Canterbury.

- Lord-Hochkanzler.

- Erzbischof von York.

- Der Premierminister.

- Lordkanzler von Irland.

- Herr Präsident des Rates.

- Lord-Geheimsiegel.

- Herzöge, die zufällig eines dieser fünf Ämter bekleiden –

    - 1. Lord Great Chamberlain.

    - 2. Earl Marshal.

    - 3. Lord Steward.

    - 4. Lord Chamberlain.

    - 5. Meister des Pferdes.

- Herzöge in der Reihenfolge ihrer Schöpfungspatente –

    - 1. Herzöge von England.

    - 2. " " Schottland.

    - 3. Herzöge von Großbritannien.

    - 4. " „ Irland entstand vor der Union.“

    - 5. Seit der Union geschaffene Herzöge.

- Älteste Söhne der Dukes of Blood Royal.

- Marquesse, die eines der oben genannten Staatsämter innehaben können.

- Marquesses in derselben Reihenfolge wie Herzöge.

- Die ältesten Söhne der Herzöge.

- Grafen, die eines der fünf Staatsämter bekleiden.

- Grafen in derselben Reihenfolge wie Herzöge.

- Jüngere Söhne der Dukes of Blood Royal.

- Die ältesten Söhne des Marquesses.

- Die jüngeren Söhne der Herzöge.

- Viscounts, die eines der fünf Staatsämter bekleiden können.

- Viscounts in derselben Reihenfolge wie Herzöge.

- Die ältesten Söhne der Earls.

- Die jüngeren Söhne des Marquesses.

- Bischof von London.

- " „ Durham.

- " „ Winchester.

- Andere englische Bischöfe in der Reihenfolge ihrer Weihe.

- Moderator der Church of Scotland.

- Barone, die eines der fünf Staatsämter bekleiden.

- Barone, die Außenminister oder irische Sekretäre sein können.

- Barone in derselben Reihenfolge wie Herzöge.

- Der Sprecher des Unterhauses.

- Schatzmeister des Haushalts.

- Rechnungsprüfer des Haushalts.

- Vize-Kammerherr des Haushalts.

- Staatssekretäre unterhalb des Ranges eines Barons.

- Die ältesten Söhne der Viscounts.

- Die jüngeren Söhne der Earls.

- Die ältesten Söhne der Barone.

- Bürger, die Ritter des Hosenbandordens sind.

- Geheimräte mit niedrigerem Rang als die vorgenannten, je nach Datum ihrer Vereidigung.

- Schatzkanzler.

- " " „ Herzogtum Lancaster.

- Lordoberrichter von England.

- Meister der Rollen.

- Oberberufungsrichter und Präsident des Nachlassgerichts.

- Richter des High Court of Justice.

- Die jüngeren Söhne der Viscounts.

- „Barone " "

- Söhne von Gleichaltrigen.

- Baronette nach Patentdaten.

- Ritter-Großkreuz von Bath.

- Knights Grand Commanders, Star of India.

- Ritter-Großkreuz von St. Michael und St. Georg.

- Ritter-Großkommandeure des Indischen Reiches.

- Ritter-Großkreuz des Royal Victorian Order.

- Ritterkommandeure der oben genannten Orden in derselben Reihenfolge.

- Ritter-Junggesellen der oben genannten Orden in derselben Reihenfolge.

- Kommandeure des Royal Victorian Order.

- Richter an Bezirksgerichten in England und Irland sowie Richter am Gericht der Stadt London.

- Master in Wahnsinn.

- Gefährten der Orders of Bath, Star of India, SS. Michael und George und Indian Empire in derselben Reihenfolge.

- Mitglieder der 4. Klasse des Royal Victorian Order.

- Gefährten der Distinguished Service Order.

- Älteste Söhne jüngerer Söhne von Peers.

- Die ältesten Söhne der Baronets.

- Die ältesten Söhne der Ritter, in der Reihenfolge ihrer Väter.

- Mitglieder der 5. Klasse des Royal Victorian Order.

- Jüngere Söhne der jüngeren Söhne von Peers.

- Die jüngeren Söhne der Baronets.

- Die jüngeren Söhne der Ritter, in der Reihenfolge ihrer Väter.

- Marine-, Militär- und andere Esquires nach Amt.

- Herren, die berechtigt sind, eine Wappenrüstung zu tragen.

DAMEN

- Die Königin.

- Die Königinmutter.

- Die Töchter des Souveräns.

- Ehefrauen der jüngeren Söhne von Sovereign.

- Enkelinnen des Souveräns.

- Ehefrauen der Enkel des Sovereign.

- Die Schwestern des Souveräns.

- Ehefrauen der Brüder des Sovereign.

- Die Tanten des Souveräns.

- Ehefrauen der Onkel des Sovereign.

- Die Nichten des Souveräns.

- Ehefrauen der Neffen des Sovereign.

- Herzoginnen (in derselben Reihenfolge wie Herzöge).

- Ehefrauen der ältesten Söhne der Dukes of Blood Royal.

- Marquiseinnen.

- Ehefrauen der ältesten Söhne der Herzöge.

- Töchter der Herzöge.

- Gräfinnen.

- Ehefrauen jüngerer Söhne königlicher Herzöge.

- Ehefrauen der ältesten Söhne von Marquesses.

- Töchter der Marquess.

- Ehefrauen jüngerer Söhne von Herzögen.

- Viscountessen.
- Ehefrauen der ältesten Söhne der Earls.
- Töchter der Grafen.
- Ehefrauen jüngerer Söhne von Marquesses.
- Baronessen.
- Ehefrauen der ältesten Söhne von Viscounts.
- Töchter der Viscounts.
- Ehefrauen jüngerer Söhne von Earls.
- Ehefrauen der ältesten Söhne der Barone.
- Töchter der Barone.
- Brautjungfern.
- Ehefrauen jüngerer Söhne von Viscounts.
- Ehefrauen jüngerer Söhne von Baronen.
- Ehefrauen von Töchtern und Söhnen von Life Peers.
- Ehefrauen von Baronets.
- Töchter von Baronets.
- Ehefrauen der ältesten Söhne der Ritter.
- Töchter der Ritter.
- Ehefrauen jüngerer Söhne der jüngeren Söhne von Peers.
- Ehefrauen jüngerer Söhne von Baronets.
- Ehefrauen jüngerer Söhne von Rittern.
- Ehefrauen von Esquires.
- Ehefrauen von Herren.

KAPITEL VI

Die umgangssprachliche Verwendung von Titeln

DIE umgangssprachliche Verwendung von Titeln unterscheidet sich wesentlich von der Verwendung von Titeln, wenn sie nicht umgangssprachlich verwendet werden, und viele Personen sind sich nicht sicher, ob sie Titel in vollem Umfang umgangssprachlich verwenden sollen oder nicht.

Seine Majestät der König sollte von allen, die mit ihm in sozialen Kontakt kommen, mit „Sir" angesprochen werden; und von allen anderen als „Eure Majestät."

Ihre Majestät Königin Mary sollte von allen, die mit ihr in sozialen Kontakt kommen, mit „Ma'm" angesprochen werden; und von allen anderen als „Eure Majestät."

Ihre Majestät Königin Alexandra sollte von allen, die mit ihr in sozialen Kontakt kommen, mit „Ma'm" angesprochen werden; und von allen anderen als „Eure Majestät."

Der Prinz von Wales, der Herzog von Connaught und alle Prinzen königlichen Blutes sollten von der Oberschicht mit „Sir" angesprochen werden.

Die Prinzessinnen aus königlichem Blut sollten von der Oberschicht mit „Ma'm" angesprochen werden. Die Ehefrauen der Prinzen des königlichen Blutes sollten von der Oberschicht ebenfalls mit „Ma'm" angesprochen werden.

Alle gekrönten Häupter, die England besuchen, sollten von denen, die ihnen in der Gesellschaft bekannt sind, mit „Sir" und von allen anderen mit „Eure Majestät" angesprochen werden. Die königlichen Damen, ihre Ehefrauen, sollten von denen, die sie persönlich kennen, mit „Ma'm" und von allen anderen mit „Eure Majestät" angesprochen werden.

Ein ausländischer Prinz, der den Titel „Durchlaucht" trägt, sollte von der Aristokratie und dem Adel mit „Prinz" und nicht mit „Sir" und von allen anderen Klassen mit „Eure Durchlaucht" angesprochen werden.

Eine ausländische Prinzessin, die ebenfalls den Titel einer heiteren Hoheit trägt, sollte von der Oberschicht umgangssprachlich als „Prinzessin" bezeichnet werden, jedoch nicht als „Ma'am"; und von allen anderen Klassen als „Eure Durchlaucht" bezeichnet.

Ein englischer Herzog sollte von der Aristokratie und dem Adel mit „Herzog" angesprochen werden und von Mitgliedern einer dieser Klassen nicht mit „Euer Gnaden". Alle anderen Klassen sollten ihn umgangssprachlich mit „Euer Gnaden" ansprechen.

Eine englische Herzogin sollte von allen Personen, die sich mit ihr unterhalten und der Oberschicht angehören, mit „Herzogin" und von allen anderen Klassen mit „Eure Gnaden" angesprochen werden.

Umgangssprachlich sollte ein Marquess mit „Lord A" angesprochen werden.

Eine Marquise sollte mit „Lady A" angesprochen werden. durch die Oberschicht. Es wäre ein Fehler, einen englischen Marquis umgangssprachlich als „Marquess" oder eine Marquise umgangssprachlich als „Marchioness" anzusprechen. Alle anderen Klassen sollten sie entweder mit „Mein Herr" oder „Eure Lordschaft", „Meine Dame" oder „Eure Ladyschaft" ansprechen.

Ein Earl sollte mit „Lord B" angesprochen werden. von den oberen Klassen und als „Mein Herr" oder „Eure Lordschaft" von allen anderen Klassen.

Eine Gräfin sollte mit „Lady B" angesprochen werden. von den oberen Klassen und als „My Lady" oder „Your Ladyship" von allen anderen Klassen.

Ein Viscount sollte mit „Lord C." angesprochen werden. von den oberen Klassen und als „Mein Herr" oder „Eure Lordschaft" von allen anderen Klassen.

Eine Viscountess sollte mit „Lady C." angesprochen werden. von den oberen Klassen und als „My Lady" oder „Your Ladyship" von allen anderen Klassen.

Ein Baron sollte mit „Lord D" angesprochen werden. von den oberen Klassen und als „Mein Herr" oder „Eure Lordschaft" von allen anderen Klassen.

Eine Baronin sollte mit „Lady D" angesprochen werden. von den oberen Klassen und als „My Lady" oder „Your Ladyship" von allen anderen Klassen.

Im rein offiziellen oder geschäftlichen Verkehr sollten ein Marquess, ein Earl, ein Viscount, ein Baron und ein jüngerer Sohn eines Herzogs oder Marquis mit „My Lord" angesprochen werden.

Der älteste Sohn eines Herzogs sollte mit „Lord A" angesprochen werden. von den oberen Klassen und als „Mein Herr" oder „Eure Lordschaft" von allen anderen Klassen.

Die Frau des ältesten Sohnes eines Herzogs sollte mit „Lady A"
angesprochen werden. von den oberen Klassen und als „My Lady" oder
„Your Ladyship" von allen anderen Klassen.

Die jüngeren Söhne eines Herzogs sollten mit „Lord John E." angesprochen
werden. oder „Lord Charles E." von den oberen Klassen und als „Mein
Herr" oder „Eure Lordschaft" von allen anderen Klassen. Personen, die mit
ihnen gut vertraut waren, sprachen sie umgangssprachlich mit ihrem Titel
und Vornamen an, als „Lord John" oder „Lord Charles". Dasselbe gilt für
ihre Frauen, die umgangssprachlich oft mit „Lady Alfred" oder „Lady
Edward" angesprochen werden.

Die Ehefrauen der jüngeren Söhne eines Herzogs sollten mit „Lady John E."
angesprochen werden. oder „Lady Charles E." von den oberen Klassen und
als „My Lady" oder „Your Ladyship" von allen anderen Klassen.

Die Töchter eines Herzogs sollten mit „Lady Mary A" angesprochen werden.
oder „Lady Elizabeth B." von der Oberschicht, von denen, die mit ihnen
vertraut sind, als „Lady Mary" und „Lady Elizabeth" und von allen anderen
Klassen als „My Lady" oder „Your Ladyship".

Der älteste Sohn eines Marquess sollte mit „Lord A" angesprochen werden.
von den oberen Klassen und als „Mein Herr" oder „Eure Lordschaft" von
allen anderen Klassen.

Die Frau des ältesten Sohnes eines Marquis sollte mit „Lady A"
angesprochen werden. von den oberen Klassen und als „My Lady" oder
„Your Ladyship" von allen anderen Klassen.

Die jüngeren Söhne eines Marquis sollten mit „Lord Henry B."
angesprochen werden. und „Lord Frederick B." von den oberen Klassen und
als „Mein Herr" oder „Eure Lordschaft" von allen anderen Klassen.

Die Ehefrauen der jüngeren Söhne eines Marquis sollten mit „Lady Henry
B." angesprochen werden. und „Lady Frederick B." von den oberen Klassen
und als „My Lady" oder „Your Ladyship" von allen anderen Klassen.

Die Töchter eines Marquis sollten mit „Lady Florence B." angesprochen
werden. und „Lady Sarah B." von den oberen Klassen und als „My Lady"
oder „Your Ladyship" von allen anderen Klassen.

Der älteste Sohn eines Grafen sollte mit „Lord C." angesprochen werden.
von den oberen Klassen und als „Mein Herr" oder „Eure Lordschaft" von
allen anderen Klassen.

Die Frau des ältesten Sohnes eines Grafen sollte mit „Lady C" angesprochen
werden. von den oberen Klassen und als „My Lady" oder „Your Ladyship"
von allen anderen Klassen.

Die Töchter eines Grafen sollten von der Oberschicht mit „Lady Blanche“ und „Lady Evelyn“ und von allen anderen Klassen mit „My Lady“ oder „Your Ladyship“ angesprochen werden.

Die jüngeren Söhne von Grafen und sowohl die ältesten als auch die jüngeren Söhne von Viscounts und Baronen tragen nur den Höflichkeitstitel „Ehrenwert“. Auch die Töchter von Viscounts und Baronen tragen den Höflichkeitstitel „Ehrenwert“. Dieser Titel sollte niemals umgangssprachlich verwendet werden. „The Hon. Cecil Blank“, „The Hon. Mrs. Cecil Blank“ und „The Hon. Mary Blank“ sollten als „Mr., Mrs. und Miss Mary Blank“ bezeichnet werden. "

Baronette sollten von der Oberschicht mit ihrem vollständigen Titel und Nachnamen angesprochen werden, als Sir John Blank, und von allen anderen Klassen nur mit ihren Titeln und Vornamen.

Die Ehefrauen der Baronets sollten mit „Lady B“ angesprochen werden. oder „Lady C“, je nach den Nachnamen ihrer Ehemänner: Daher sollte die Frau von „Sir John Blank“ von der Oberschicht mit „Lady Blank“ und nicht mit „Lady John Blank“ angesprochen werden – das wäre eine Vergebung Sie hatte den Rang der Frau des jüngeren Sohnes eines Herzogs oder Marquis und nicht nur den Rang der Frau eines Baronets – und wurde von allen anderen Klassen als „My Lady“ oder „Your Ladyship“ bezeichnet.

Die Ehefrauen von Rittern sollten mit „Lady B“ angesprochen werden. oder „Lady C.“, entsprechend den Nachnamen ihrer Ehemänner: Daher sollte die Frau von „Sir John Blank“ von der Oberschicht mit „Lady Blank“ und von allen anderen mit „My Lady“ oder „Your Ladyship“ angesprochen werden Klassen.

Bei der umgangssprachlichen Ansprache von Ausländern mit hohem Rang besteht die übliche Regel darin, sie mit ihren individuellen Titeln und Nachnamen anzusprechen.

Ein Prinz oder eine Prinzessin sollte mit ihrem vollständigen Titel angesprochen werden: von der Oberschicht also „Prinz München“ oder „Prinzessin München“. Personen, die mit ihnen vertraut sind, sprechen sie je nach Fall meist mit „Prinz“ oder „Prinzessin“ an.

Handelt es sich bei einem Prinzen um einen jüngeren Sohn und nicht um das regierende Oberhaupt des Hauses, wird bei der Anrede im Allgemeinen sein Vorname nach seinem Titel verwendet: also nur „Prinz Louis“ anstelle von „Prinz“. Die gleiche Bemerkung gilt für die unverheirateten Töchter von Fürsten. Sie sollten von der Aristokratie und dem Adel zusätzlich zu ihrem Titel „Prinzessin“ auch mit ihrem Vornamen angesprochen werden, und von allen anderen Klassen mit „Eure Serene“ oder „Eure kaiserliche Hoheit“, je nach Geburt und Titel .

Ein französischer Herzog sollte mit seinem Nachnamen mit dem Zusatz „monsieur" angesprochen werden: also „Monsieur de Rouen" von den oberen Klassen und „Monsieur le Duc" von allen anderen Klassen.

Eine französische Herzogin sollte mit ihrem Nachnamen angesprochen werden, mit dem Zusatz „madame", also „Madame de Rouen" von den oberen Klassen und „Madame la Duchesse" von allen anderen Klassen.

Ein Marquis sollte mit seinem Nachnamen mit dem Zusatz „monsieur" angesprochen werden: also „Monsieur de Harfleur" von den oberen Klassen und „Monsieur le Marquis" von allen anderen Klassen.

Eine Marquise sollte mit ihrem Nachnamen mit dem Zusatz „Madame" angesprochen werden: also „Madame la Harfleur" von den oberen Klassen und „Madame la Marquise" von allen anderen Klassen.

Ein Comte sollte mit seinem Nachnamen mit dem Zusatz „monsieur" angesprochen werden: also „Monsieur de Montpellier" von den oberen Klassen und „Monsieur le Comte" von allen anderen Klassen.

Eine Comtesse sollte mit ihrem Nachnamen angesprochen werden, mit dem Zusatz „madame", also „Madame de Montpellier" von den oberen Klassen und „Madame la Comtesse" von allen anderen Klassen.

Ein Vicomte sollte mit seinem Nachnamen mit dem Zusatz „monsieur" angesprochen werden: also „Monsieur de Toulouse" von den oberen Klassen und „Monsieur le Vicomte" von allen anderen Klassen.

Eine Vicomtesse sollte mit ihrem Nachnamen angesprochen werden, mit dem Zusatz „madame", also „Madame de Toulouse" von den oberen Klassen und „Madame la Vicomtesse" von allen anderen Klassen.

Ein Baron sollte mit seinem Nachnamen mit dem Zusatz „monsieur" angesprochen werden: also „Monsieur d'Avignon" von den oberen Klassen und „Monsieur le Baron" von allen anderen Klassen.

Eine Baronin sollte mit ihrem Nachnamen angesprochen werden, mit dem Zusatz „Madame", also „Madame d'Avignon" von den oberen Klassen und „Madame la Baronne" von allen anderen Klassen.

Eine junge unverheiratete Dame sollte von der Oberschicht mit „Mademoiselle d'Avignon" und von allen anderen Schichten mit „Mademoiselle" angesprochen werden.

In deutschen Titeln wird die Unterscheidung von „Von" vor dem Nachnamen umgangssprachlich selten verwendet, Titel und Nachname werden ohne das Präfix „Von" verwendet. Daher sollte „Graf von Ausberg" im Gespräch mit „Graf Ausberg" und nicht mit „Monsieur le Comte" angesprochen werden.

Ausländische Damen von Rang sollten mit ihrem Titel und Nachnamen und nicht nur mit ihrem Titel angesprochen werden, und die Vorsilbe „Von" sollte weggelassen werden; aber im Falle eines französischen oder italienischen Titels sollte das „de" oder „de la" vor dem Nachnamen auf keinen Fall weggelassen werden.

Wenn Engländer mit hochrangigen Ausländern sehr vertraut sind, sprechen sie sie im Gespräch wahrscheinlich mit ihrem Nachnamen an; aber nur tiefe Intimität und Freundschaft rechtfertigen diese Vertrautheit.

Was die Anrede des Klerus anbelangt , sollte ein Erzbischof von der Oberschicht umgangssprachlich mit „Erzbischof" und vom Klerus und allen anderen Klassen mit „Euer Gnaden" angesprochen werden.

Ein Bischof sollte von der Oberschicht umgangssprachlich mit „Bischof" und vom Klerus und allen anderen Klassen mit „Mein Herr" angesprochen werden.

Ein Dekan sollte von der Oberschicht „Dean Blank" oder „Dean" und von den Geistlichen „Mr. Dean" genannt werden.

Ein Erzdiakon sollte mit „Archdeacon Blank" und ein Kanoniker mit „Canon Blank" angesprochen werden.

Die Ehefrauen von Erzbischöfen, Bischöfen und Dekanen sollten jeweils mit „Frau A.", „Frau B." oder „Frau C." angesprochen werden. Sie nehmen keinen Titel vom geistlichen Rang ihrer Ehemänner ab.

Offiziere der Armee sollten jeweils mit „General A.", „Oberst B.", „Major C." oder „Hauptmann D." angesprochen werden und nicht mit „General", „Oberst" oder „Major". außer von ihren sehr vertrauten Freunden.

Die Ehefrauen von Beamten sollten mit „Frau A.", „Frau B.", „Frau C." oder „Frau D." angesprochen werden. Sie sollten niemals mit „Mrs. General A.", „Mrs. Colonel B.", „Mrs. Major C." oder „Mrs. Captain D." angesprochen werden.

Eine Dame sollte ihren Mann umgangssprachlich nicht nur mit seinem Nachnamen anreden, also mit „Jones", „Brown" oder wie auch immer sein Nachname lauten mag, oder von ihm ohne die Vorsilbe „Mr." sprechen.

Die übliche Regel besteht darin, dass eine Frau von ihrem Ehemann als „Mr. Brown" oder „mein Ehemann" spricht, außer gegenüber vertrauten Freunden, bei denen häufig nur der Vorname verwendet wird, und ihn nur mit seinem Vornamen anzusprechen.

Eine Ehefrau sollte ihren Mann nicht mit dem Anfangsbuchstaben seines Nachnamens anreden, also „Herr B." oder „Herr P."; Auch sollte ein

Ehemann seine Frau nicht mit dem Anfangsbuchstaben seines Nachnamens ansprechen.

Wenn enge Freunde einander mit dem Anfangsbuchstaben ihres Namens ansprechen, geschieht das nur aus Höflichkeit, und solche Fälle fallen natürlich nicht unter die Regeln der Etikette.

Adlige sprechen ihre Ehemänner häufig mit dem Namen an, der ihrem Titel beigefügt ist, anstatt ihren Vornamen oder Familiennamen zu verwenden. So würde der „Earl of Blankshire" von seiner Frau „Blankshire" genannt werden, ohne das Präfix „Lord", und seine übliche Unterschrift wäre „Blankshire", ohne den Zusatz eines Vornamens.

Die Ehefrauen von Baronetten sollten ihre Ehemänner nicht mit ihrem Nachnamen, sondern mit ihrem Vornamen ansprechen und sie als „Sir George" oder „Sir John" bezeichnen.

Die Ehefrauen von Rittern sollten ihre Ehemänner auch nicht mit ihrem Nachnamen, sondern mit ihrem Vornamen ansprechen und von ihnen als „Sir George" oder „Sir John" sprechen.

Der Oberbürgermeister sollte umgangssprachlich mit „Oberbürgermeister" und die Bürgermeisterin mit „Lady Mayoress" angesprochen werden, es sei denn, der Oberbürgermeister wird während seiner Amtszeit zum Baron ernannt oder erhält die Ehre des Rittertums, in diesem Fall sollte er mit „Sir John" angesprochen werden „ oder „Sir Henry" und seine Frau als „Lady A."

Kapitel VII

Punkte der Etikette in Bezug auf königliche Persönlichkeiten

DIE ALLGEMEINE Gesellschaft kommt heute sehr häufig mit dem Königshaus in Kontakt – mit Mitgliedern der königlichen Familie von England und Mitgliedern verschiedener königlicher Familien in Europa.

Mit Seiner Majestät ist diese Verbindung in der Öffentlichkeit häufig anzutreffen, und Personen mit besonderem Interesse werden ständig mit ihm in Kontakt gebracht.

Die strenge Hofetikette ist weitestgehend außer Kraft gesetzt und wird von Seiner Majestät außer Kraft gesetzt, wenn man persönliche Freunde besucht oder Besuch von ihnen empfängt.

Die Herzlichkeit der englischen Prinzen und Prinzessinnen wird überall anerkannt, und die Beschränkungen der Hofetikette werden häufig durch ihren Wunsch gelockert, wenn sie die Häuser des Adels und des Adels besuchen.

Die an ausländischen Gerichten – Österreich, Russland, Griechenland usw. – geltenden Etikette wird selten aufgehoben und mit großer Pünktlichkeit eingehalten. So sehr ist dies bei bestimmten ausländischen Fürsten der Fall, die unsere Küsten besuchen, dass die Bräuche, die sie als Folge ihrer hohen Stellung beanspruchen, oft als Einschränkung für die Gastgeber empfunden werden, die sie in der Stadt oder auf dem Land mit ihrer Gesellschaft beehren Abendessen, Ball oder Landhausparty.

Andererseits verhalten sich viele königliche Persönlichkeiten, die gelegentlich England besuchen, gegenüber der Gesellschaft im Allgemeinen unbeugsam und unzeremoniell.

Wenn königliche Persönlichkeiten London für ein paar Wochen besuchen, sei es im Palast, in der Botschaft oder im Hotel, gilt dies als Etikette für jede Person, die mit ihrem Hof oder Kabinett persönlich bekannt oder in irgendeiner Weise verbunden ist oder an ihrem Hof vorgestellt wurde , Karten darauf zu hinterlassen und ihre Namen in ihre Gästebücher einzutragen. Personen aus noch höheren sozialen Schichten veranstalten zu ihren Ehren Empfänge und laden sie ein, in ihren fürstlichen Residenzen zu übernachten.

Bei solchen Besuchen werden in der Regel die Hauptnachbarn eingeladen, die königlichen Gäste beim Abendessen, Ball oder Empfang zu treffen, und auf der Einladungskarte steht: „Um Seine Königliche Hoheit, den

Kronprinzen von –" oder „Ihre Durchlaucht" zu treffen die Großherzogin von ———" usw.; Aber eine Gastgeberin übt hinsichtlich der Einladungen, die sie ausgibt, ihr eigenes Ermessen aus.

Wenn ein Ball geplant ist, wird die gesamte Grafschaft in das Herrenhaus eingeladen, wenn jedoch nur Einladungen zum Abendessen herausgegeben werden, ist der Kreis zwangsläufig auf einige wenige Auserwählte beschränkt.

Die Nachbarn, die nicht in ein Haus eingeladen sind, in dem sich ein königlicher Gast aufhält, sollten es vermeiden, die Gastgeberin bis zur Abreise der königlichen Besucher aufzusuchen, auch wenn Besuche fällig sind.

Die wichtigsten Persönlichkeiten eines Landkreises, die zufällig bei einer Unterhaltung anwesend sind, sei es beim Abendessen oder beim Tanz, werden in der Regel vom Gastgeber oder der Gastgeberin den königlichen Gästen vorgestellt, nachdem zuvor die Erlaubnis dazu eingeholt wurde.

Wenn es sich bei der vorzustellenden Person um eine Person von Rang oder Rang handelt, müsste man nur sagen: „Darf ich Ihnen Lord A. oder General B. vorstellen, Sir?" Wenn die vorzustellende Person jedoch keinen besonderen Anspruch auf die Ehre hat, der über die Beliebtheit im Landkreis hinausgeht, sollten dem Antrag einige erläuternde Worte über die vorzustellende Person vorangestellt werden.

Wenn der Name oder der Ruhm der Vorgestellten den königlichen Gästen zu Ohren gelangt, schütteln sie bei der Übergabe meist die Hand und kommen mit ihnen ins Gespräch; andernfalls verneigen sie sich lediglich und machen ein oder zwei beiläufige Bemerkungen.

Eine Hausgesellschaft besteht im Allgemeinen aus Personen, mit denen ein königlicher Gast mehr oder weniger vertraut ist. Wenn an der Party jemand teilnimmt, der den königlichen Gästen fremd ist, sollte er oder sie bei der ersten Gelegenheit vorgestellt werden.

Die Mitglieder der königlichen Familie haben mehr oder weniger ihre eigene Gruppe, ebenso wie die ausländischen Prinzen, die dieses Land regelmäßig besuchen, und daher bestehen Hauspartys normalerweise aus Personen, die sich in die Gruppe des erwarteten Prinzen bewegen.

Informationen zur richtigen Ansprache königlicher Persönlichkeiten finden Sie in Kapitel VI .

Was königliche Einladungen betrifft , so sind alle Einladungen des Souveräns Befehle und müssen als solche beantwortet und befolgt werden, und bei der Beantwortung solcher Einladungen muss das Wort „Befehl" verwendet werden. Wenn es einen Grund dafür gibt, den Befehlen Seiner Majestät nicht Folge zu leisten, sollte dieser angegeben werden.

Einladungen von Mitgliedern der königlichen Familie werden aus Höflichkeit als Befehle behandelt, aber bei der Beantwortung solcher Einladungen sollte das Wort „Befehl" nicht verwendet werden. Die Antworten auf solche Einladungen sollten an den Rechnungsprüfer des Haushalts gerichtet werden, von dem sie normalerweise ausgestellt werden.

Antworten auf königliche Einladungen sollten in der dritten Person verfasst und Gründe für die Nichtannahme angegeben werden.

Eine frühere Verlobung kann nicht als Entschuldigung für die Ablehnung einer königlichen Einladung angeführt werden; Nur persönliches Unwohlsein oder eine schwere Krankheit oder der Tod naher Verwandter wären ausreichende Gründe, eine königliche Einladung nicht anzunehmen.

Wenn eine königliche Einladung mündlich erfolgt, sollte auch die Antwort mündlich erfolgen.

Bei allen Veranstaltungen, bei denen königliche Gäste anwesend sind, sollten diese vom Gastgeber und der Gastgeberin im Eingangsbereich empfangen werden. Im Falle heiterer Hoheiten sollten sie vom Gastgeber empfangen und von ihm zur Gastgeberin geleitet werden; diese Regel gilt auch für die Aufnahme östlicher Fürsten.

Von nun an soll es in Großbritannien keine anderen Prinzen oder Prinzessinnen mehr als die des Blutkönigs geben. Nur die Kinder und Enkel des Souveräns werden den fürstlichen Rang innehaben; die Titel „Hoheit" und „Gelassene Hoheit" werden verschwinden; und das der „Königlichen Hoheit" wird den direkten Nachkommen des Königs in männlicher Linie vorbehalten sein.

Der König hat es unter den durch den gegenwärtigen Krieg herbeigeführten Bedingungen für wünschenswert gehalten, dass die Fürsten seiner Familie, die seine Untertanen sind und deutsche Namen und Titel tragen, diese Titel aufgeben und fortan britische Nachnamen annehmen.

Folgendes zum **Adelstitel des Vereinigten Königreichs ernannt : – Dem Herzog von Teck zum Marquis;** Prinz Alexander von Teck wird Earl of Athlone; Prinz Louis von Battenberg wird Marquis von Milford Haven; und Prinz Alexander von Battenberg zum Marquis von Carisbrooke.

Indische Prinzen. – Der genaue Status indischer Prinzen wurde nie festgelegt, aber alle „Hoheiten" haben am englischen Hof und in der Gesellschaft Vorrang vor der königlichen Familie und ausländischen Prinzen. Bei der Prozession bei Hoffesten treten sie vor den Botschaftern auf.

Kein indischer Prinz gilt als königlich-blütig, und sie stehen nicht in der Schlange bei Levées und Gerichten, sondern alle haben das private *Entrée* .

KAPITEL VIII

Verhaltensregeln bei Auslandsreisen und Vorträge vor ausländischen Gerichten

DIE Bekanntschaft mit ausländischen Einwohnern ist für Engländer, die den Winter im Ausland verbringen oder längere Zeit in einer kontinentalen Stadt bleiben möchten, von großem Nutzen, da sie dadurch Zugang zur fremden Gesellschaft erhalten. Eine Vorstellung beim englischen Botschafter oder Minister an einem ausländischen Gericht ist in dieser Angelegenheit von noch größerem Nutzen.

Personen mit anerkannter Stellung in der Gesellschaft haben das Privileg, ihre Karten bei der englischen Botschaft in jeder ausländischen Stadt zu hinterlassen, in der sie einen vorübergehenden Aufenthalt planen.

Die Lage englischer Reisender ist dem englischen Ministerium an einem ausländischen Hof so genau bekannt, dass, wenn eine Person, die nicht in der englischen Gesellschaft empfangen wird, Karten bei der englischen Botschaft hinterlässt, diese sofort als Zeichen des Bekannten zurückgegeben werden wird abgelehnt.

Es ist falsch anzunehmen, dass durch das Hinterlassen von Karten bei angesehenen Ausländern eine Bekanntschaft begonnen werden kann, denn wenn keine formellen Bekanntmachungen stattgefunden haben, ist das Hinterlassen von Karten ein nutzloses Unterfangen.

An weit entfernten Orten, die von gewöhnlichen Reisenden wenig frequentiert werden und wo es, wenn überhaupt, nur wenige ansässige Engländer gibt, können Reisende, die Rat oder Unterstützung vom englischen Konsul benötigen, ihn ohne Einführung kontaktieren, wobei die Nationalität von Bedeutung ist Sie verfügen über einen geeigneten Grund, dies zu tun, und wenn sie den gleichen sozialen Status haben, werden sie mit gesellschaftlicher Rücksichtnahme aufgenommen. andernfalls würde ihnen aus offizieller Sicht jede Hilfe gewährt werden. Viele Menschen knüpfen auf Reisen ins Ausland auch ohne Kennenlernen angenehme Bekanntschaften, wobei der Anlass eines Treffens sozusagen eine halbe Vorstellung für sich ist.

Solche zufälligen Bekanntschaften sind jedoch mit gewissen Risiken verbunden, insbesondere für Personen, die für kurze Zeit von England abwesend waren oder die in England vergleichsweise wenig in die Gesellschaft eingebunden waren und daher dazu neigen, unversehens enge Freundschaften mit ihnen einzugehen Menschen vielleicht wohlerzogen und angenehm, obwohl sie zu Hause aus gutem und ausreichendem Grund tabu sind. Solche *Konflikte* sind für gutherzige Menschen schmerzhaft, wenn sie anschließend gezwungen sind, die Bekanntschaft mit denen, mit denen sie eine angenehme Vertrautheit entwickelt haben, zu meiden und aufzugeben. Eine Bekanntschaft mit einem englischen Bewohner einer Stadt oder Stadt vermeidet jegliche Unannehmlichkeiten dieser Art, da jemand, der dort lebt, im Allgemeinen über alles, was in der Gesellschaft zu Hause vor sich geht, *auf dem Laufenden gehalten wird.*

Wenn Menschen im Ausland in die Gesellschaft eintreten möchten, bemühen sie sich, Empfehlungsschreiben von Freunden und Bekannten für die Bewohner der Städte zu erhalten, die sie besuchen möchten.

Sofern englische Reisende nicht ordnungsgemäß am Gericht von St. James vorgeführt wurden, können sie über die englischen Botschaften keine Vorstellungen an ausländischen Gerichten erhalten.

Wenn eine Dame eine Präsentation vor einem ausländischen Gericht wünscht, sollte sie an die englische Botschafterin schreiben und um die Ehre einer Präsentation bitten und das Datum ihrer Präsentation sowie den Namen der Dame angeben, von der sie vorgestellt wurde. Nach ordnungsgemäßer Überprüfung ihrer Aussage wird dem Antrag stattgegeben. Wenn ein Herr eine Präsentation vor einem ausländischen Gericht wünscht, sollte er in gleicher Weise an den Botschafter schreiben und um die Ehre einer Präsentation bitten und das Datum der Levée, bei der er vorgestellt wurde, sowie den Namen der Person angeben wem die Präsentation gemacht wurde.

Präsentationen an ausländischen Höfen finden am Abend statt, und die vorzustellenden Personen und diejenigen, die anwesend sind, versammeln sich vor dem Einzug der königlichen Persönlichkeiten: Die Regel besteht darin, dass die Großmaîtresse *jede* Dame der Reihe nach ihrer königlichen Geliebten vorstellt. der zu diesem Zweck einen Rundgang durch die Wohnung macht und jedem eine höfliche Bemerkung macht.

KAPITEL IX

Die erhaltene Art, bestimmte Nachnamen auszusprechen

ES gibt vielleicht zwei Gründe dafür, dass verschiedene Nachnamen so häufig falsch ausgesprochen werden: Der eine ist die Unkenntnis der Modefreudigkeit, die die Aussprache bestimmter bekannter Namen bestimmt, der andere Unwissenheit oder mangelnde Bildung.

Wenn sensible Personen hören, wie ein Name anders ausgesprochen wird, als sie es selbst getan haben, ihn aber gerade ausgesprochen haben, und zwar in einem Ton und in einer Art und Weise, die stark auf eine Korrektur hindeutet, ist das eine Verletzung ihrer inneren *Liebe*.

Wenn Personen Zweifel an der korrekten Aussprache eines bestimmten Namens haben, ist es in der Regel am besten, die Erwähnung dieses Namens nach Möglichkeit zu vermeiden, bis ihre Zweifel von jemandem ausgeräumt werden, der besser informiert ist als sie selbst.

Es gibt nur wenige Namen, die eine modische oder eigenartige Aussprache haben oder anders ausgesprochen werden als sie geschrieben werden, und auch Namen, bei denen die Betonung falsch sein könnte, sind nicht sehr zahlreich; aber es ist überraschend, wie oft diese Namen im Gespräch vorkommen.

Die Namen angesehener Künstler, die leicht falsch ausgesprochen werden können, kommen in Gesprächen weitaus häufiger vor als die allgemeinen, ungewöhnlichen Nachnamen.

Es gibt viele berühmte Jagden und Jagdgebiete, deren Namen häufig falsch ausgesprochen werden.

Was das Setzen des Akzents auf die falsche Silbe bei der Aussprache von Namen betrifft, bedarf es nur wenig Überlegung, um diesen Fehler zu vermeiden, da ein weit verbreiteter Fehler darin besteht, den Akzent auf die letzte Silbe eines Namens zu setzen; wohingegen bei einem Namen mit zwei Silben die Betonung stets auf der ersten Silbe liegen sollte und die zweite Silbe sozusagen leicht abgekürzt oder leicht verändert sein sollte.

Bei Namen mit drei Silben besteht der Fehler normalerweise darin, den Akzent auf die letzte Silbe zu setzen, während der Akzent auf die zweite Silbe gelegt werden sollte. Von dieser Regel gibt es gelegentlich Ausnahmen, und die wenigen Namen, die in diesem Kapitel aufgeführt werden, sowohl hinsichtlich ihrer Aussprache als auch ihrer Akzentuierung, werden als nützlicher Leitfaden für die Aussprache ungewöhnlicher Namen dienen.

DINKEL.	AUSGESPROCHEN.	BEMERKUNGEN.
Abergavenny.	Abergen'ny.	*Av* ertönte nicht.
Arbuthnot.	Arbuth'not.	
Arundel.	Arrandel.	
Beaconsfield.	Beckonsfield.	
Beauchamp.	Bea'cham.	
Beauclerk oder Beauclerc.	Bo'clair.	Akzent auf der ersten Silbe.
Belvoir.	Be'ver.	
Berkely.	Bark'ley.	
Bethune.	Bee'ton.	
Bicester.	Bis'ter.	Akzent auf der ersten Silbe.
Blount.	Unverblümt.	
Blyth.	Bly.	*Das* ertönte nicht.
Bourke.	Burk.	
Bourne.	Brennen.	
Bowles.	Boles.	
Breadalbane.	Breaddal'bane.	Akzent auf der zweiten Silbe.
Brougham.	Broum.	
Buchan.	Buck'an.	Akzent auf der ersten Silbe.
Burdett.	Burdett'.	Akzent auf der letzten Silbe.

Burnett.	Burnett'.	Akzent auf der letzten Silbe.
Begraben.	Beere.	
Calderon.	Cal'dron, nicht Cauldron.	
Charteris.	Urkunden.	
Cholmeley.	Chum'ley.	
Cholmondeley.	"	
Cirencester.	Cis'ester.	Akzent auf der ersten Silbe.
Clanricarde.	Clanrecarde.	Akzent auf der zweiten Silbe.
Cockburn.	Coburn.	*Ck* ertönte nicht.
Colquhoun.	Kohoon'.	Akzent auf der letzten Silbe.
Conynham.	Cunyingham.	
Coutts.	Koots.	
Cowper.	Cooper.	
Dalziel.	Dee'al.	Akzent auf der ersten Silbe.
Derby.	Darby.	
Des Vaux.	Deveu.	Das *x* ertönte nicht.
Devereux.	Devereu.	Das *x* ertönte nicht.
Dillwyn.	Dil'lun.	Der *Weg* nimmt den Klang von *dir* ; die

		Betonung auf der ersten Silbe.
Duchesne.	Dukarn.	
Du Plat.	Du Plar.	
Elgin.		Das *g* hart wie beim Geben.
Eyre.	Luft.	
Fildes.	Filedes.	*Nicht* Filldes.
Fortescue.	Fort'iskew.	
Geoffrey.	Jeffrey.	
Geoghegan.	Gaygan.	
Gifford.	Jifford.	Das *g* weich wie bei George.
Gillett.		*G* hart wie bei Gilbert.
Gillott.		*G* hart.
Glamis.	Glarms.	
Schluchten.	Gor'jes.	Das erste *g* hart und das zweite *g* weich.
Gough.	Goff.	
Gower.	Gor.	Aber Gower betrachtet die Straße mit diesem Namen bei der breiten Öffentlichkeit.

Harcourt.	Har'kut.	Akzent auf der ersten Silbe.
Heathcote.	Heth'kut.	
Hertford.	Har'ford.	
Heim.	Hume.	
Hughes.	Hews.	
Jervis.	Jarvis.	
Johnstone.		Das *T* ertönte nicht.
Kennaird.	Kennaird'.	Akzent auf der letzten Silbe.
Kennard.	Kennard'.	Akzent auf der letzten Silbe.
Ker.	Kar.	
Knollys.	Wissen.	
Layard.	Gutsherr.	
Leconfield.	Lek'onfield.	
Lefevre.	Lefavre.	
Leigh.	Lee.	
Lyvedon.	Livden.	
Macnamara.	Macnemar'ar.	Akzent auf der dritten Silbe.

Mainwaring.	Man'nering.	
Majoribanken.	Marshbanks.	
McIntosh.	Makintosh.	
McLeod.	McCloud.	
Menzies.	Myng'es.	Akzent auf der ersten Silbe.
Meux.	Stallungen.	Das *x* klang wie *s*.
Millais.	Mil'lay.	Akzent auf der ersten Silbe.
Milnes.	Mühlen.	
Molyneux.		Das *x* ertönte mit leichtem Akzent auf der letzten Silbe.
Monck.	Munk.	
Monckton.	Munk'ton.	Akzent auf der ersten Silbe.
Monson.	Munson.	
Montgomerie oder Montgomery.	Mungum'ery.	Akzent auf der zweiten Silbe.
Mowbray.	Mobrey.	
Nigel.	Ni'jel.	
Ouless.	Oolos.	
Parnell.	Parnell'.	Akzent auf der letzten Silbe.

Pepys.	Pep'is.	Akzent auf der ersten Silbe.
Pierrepont.	Pierpont.	
Ponsonby.	Punsonby.	
Pontefract.	Pomfret.	
Pugh.	Bank.	
Pytchley.	Pȳ tch'ley .	Nicht Pitchley.
Ruthven.	Riv'en.	
Sandys.	Sand.	
St. Clair.	Sinclair.	
St. Maur.	See'mor oder S'nt Maur.	
St. Johannes.	Sinjin.	Bezüglich Vorname und Nachname, aber als St. John, wenn es auf Kirche oder Ort angewendet wird.
Seymour.	Sey'mer.	Akzent auf der ersten Silbe.
Strachan.	Stroh.	
Tadema.	Tad'ymar.	Akzent auf der ersten Silbe.
Tollemache.	Tollmash.	
Trafalgar.	Trafalgar'.	Akzent auf der letzten Silbe; Was

		den Peer dieses Namens betrifft, nichts anderes.
Tredegar.	Trede'gar.	Akzent auf der zweiten Silbe.
Tremayne.	Tremayne'.	Akzent auf der letzten Silbe.
Tyrrwhitt.	Tirritt.	
Vaughan.	Vorn.	
Vaux.		Das *x* ertönte.
Villbois.	Kalbfleisch.	
Villiers.	Vill'lers.	
Waldegrave.	Wal'grave.	Das *De* ertönte nicht.
Wemyss.	Weems.	
Willoughby D'Eresby.	Willowby D'Ersby.	

KAPITEL X

VORTRÄGE VOR GERICHTEN UND TEILNAHME VOR GERICHTEN

Anstelle der Salons werden nun von Ihren Majestäten, dem König und der Königin, im Buckingham Palace Gerichtshöfe abgehalten, in denen Präsentationen vor Ihren Majestäten gehalten werden .

Diese Gerichtsverhandlungen finden abends um zehn Uhr statt, die Stunde, zu der die Gesellschaft eintreffen soll, wird jedoch vom Lord Chamberlain in der Bekanntmachung der abzuhaltenden Gerichtsverhandlungen angegeben.

Normalerweise, aber nicht immer, finden zwei Gerichtshöfe vor Ostern und zwei weitere nach Ostern statt.

Damen, die in den letzten beiden Regierungszeiten in Salons und Höfen vorgestellt wurden, müssen Ihren Majestäten, dem König und der Königin, nicht erneut vorgestellt werden. Daher sollten Damen, die bereits in diesen Salons vorgestellt wurden und den Wunsch haben, zu dem einen oder anderen dieser Höfe eingeladen zu werden, und die ebenfalls den Wunsch haben, Vorträge zu halten, ihre Namen und die Namen der künftigen Damen einsenden von ihnen am 1. Januar eines jeden Jahres, jedoch nicht vor diesem Datum, dem Lord Chamberlain, St. James's Palace, SW, überreicht.

Damen haben auch das Privileg, gleichzeitig anzugeben, wann es für sie am bequemsten ist, Ihren Majestäten ihre Aufwartung zu machen. Sollte es für eine Dame nicht bequem sein, an dem besonderen Gericht, zu dem sie eingeladen ist, teilzunehmen oder dort vorgestellt zu werden, steht es ihr frei, sich beim Lord Chamberlain schriftlich zu entschuldigen, wenn ihr Name es wünscht, und wenn möglich, in eine andere Liste übertragen.

Eine Dame, die Ihren Majestäten eine Präsentation macht, muss die Dame, die sie präsentiert, persönlich kennen und für sie verantwortlich sein. Sie muss selbst vor Gericht erscheinen und darf außer ihrer Tochter oder Schwiegertochter nicht mehr als eine Dame vorführen. Da die Teilnehmerzahl bei jedem Gericht zwangsläufig begrenzt ist, können Damen nur gelegentliche Einladungen erhalten. Daher erhalten diejenigen, die nicht in die diesjährige Einladungsliste aufgenommen werden können, vom Lord Chamberlain als Antwort auf ihre Teilnahmeanträge eine entsprechende Mitteilung.

Die Personen, die berechtigt sind, vor den Gerichten Ihrer Majestäten vorgestellt zu werden, sind die Ehefrauen und Töchter der Mitglieder der

Aristokratie, die Ehefrauen und Töchter derjenigen, die hohe offizielle Ämter in der Regierung innehaben, die Ehefrauen und Töchter von Parlamentsmitgliedern, dem Kreisadel und anderen Stadtadlige, die Ehefrauen und Töchter von Angehörigen der Rechts-, Militär-, Marine-, Büro-, Medizin- und anderen Berufe, die Ehefrauen und Töchter von Kaufleuten, Bankiers und Mitgliedern der Börse sowie Personen, die im Großen und Ganzen im Handel tätig sind Skala.

Obwohl das Wort „Adel" daher dehnbar ist und Personen, die in diese Kategorie fallen, durchaus Anspruch auf das Privileg haben könnten, Gerichte zu besuchen, ist es doch klar, dass Geburt, Reichtum, Verbindungen und Stellung eine Daseinsberechtigung *dafür* darstellen Privileg; Da zum Beispiel die Frau und die Töchter eines Offiziers der Marine oder eines Linienregiments, der über geringe Mittel verfügt und dessen Stellung unklar ist, aus diesen Gründen nicht berechtigt wären, an einem Gericht teilzunehmen, obwohl der Offizier selbst an einem Gericht teilnehmen könnte levée, wenn Sie dies wünschen; und diese Bemerkung gilt gleichermaßen für die Frauen und Töchter von Geistlichen, Rechtsanwälten und anderen in ähnlicher Lage.

Präsentationen vor Ihren Majestäten werden offiziell von den verschiedenen ausländischen Botschaftern, den Ehefrauen der Kabinettsmitglieder und den Ehefrauen anderer offizieller Persönlichkeiten in verschiedenen Staatsabteilungen, sei es im Zivil-, Militär-, Marine- oder Geistlichenbereich, gehalten.

Präsentationen an den Höfen Ihrer Majestäten sind nun durch königlichen Befehl begrenzt.

Präsentationen vor Ihren Majestäten sollten entweder von einem Verwandten oder einem Freund der vorgestellten Dame vorgenommen werden, der selbst zuvor vorgestellt wurde.

Eine Dame hat das Privileg, neben ihrer Tochter oder Schwiegertochter nur eine weitere Dame vor Gericht zu präsentieren.

Diese Einschränkung gilt nicht für Damen, die aufgrund ihrer offiziellen Position oder anderer Umstände das besondere Privileg haben, sich vor Ihren Majestäten zu präsentieren.

Wenn eine Präsentation nicht offiziell oder von einem nahen Verwandten vorgenommen wird, gilt dies als Gefallen der Person, die die Präsentation vornimmt, gegenüber der präsentierten Person.

Die Verantwortung für eine Präsentation liegt bei der Person, die sie erstellt, sowohl hinsichtlich der sozialen als auch der moralischen Eignung der präsentierten Person; Daher ist es mit einer erheblichen Verpflichtung verbunden, einen Freund um die Gunst einer Präsentation zu bitten, und Damen können diesen Gefallen ohne Bedenken ablehnen, es sei denn, es liegen gute Gründe für die Gewährung vor.

Wenn Präsentationen über offizielle Kanäle erfolgen, liegt die Verantwortung beim „Büro" und nicht bei der Person, die die Präsentation vornimmt; Daher haben so gemachte Präsentationen für die Person, die sie macht, kaum eine persönliche Bedeutung.

Eine Dame, die anlässlich ihrer Hochzeit vorgestellt wurde, hat das Privileg, auf Einladung an jedem weiteren Gerichtsverfahren teilzunehmen. Damen, die keine offizielle Position innehaben, ist es jedoch nur gestattet, alle drei Jahre auf Einladung an einem Gerichtsverfahren teilzunehmen. Bei der Erlangung eines Titels durch ihren Ehemann müsste sie erneut vorgestellt werden, und sollte sie ein zweites Mal heiraten, wäre eine weitere Präsentation erforderlich, um ihr die Berechtigung zu geben, an einem der Gerichte Ihrer Majestäten teilzunehmen.

Es ist das Privileg der verheirateten Dame, Vorträge zu halten . Sollte jedoch eine Person vorgestellt werden, deren Vorgeschichte oder gegenwärtige Stellung sie sozial für eine Vorführung ungeeignet macht, würde der Lord Chamberlain, sobald er sich dieser Tatsache bewusst wird, die Präsentation sofort absagen Geben Sie dies offiziell in der *Gazette bekannt* , und von der Person, die eine solche Präsentation vornimmt, wird erwartet, dass sie sich dafür entschuldigt.

Eine unverheiratete Dame hat nicht das Privileg , einen Vortrag zu halten, egal wie hoch ihr Rang sein mag. Es ist ihr nicht gestattet, nach der ersten Präsentation an weiteren Gerichten teilzunehmen, bis drei Jahre vergangen sind; unter außergewöhnlichen Umständen speichern.

Amtsblatt , von wo aus es in die Zeitungen kopiert wird, eine entsprechende Ankündigung gemacht.

Die Ehefrauen der Mitglieder des Kabinetts und der Botschafter oder Minister am Court of St. James's nehmen normalerweise an jedem Court teil und haben das Privileg, dies aufgrund der offiziellen Präsentationen zu tun, die sie an jedem Court halten.

Für eine Dame, die einen Vortrag hält, ist es obligatorisch, selbst bei dem Gericht anwesend zu sein, bei dem der Vortrag gehalten werden soll. Es ist jedoch nicht erforderlich, dass sie die Person, die sie vorträgt, begleitet, sondern lediglich am selben Gericht anwesend ist.

Wenn eine Dame beabsichtigt, einen Vortrag zu halten, sollte sie am oder nach dem 1. Januar an den Lord Chamberlain schreiben und ihm mitteilen, dass sie an einem Gerichtsverfahren teilnehmen möchte, und den Namen der Dame mitteilen, die von ihr vorgestellt werden soll.

Von Damen wird nicht erwartet, dass sie öfter als alle drei Jahre vor Gericht erscheinen, es sei denn, es liegen außergewöhnliche Umstände vor.

Eine Dame, die einen Gerichtsbesuch besucht, kann zusätzlich zu ihrer Tochter oder Schwiegertochter eine weitere Dame vorstellen.

Eine zum ersten Mal vorgestellte Dame kann ihre Tochter oder Schwiegertochter nur bei dem Gericht vorstellen, bei dem sie vorgestellt wird.

Es können keine Bewerbungen von Damen entgegengenommen werden , die vorgestellt werden möchten. Ihre Namen müssen von den Damen, die die Präsentationen halten möchten, weitergeleitet werden.

etwa drei Wochen vor dem jeweiligen Gerichtstermin **ausgestellt** .

Damen können von ihren Ehemännern zum Hof begleitet werden, wenn diese vorgestellt wurden, Herren dürfen jedoch nicht vor dem König und der Königin vorbei. Damen werden gebeten, gleichzeitig mit ihren eigenen Namen auch die Namen ihrer Ehemänner anzugeben, damit diese zusammen eingereicht werden können, da die Änderung einer Vorladungskarte nur dann möglich ist, wenn die Vorladung ausgestellt wurde, um den Ehemann einer Dame aufzunehmen unter den außergewöhnlichsten Umständen zulässig.

Diejenigen, die das Privileg des Entrée haben, betreten den Palast durch das Tor außerhalb des Buckingham Gate. Zu den Inhabern dieses Privilegs gehören der diplomatische Kreis, die Minister des Kabinetts und ihre Frauen sowie die Mitglieder des Haushalts. Ihnen sind die zwei an die Präsenzkammer angrenzenden Räume zugeteilt. Alle, die das Vorrecht des *Eintritts* genießen, werden von Ihren Majestäten vor dem allgemeinen Kreis und entsprechend ihrem individuellen Vorrang empfangen, und sie haben auch das Vorrecht, die ersten Vorträge zu halten.

Wenn eine Dame im Palast ankommt, sollte sie ihre Umhänge in der Garderobe bei einer der Dienstmädchen ablegen. Nachdem sie die Große Halle durchquert hat, geht sie die Große Treppe hinauf zum Korridor, wo sie dem wartenden Pagen ihre Einladungskarte zeigt und dann zu einem der Saloons geht.

Wenn eine Dame früher ankommt, erhält sie Zutritt zum Saloon neben denen, die für das *Entrée reserviert sind* . Bei verspätetem Eintreffen muss sie entsprechend der Anzahl der anwesenden Personen in einem weiteren Zimmer der Suite Platz nehmen.

Die an der Tür jedes Zimmers postierten Waffenmänner schließen die vergoldeten Absperrungen, wenn sie glauben, dass die Saloons voll sind. Im Flur und in diesen Salons stehen Stühle und Bänke für die Unterbringung von Damen, die darauf warten, den Thronsaal oder den Präsenzsaal zu betreten.

Während die Damen jeden Raum verlassen, um in den Präsenzsaal zu gelangen, nehmen andere ihre Plätze ein und die Absperrungen werden wieder geschlossen, und dies wird so lange fortgesetzt, bis alle empfangen wurden.

Eine Dame muss durch die beiden *Eingangssäle gehen* , bevor sie die Gemäldegalerie erreicht.

An der Tür der Gemäldegalerie wird eine Damenschleppe, die sie bisher auf dem Arm getragen hat, von zwei anwesenden Beamten herabgelassen und von ihnen mit ihren Zauberstäben ausgebreitet; Sie sollte mit ihrem Zug die Galerie bis zum Anwesenheitssaal durchqueren, an dessen Tür sie die mitgebrachte Einladungskarte dem dort stationierten Beamten zur Entgegennahme übergeben sollte.

Eine Dame macht bei ihrer Vorstellung einen Knicks vor dem König und einen Knicks vor der Königin. Der König verneigt sich im Gegenzug, ebenso wie die Königin. Eine vorgestellte Dame küsst der Königin nicht mehr die Hand, wie sie es früher tat. Der König schüttelt keinem Geschenk die Hand, wie hoch der Rang auch sein mag, und die Königin schüttelt auch keinem Geschenk die Hand.

Eine Dame macht bei ihrer Vorstellung keinen Knicks vor irgendeinem Mitglied der königlichen Familie, wenn sie an Ihren Majestäten vorbeigegangen ist, und verlässt den Anwesenheitsraum mit einem Schritt rückwärts, der königlichen Partei zugewandt, bis sie die Wohnung verlässt, wo ein Beamter sie platziert Zug auf ihrem Arm an der Türschwelle.

nach ordnungsgemäßer Vorstellung **einem Gericht beiwohnen möchte , ist es notwendig, den Lord Chamberlain über ihren Wunsch zu informieren.** Vorladungen werden etwa drei Wochen vor dem jeweiligen Gerichtstermin ausgestellt.

Nachdem sie eine Vorladung zum Gerichtsbesuch erhalten hat, sollte sie die Vorladungskarte mitnehmen, sie dem wartenden Pagen im Flur zeigen und sie schließlich dem an der Tür des Verhandlungssaals aufgestellten Beamten übergeben, von dem sie es erhält es wird an den Lord Chamberlain weitergegeben, der den Namen Ihren Majestäten bekannt gibt.

Eine Dame, die an einem Hofbesuch teilnimmt, macht einen Knicks vor dem König; Sie knickst auch vor der Königin, macht jedoch keinen Knicks vor anderen anwesenden Mitgliedern der königlichen Familie.

Im Allgemeinen Kreis gibt es keinen Vorrang hinsichtlich der Reihenfolge, in der Damen, die einem Gericht beiwohnen, die Anwesenheitskammer betreten. Die ersten Ankömmlinge sind die ersten, die vor Ihren Majestäten erscheinen, ohne Angabe von Rang oder Position; und die gleiche Regel gilt für Damen, die vorgestellt werden, oder für Damen, die Präsentationen halten.

Eine verheiratete Dame, die sich einem Gericht vorstellt , kann vor demselben Gericht ihre Tochter oder Schwiegertochter vorstellen; aber in diesem Fall sollte die von ihr vorgestellte Person nach ihr und nicht vor ihr in den Anwesenheitsraum eintreten.

Obwohl von den unverheirateten Töchtern bereits vorgestellter Adliger und Adliger nach den geltenden Vorschriften nur einmal alle drei Jahre ein Gerichtsbesuch erwartet wird, steht ihnen die Einladung zu Hofveranstaltungen und Staatsbällen nicht entgegen , Konzerte und Gartenpartys.

Damen, die vor Gericht vorgestellt wurden, haben das Privileg, ihren Namen einmal pro Saison in das Gästebuch Ihrer Majestäten im Buckingham Palace einzutragen. Die Sprechzeiten hierzu liegen in der Regel zwischen drei und fünf Uhr nachmittags.

, beim Besuch oder bei der Vorstellung vor Gericht **die vollständige Gerichtskleidung zu tragen , d. h.** tiefes Oberteil, kurze Ärmel und eine Schleppe, die mindestens drei Meter von den Schultern entfernt ist.

Ob die Schleppe rund oder eckig geschnitten ist, ist eine Frage der Neigung oder Mode. Die Breite am Ende sollte 54 Zoll betragen.

Es ist auch zwingend erforderlich, dass das Präsentationskleid weiß ist, wenn es sich bei der vorgestellten Person um eine unverheiratete Dame handelt. und es ist auch Mode, dass verheiratete Damen bei ihrer Präsentation Weiß tragen, es sei denn, ihr Alter macht dies unpassend.

Debütantinnen als auch verheiratete Damen tragen , können je nach individuellem Geschmack entweder mit farbigen oder weißen Blumen verziert werden.

High-Court-Kleid. – Die Königin hat erfreut zugestimmt, dass ein hohes Hofkleid aus Seide, Satin oder Samt an den Höfen Ihrer Majestäten und bei anderen Staatsanlässen von Damen getragen werden darf, die aufgrund von Krankheit, Gebrechlichkeit oder fortschreitendem Alter krank sind , die derzeitige niedrige Hofkleidung ist unangemessen, nämlich: Mieder vorne, quadratisch oder herzförmig, die nur mit Weiß gefüllt sein dürfen, entweder durchsichtig oder gefüttert; hinten hoch oder auf dreiviertel Höhe abgesenkt. Ärmel bis zum Ellenbogen, entweder dick oder transparent.

Schleppen, Handschuhe und Federn wie gewohnt.

Für Damen, die im „High Court Dress" auftreten möchten, ist eine königliche Genehmigung durch den Lord Chamberlain erforderlich.

Diese Regelung gilt nicht für Damen, die bereits die Erlaubnis zum Tragen hoher Kleidung erhalten haben.

Es sollten nur weiße Handschuhe getragen werden, außer im Trauerfall, wenn schwarze oder graue Handschuhe zulässig sind.

Da eine anwesende Dame nun nicht mehr wie früher die Hand der Königin küsst, ist es nicht erforderlich, dass sie den rechten Handschuh auszieht, bevor sie den Anwesenheitsraum betritt. Diese Anordnung ist daher nicht mehr in Kraft, und eine Dame, die Ellenbogenhandschuhe und Armbänder trägt, wird es als große Bequemlichkeit empfinden, ihren Handschuh nicht ausziehen zu müssen.

Sowohl für verheiratete als auch für unverheiratete Damen ist das Tragen von Federn Pflicht. —Der Hofbusch der verheirateten Dame besteht aus drei weißen Federn.

Eine unverheiratete Dame mit zwei weißen Federn.

Die drei weißen Federn sollten als Prinz-von-Wales-Federn befestigt und auf der linken Seite des Kopfes getragen werden.

Farbige Federn dürfen nicht getragen werden.

Bei tiefer Trauer müssen weiße Federn getragen werden, schwarze Federn sind unzulässig.

Zu den Federn müssen **weiße Schleier oder Spitzenlappen getragen werden.** Die Schleier sollten nicht länger als 45 Zoll sein.

in den vom Lord Chamberlain erlassenen Kleidervorschriften **enthalten , obwohl sie ausnahmslos sowohl von verheirateten als auch von unverheirateten Damen getragen werden.** Es ist daher optional, einen Blumenstrauß zu tragen oder nicht, und einige ältere Damen tragen viel kleinere Blumensträuße als jüngere Damen.

Ein Fächer und ein Einstecktuch aus Spitze werden von einer Dame ebenfalls bei einer Präsentation oder beim Besuch eines Gerichts getragen, aber auch diese beiden Gegenstände sind völlig optional.

KAPITEL XI

VORTRÄGE BEI LEVÉES UND TEILNAHME AN LEVÉES

Levées werden vom König persönlich gehalten. Diejenigen, die bei Levées Seiner verstorbenen Majestät König Edward vorgestellt wurden, müssen Seiner Majestät König George nicht erneut vorgestellt werden.

Normalerweise veranstaltet der König jedes Jahr vier oder mehr Levées im St. James's Palace.

Gentlemen werden offiziell von den Leitern der Abteilungen oder Berufe vorgestellt, denen sie individuell angehören, sei es im Zivil- oder Militärbereich, in der Marine oder im Büro. Es ist üblicher, dass ein Herr vom Chef seiner Abteilung oder vom Oberst seines Regiments vorgestellt wird, als von seinem nächsten Verwandten.

Vorträge werden auch von Verwandten und Freunden der Vorgestellten gehalten; aber diese sind auf allen Levées deutlich in der Minderheit.

Herren müssen bei jedem Schritt ihrer Karriere, sei es im Zivil-, Militär-, Marine- oder Büroberuf, erneut vorgestellt werden – bei zivilen Ernennungen, bei der Erlangung von Stufen im Marine-, Militär-, Rechts- oder Bürorang und beim Beitritt zu Titeln, ob vererbt oder verliehen .

Anspruchsberechtigt bei den Levées Seiner Majestät sind die Mitglieder der Aristokratie und des Adels, die Mitglieder des diplomatischen Korps, des Kabinetts sowie alle führenden Regierungsbeamten, Parlamentsabgeordneten, führenden Mitglieder der Anwaltschaft, der Marine und des Militärs , die führenden Mitglieder des geistlichen Berufs, die führenden Mitglieder der medizinischen und künstlerischen Berufe, die führenden Bankiers, Kaufleute und Mitglieder der Börse sowie Personen, die in großem Umfang im Handel tätig sind. Eine Ausnahme von der Regel in Bezug auf den Einzelhandel wird zugunsten jeder Person gemacht, die die Ritterschaft erhält, das Amt des Bürgermeisters innehat, zum Friedensrichter ernannt wird oder eine Kommission in den Territorialstreitkräften erhält.

Die Daten, an denen Levées abzuhalten sind, werden ordnungsgemäß im *Amtsblatt* und in den Tageszeitungen bekannt gegeben.

Bei allen zukünftigen Levées sind Eintrittskarten erforderlich, da die Teilnehmerzahl bei jeder dieser Zeremonien begrenzt sein muss.

Der Lord Chamberlain hat die folgende überarbeitete Liste von Regeln herausgegeben, die künftig bei Anwesenheiten und Präsentationen zu beachten sind:

Alle Offiziere der Royal Navy und der Royal Marines, egal ob auf der aktiven oder pensionierten Liste, welchen Rang auch immer, sollten mit dem Privatsekretär des Ersten Lords der Admiralität kommunizieren und ihre Karten von diesem erhalten. Alle Ziviloffiziere der Admiralität sollten die gleiche Regel befolgen.

Alle Offiziere, ob auf der aktiven oder pensionierten Liste, der Armee, der Regulären oder der Territorialsoldaten, unabhängig von ihrem Rang, mit Ausnahme derjenigen in den Indianer- und Kolonial-Establishments, sollten mit dem Generaladjutanten im Kriegsministerium kommunizieren und ihre Karten von diesem erhalten, unter Angabe der folgenden Angaben: klar, bei welchem Levée sie anwesend sein möchten und ob sie teilnehmen oder vorgestellt werden möchten; wenn letzteres der Fall ist, unter Angabe von wem und zu welchem Anlass. Stellvertretende Leutnants der Landkreise sollten sich ebenfalls mit dem Kriegsministerium in Verbindung setzen und ihre Karten erhalten.

Offiziere der Household Cavalry und Foot Guards auf der aktiven Liste sollten beim Lord Chamberlain im St. James's Palace einen Antrag auf Eintritts- und Präsentationskarten stellen. Alle pensionierten Offiziere der Household Cavalry und Brigade of Guards sollten sich an das Kriegsministerium wenden.

Alle Offiziere des indischen öffentlichen Dienstes und der indischen Armee, unabhängig von ihrem Rang, ob auf der aktiven oder pensionierten Liste, sollten mit dem Privatsekretär des Außenministers im indischen Büro in Whitehall kommunizieren und ihre Karten von diesem erhalten.

Alle Offiziere des Kolonialdienstes und der Kolonialkräfte, unabhängig von ihrem Rang, ob auf der aktiven oder pensionierten Liste, sollten mit dem Kolonialamt in Whitehall kommunizieren und ihre Karten von diesem erhalten.

Ebenso sollten alle Herren, die mit dem Auswärtigen Amt, dem Innenministerium, dem Parlament oder einer anderen Regierungsabteilung in Verbindung stehen, mit der Abteilung, der sie unterstehen, kommunizieren und ihre Karten für die Teilnahme oder Vorlage bei Abgaben von der Abteilung erhalten, der sie angehören.

Richter, Justizbeamte, King's Counsel und alle juristischen Beamten, die unter der Krone ernannt werden, werden gebeten, ihre Anträge über den Sekretär des Lordkanzlers einzureichen.

Adlige, Bischöfe, Oberleutnants der Grafschaften, Parlamentsabgeordnete, Geistliche aller Konfessionen und alle Herren außer den oben genannten sollten sich mit dem Lord Chamberlain im St. James's Palace in Verbindung setzen, wo ihnen jeweils ein Brief verliehen wird Eintrittskarte zur Nutzung am Levée.

Die Namen sowohl für die Anwesenheit als auch für die Vorlage müssen spätestens acht Tage vor dem Datum jedes Levées bei den verschiedenen oben genannten Büros eingegangen sein, im Falle von Offizieren, die einen Antrag beim Kriegsministerium stellen, jedoch vierzehn Tage vor dem Datum jede Abgabe.

Wenn ein Gentleman eine Präsentation vornimmt, ist er verpflichtet, am selben Levée teilzunehmen wie die Person, die er vorstellt, und ihm wird die Präsentationskarte zur Weiterleitung an die vorzustellende Person zugesandt.

Ein Gentleman sollte sich bei seiner Vorstellung vor dem König verneigen, und Seine Majestät wird sich im Gegenzug vor ihm verneigen. Auch Herren, die einem Levée beiwohnen, sollten sich vor Seiner Majestät verneigen.

Herren, die bei einem Levée vorgestellt wurden, haben das Privileg, ihren Namen einmal während der Saison in das Gästebuch Seiner Majestät im Buckingham Palace einzutragen. Die Sprechzeiten hierzu liegen in der Regel zwischen drei und fünf Uhr nachmittags.

Das Kleid wird bei Gerichten, Staatsveranstaltungen und Levées getragen. —Eine vollständige Galauniform wird ausnahmslos von allen Herren getragen, die dazu berechtigt sind. Alle Offiziere des schottischen Kilted Corps sollten den Kilt tragen, unabhängig davon, ob sie berittene Offiziere sind oder nicht. Herren, die keine Uniform tragen, können entweder ein Samt-Hofkleid im neuen Stil tragen; Hofkleid aus Samt, alter Stil; Hofkleid aus Stoff.

Das neue Gerichtskleid aus Samt ist aus schwarzem Seidensamt. Der Mantelkörper ist mit weißer Seide und der Rock mit schwarzer Seide gefüttert. Stahlknöpfe. Weste aus weißem Satin oder schwarzem Seidensamt. Reithosen aus schwarzem Seidensamt, schwarze Seidenhosen, Lackschuhe, Stahlschnallen; weiße Fliege, weiße Handschuhe, Schwert, schwarzer Biber oder seidener Dreispitz. Das samtene Hofkleid im alten Stil ist dem oben genannten sehr ähnlich, mit dem Zusatz einer schwarzen Seidenperückentasche im Nacken und Spitzenrüschen und Rüschen. Das Hofkleid aus Stoff besteht aus einem Mantel aus dunklem Maulbeer-, Weinrot- oder grünem Stoff mit schwarzem Seidenfutter, goldener Stickerei an Kragen, Manschetten und Taschenklappen, vergoldeten Knöpfen mit Kaiserkrone; Weste aus weißer Kordelseide oder weißer Marcella; Hosen aus

Stoff, Fellfarbe; schwarze Seidenhose, Lackschuhe, Schwert, weiße Fliege, weiße Handschuhe, schwarzer Biber- oder Seiden-Dreiarmhut.

Das Levée-Kleid ist mit dem oben genannten identisch, außer dass Hosen – mit einer Reihe schmaler goldener Spitze an den Seitennähten – und keine Reithosen getragen werden. Militärstiefel aus Lackleder.

Erzbischöfe und Bischöfe an Levées und Höfen tragen Einberufungsgewänder, nämlich Chimäre aus scharlachrotem Stoff, ohne Kapuze; lila Soutane und Schärpe, Rasenrochen mit Ärmeln, weiße Batistbänder, schwarzer Seidenschal, schwarze Kniehosen, silberne Knieschnallen, schwarze Seidenstrümpfe, Schuhe mit silbernen Schnallen; Quadratische weiche Mütze aus lila oder schwarzem Samt zum Tragen. Bei abendlichen Staatsfeiern und Festessen tragen sie einen Hofmantel aus lila Stoff über einer kurzen Soutane oder Schürze, eine Schärpe aus lila Seide, schwarze Kniehosen, schwarze Seidenstrümpfe und Schuhe mit silbernen Schnallen. Schwarzer Dreispitz aus schnurgebundener Seide zum Tragen.

Dekane und Erzdiakone tragen bei abendlichen Staatsfeiern die gleiche Kleidung wie Bischöfe, mit der Ausnahme, dass der Mantel und die kurze Soutane schwarz sind. Doktoren der Theologie an Levées und Courts tragen das scharlachrote Stoffgewand ihrer Universität, ohne Kapuze.

Geistliche, wenn nicht auch Doktoren der Theologie an Levées und Höfen, tragen volle Kanonika, das heißt ein schwarzes, zweireihiges Genfer-Seidengewand; lange Soutane und Schärpe aus schwarzer Seide, Schal und weiße Rasenbänder, schwarze Kniehosen, silberne Knieschnallen, schwarze Seidenstrümpfe, Schuhe mit silbernen Schnallen, schwarzer Dreispitz aus schnurgebundener Seide. Bei Galadinnern und abendlichen Staatspartys, wenn keine Kanoniker getragen werden, tragen sie einen Hofmantel aus schwarzem Stoff, eine Soutane, eine Weste aus schwarzer Kordelseide, schwarze Kniehosen, schwarze Seidenstrümpfe, Schuhe und silberne Schnallen. Schwarzer Dreispitz aus schnurgebundener Seide zum Tragen. Bei allen Gerichtsveranstaltungen werden weiße Handschuhe getragen. Das akademische Habit sollte bei Hof nicht getragen werden, es sei denn, es werden Adressen von Universitäten vorgelegt.

Wenn das Gericht trauert, wird von Herren, die einer Levée beiwohnen, erwartet, dass sie am linken Arm oberhalb des Ellenbogens ein Band aus schwarzem Krepp tragen.

KAPITEL XII

BÄLLE UND STAATSBÄLLE

Bälle werden in der Stadt und auf dem Land von der Gesellschaft insgesamt veranstaltet. Zu diesen Einladungsbällen zählen Jagdbälle, Militär- und Marinebälle, Yeomanry- und Territorialbälle, Junggesellenbälle usw.

Öffentliche Bälle sind solche Bälle, für die Eintrittskarten erworben werden können. Für viele dieser Bälle ist es jedoch notwendig, Gutscheine von den Komitees oder Schirmherren zu erhalten, wenn sie in der Stadt oder an Wasserplätzen stattfinden.

Zu den öffentlichen Bällen zählen Kreisbälle, Wohltätigkeitsbälle und Abonnementbälle usw.

In der Stadt ist das Ballgeben in gewisser Weise eine Wissenschaft und ein Vergnügen, für das häufig große Geldsummen ausgegeben werden.

Ein überfüllter Ball wird von den Gästen nicht immer als guter Ball bezeichnet, oft ist das Gegenteil der Fall, aber andererseits kann ein so genannter dünner Ball mit dem Vorwurf belegt werden, dass er nicht gut ankommt und eher flach fällt; dass man nicht mit dem Geist Schritt hält und für einen dummen Ball gehalten wird und so weiter.

In Bezug auf die Anzahl der Gäste einen guten Mittelweg zu finden, ist eine Errungenschaft im Ballwesen, die nur durch ein sorgfältiges Studium der Landkarte des Landkreises und eine kluge Auswahl des Abends erreicht werden kann. Diese Auswahl ist von größter Bedeutung für den Erfolg eines Balls, denn wenn an einem bestimmten Abend, den der Geber eines weniger brillanten Balls wählt, ein eleganterer Ball in einem eleganteren Haus gegeben wird, verdrängt der größere Ball den kleineren Ball durch den elegantesten Die Leute schauten nur bei dem einen vorbei und blieben den Rest des Abends bei dem anderen. Dieses Aussetzen sozusagen des geringeren Lichts kommt während der Londoner Saison sehr häufig bei Ballgebern vor, die sich in denselben Sätzen bewegen. Die Gäste, von denen man erwartet hat, dass sie den kleineren Bällen Glanz verleihen, erscheinen nur für ein paar Minuten und kommen normalerweise ziemlich früh, unvorteilhaft früh, vielleicht kurz vor elf, und bleiben kaum eine halbe Stunde in den Räumen, um sich auf den Weg zu machen ein weiterer Ball des gleichen Kalibers, und vielleicht noch zwanzig Minuten dort bleiben, bevor er das Tor erreicht, nämlich. *der* Ball des Abends. Sowohl die Damen als auch die Herren befolgen diese Praxis, und so findet eine durchschnittliche Ballgeberin kurz nach zwölf ihre Räume verlassen vor, außer denen, die nirgendwo anders hingehen können. Obwohl das so frühe Ausweichen der Gäste eine

Enttäuschung für die Gastgeberin darstellt und die flüchtigen Ballgeber nicht daran hindert, sich angemessen zu revanchieren, indem sie die Familie auf ihre Balllisten setzen, trübt es den Spaß am Ball doch erheblich verhindert, dass man darauf zurückblickt, was auch nur annähernd Freude oder Befriedigung bringt, da der Abschied der geeignetsten Partner nicht die geringste Plage dieser Nacht ist.

Diese *Konflikte* sind manchmal unvermeidlich; Wenn es jedoch durchführbar ist, ist es immer besser, einen Ball zu verschieben, anstatt zuzulassen, dass er mit einem Ball mit größeren Ansprüchen kollidiert.

Ein spontaner Tanz ist oft ein großer Erfolg, während ein improvisierter Ball fast genauso sicher ein großer Misserfolg sein wird.

Der Unterschied zwischen einem Tanz und einem Ball besteht in der Anzahl der Einladungen, in der Stärke der Band und dem Umfang der Abendessenarrangements.

Bei einem Tanz schwankt die Zahl der Gäste zwischen achtzig und zweihundert; bei einem Ball schwanken sie zwischen zweihundert und fünfhundert.

Bei einem Tanz ist häufig eine Klavierkapelle engagiert, während bei einem Ball eine komplette Band erforderlich ist. Auf einem Ball ist der Blumenschmuck ein toller Hingucker, auf einem kleinen Tanz wird oft darauf verzichtet. Damen, die sozusagen neu in der Gesellschaft sind oder deren Bekanntenkreis von begrenztem Charakter ist und zu denen es in diesem Kreis nicht viele Ballgeber gibt und die dennoch den Wunsch haben, eine Ballbekanntschaft zu bilden, legen ihren Ball häufig in die Hände von Damen Irgendeine intime Freundin von höherem Ansehen als sie selbst, die ihr *freie Hand gibt* , eine Ballliste zu erstellen. Wenn dieser Plan befolgt wird, werden Einladungen immer noch durch den Ballgeber verschickt; In jedem Fall werden der Name und die Glückwünsche der Dame, die die Liste erstellt, mit der Karte verschickt.

Obwohl dieser Plan für die Gastgeberin von Vorteil ist, verursacht er für ihre unmodernen Freunde oft große Unannehmlichkeiten, die natürlich sehr beleidigt sind, wenn sie von der Ballliste ausgeschlossen werden, was sie normalerweise tun, wie eine Dame, die sich verpflichtet, eine Ballliste zu erstellen denn eine Freundin ist nicht wenig willkürlich, was die Bedingungen angeht, unter denen sie die Leitung übernimmt. Sie wünscht sich natürlich, dass der Ball auf ihr eigenes Set beschränkt bleibt und dass, wie sie es nennt, alle Außenseiter ausgeschlossen werden.

Damen geben ihren Ball immer mehr oder weniger ungern her, wenn sie ihre alten Freunde ausschließen, so sehr sie auch darauf bedacht sein mögen, neue zu finden. Aber wenn ein Ball auf diese Weise gegeben wird, ist es selbstverständlich, dass Bedingungen, wie streng sie auch sein mögen, eingehalten werden müssen.

Eine Gastgeberin sollte ihre Gäste bei einem Ball in der Stadt am Kopfende der Treppe und bei einem Landhausball an der Tür des Ballsaals empfangen. Sie sollte jedem Gast in der Reihenfolge seines Eintreffens die Hand schütteln.

Die Damen einer Gruppe sollten auf die Gastgeberin zugehen, gefolgt von den Herren ihrer Gruppe.

Eine Dame und ein Herr sollten nicht Arm in Arm die Treppe hinaufsteigen oder Arm in Arm den Ballsaal betreten. Die Herren betreten den Ballsaal stets nach den Damen ihrer Gesellschaft und niemals vor ihnen oder Arm in Arm mit ihnen. Ein Ball wird normalerweise entweder von der Gastgeberin selbst oder von einer ihrer Töchter eröffnet.

Das Eröffnen eines Kostümballs bedeutet einfach, in der ersten Quadrille zu tanzen. Einen Tanz zu eröffnen bedeutet, den ersten Valse zu tanzen.

Wenn ein Mitglied der königlichen Familie oder ein ausländischer Prinz erwartet wird, sollte der Tanz erst bei der Ankunft des königlichen Gastes beginnen; und wenn der königliche Gast eine Dame ist, sollte der Gastgeber den Ball mit ihr eröffnen und seine Frau oder Tochter als *Gegenüber haben* . Wenn der königliche Gast ein Prinz ist, sollte die Gastgeberin oder ihre Tochter mit ihm den Ball eröffnen.

Wenn ein Prinz mit einer anwesenden Dame tanzen möchte, die er nicht kennt, informiert sein Stallmeister sie über die Absicht des Prinzen, führt sie zum Prinzen und sagt dabei: „Frau A..., Ihre Königliche Hoheit." oder „Miss B——, Ihre Königliche Hoheit." Der Prinz verneigt sich und bietet ihr seinen Arm an; Die Dame sollte einen Knicks machen und es annehmen. Sie sollte ihn nicht ansprechen, bis er sie angesprochen hat, da dies nicht als Etikette gilt. Den gleichen Weg verfolgt eine Prinzessin; Fremde Personen sollten die Prinzessin nicht zum Tanzen auffordern, aber der Gastgeber hat das Privileg, dies zu tun. Wenn mehr als eine königliche Persönlichkeit anwesend ist, geht derjenige mit dem höchsten Rang voran, entweder mit der Gastgeberin oder dem Gastgeber. (Siehe Kapitel V.)

Königliche Gäste sollten vom Gastgeberpaar am Eingang des Herrenhauses empfangen und von ihnen in den Ballsaal geleitet werden. Bei Ballabendessen gilt strikt der gleiche Vorrang, wobei die königlichen Gäste mit dem Gastgeber oder der Gastgeberin vorangehen (siehe S. 49).

Bei der Abreise königlicher Gäste sollte die gleiche Etikette eingehalten werden wie bei ihrer Ankunft.

Allgemeine Vorstellungen gegenüber königlichen Gästen sollten nicht gemacht werden, und Vorstellungen sollten nur auf Anfrage erfolgen.

Von den auf einem Ball anwesenden Herren wird erwartet, dass sie die Töchter des Hauses zumindest zu einem Tanz auffordern.

Eine Gastgeberin sollte bei jeder Vorstellung, die sie für angemessen hält, nach eigenem Ermessen vorgehen. Wenn auf dem Land ein Ball veranstaltet wird, sollte die Gastgeberin sich bemühen, Partner für die jungen Damen zu finden, die in der allgemeinen Gesellschaft fremd sind. Aber wenn in der Stadt ein Ball stattfindet, wird das nicht von ihr erwartet, da in der Stadt von den Gästen erwartet wird, dass sie einander mehr oder weniger kennen und dass sie von den freundlichen Büros einer Gastgeberin unabhängig sind.

Die Tänze, die derzeit am meisten im Trend liegen , sind „Valses“, „The Boston“, „Two Steps“ und „The Cotillon“, bei denen hübsche Geschenke überreicht werden. „Quadrilles“ werden auf „Staatsbällen“ und auf Bällen getanzt, bei denen der König und die Königin anwesend sind. Auch bei „Kostümbällen“. „Lancers“ werden gelegentlich auf „Hunt Balls“ getanzt.

Der Grundsatz, Gäste zum Abendessen einzuladen, wird auf dem Land weitaus sorgfältiger befolgt als in der Stadt. Der Gastgeber sollte die anwesende Dame mit dem höchsten Rang aufnehmen, und die Gastgeberin sollte sich bemühen, die Hauptgäste entsprechend ihrem jeweiligen Rang hereinzuschicken; aber in der Stadt überlässt sie es den Gästen im Allgemeinen, dem Gastgeber und der höchsten Dame entsprechend ihren Neigungen zu folgen; ein Gast sollte den Speisesaal nicht betreten, bevor der Gastgeber dies getan hat.

Wenn ein Herr eine Dame zum Abendessen einlädt, sollte er sie ganz selbstverständlich in den Ballsaal führen; Die Tatsache, dass Freunde zu ihr in den Speisesaal kamen, würde ihn nicht von dieser Verpflichtung entbinden. Und die gleiche Etikette gilt auch für eine Dame. Sie sollte nur mit dem Herrn in den Ballsaal zurückkehren, der sie zum Abendessen mitgenommen hat, es sei denn, sie ist für den anschließenden Tanz engagiert, bei dem ihr Partner sie aufsuchen könnte; sie sollte dann mit ihm in den Ballsaal zurückkehren.

Es ist nicht üblich, dass sich Gäste auf einem Londoner Ball von einer Gastgeberin verabschieden. Diese Bemerkung gilt für Bekannte der Gastgeberin und nicht für enge Freunde.

Auf einem Landball sind die Gäste freundschaftlicher unterwegs, als es in der Stadt allgemein der Fall ist; und verabschieden Sie sich daher nach Möglichkeit von der Gastgeberin.

Es ist freigestellt, ob ein Gastgeber eine Dame zu ihrer Kutsche begleitet oder nicht. Auf dem Land wird in dieser Hinsicht mehr von ihm erwartet als in der Stadt, denn auf einem Londoner Ball wäre eine solche Höflichkeit mit einer enormen Anstrengung verbunden, die nur wenige Gastgeber auf sich nehmen würden: Damen, die von einem Bekannten begleitet werden, machen sich in der Regel auf den Weg dorthin ihre Kutschen.

Der Brauch, kleine Balkone und die Fenster der Salons, in denen ein Ball stattfindet, abzudecken, wodurch die Atmosphäre des Raumes durch den völligen Luftausschluss nahezu unerträglich wird, verschwindet schnell. Der dadurch gewonnene Raum für die Unterbringung der Gäste steht in keinem Verhältnis zu den damit verbundenen Unannehmlichkeiten.

Ballspender haben endlich den Fehler erkannt, zweihundert bis dreihundert Menschen in Räumen zusammenzudrängen, die nicht richtig belüftet sind, und es ist jetzt die Regel, bei der Abdeckung von Balkonen Fensterrahmen in die Wimpelabdeckung einzuführen und sie damit zu drapieren Spitzenvorhänge usw., die Fenster des Ballsaals wurden vollständig entfernt.

Große Eisblöcke werden häufig an geeigneten Stellen platziert, um die Atmosphäre abzukühlen, und farbiges Eis erzeugt einen hübschen Effekt.

Patentventilatoren sind ebenfalls weit verbreitet, und die elektrische Beleuchtung ist aufgrund ihrer geringen Wärmeabgabe weit verbreitet.

Ballbesucher schätzen diese Veränderungen, wie es nur diejenigen tun können, die die enge, stickige Atmosphäre eines überfüllten Ballsaals erlebt haben, und da die Hälfte der Londoner Ballsäle nur Salons durchschnittlicher Größe sind, ist es absurd, die Luft auszuschließen aus dem Ballsaal mit meterdicker Leinwand kann nicht genug kritisiert werden.

Auch Ballveranstalter versenden häufig weitaus mehr Einladungen, als die Größe ihrer Räume zulässt, in der falschen Vorstellung, dass eine große Menschenmenge in ihren Räumen gleichbedeutend mit einem guten Ball ist.

Doch erfahrene Ballgeber begrenzen die Zahl ihrer Einladungen auf unter zweihundert, statt sie auf über dreihundert auszuweiten.

Die Country-Ball-Saison beginnt angeblich im November, erreicht ihren Höhepunkt im Januar und endet Anfang Februar.

Die Organisatoren dieser Bälle sind in der Regel die Vertreter der verschiedenen Klassen, die sie besuchen; Die Mitglieder der im Kreis ansässigen Aristokratie führen die Liste der Verwalter an, und die Angehörigen der Berufsklassen schließen sie in der Regel ab.

Der obere Teil des Ballsaals wird in der Regel vom aristokratischen Element, Oberverwaltern und „Gönnerinnen" besetzt.

Der Spaß an Country-Bällen hängt von einer Vielzahl von Umständen ab, die die Ballsportwelt Londons nicht in gleichem Maße beeinflussen.

County-Bälle bestehen im Wesentlichen aus einer Reihe großer Partys, die von verschiedenen Damen in der Nachbarschaft, in der der Ball stattfindet, veranstaltet werden. Aber es gibt zwei Klassen von Kreisbällen, Bälle, die in großen und bevölkerungsreichen Städten abgehalten werden und an denen die wichtigsten Einwohner der Städte teilnehmen, wobei nur ein kleiner Teil der Kreisaristokratie und des Kreisadels anwesend ist.

Es gibt auch Jagdbälle und jährliche Wohltätigkeitsbälle, die zwischen Oktober und Februar stattfinden und eine Mischung beider Ballklassen darstellen.

Die Umgebung, in der ein Ball stattfindet, ist ein ausreichender Hinweis darauf, ob es sich wahrscheinlich um einen klugen Ball handelt oder nicht.

In der Regel melden sich die Hauptdarstellerinnen eines Landkreises als Schirmherrinnen und Unterstützerinnen eines Benefizballs an, was jedoch keineswegs bedeutet, dass sie persönlich dabei sein werden; aber eine lange Liste einflussreicher Mäzeninnen steigert den Ticketverkauf erheblich, was das zu erreichende Ergebnis ist.

Eine große Besucherzahl ist nicht das Hauptziel eines County-Balls, da der durch den Verkauf von Eintrittskarten eingenommene Betrag nur zur Deckung der Kosten des Balls benötigt wird, obwohl diese manchmal beträchtlich sind, insbesondere wenn die Dekorationen und die Arrangements aufwändig sind im großen Stil, wobei es in diesem Fall nicht selten eher zu einem Mangel als zu einem Überschuss kommt, wobei dieser Mangel von den Verwaltern selbst getragen wird.

Um einen guten Ball zu gewährleisten, ist eine beträchtliche Einstimmigkeit seitens der Bezirksdamen erforderlich. Normalerweise treffen sie sich und beraten sich, bevor sie das Datum des Balls festlegen, um die Termine der benachbarten Bezirksbälle zu berücksichtigen und so die Möglichkeit eines solchen zu vermeiden Die besagten Bälle kollidieren mit ihrem eigenen Kreisball, und auch mit der Absicht, vielleicht die Hausparteien ihrer weiter entfernten Nachbarn dazu zu bewegen, die Zahl auf ihrem eigenen Ball zu erhöhen.

Die Zahl der zu einem Ball eingeladenen Hausparteien variiert zwischen zehn und fünfundzwanzig, je nachdem, wie es die Unterkunft eines Hauses zulässt.

Es ist nicht die Aufgabe der Ballverwalter, Partner für Damen oder Herren zu finden, und zwar dann, wenn eine Dame keiner großen Gruppe angehört, sondern lediglich mit einem Verwandten oder Freund an einem Kreisball teilnimmt und dies auch nicht getan hat Da sie unter den Anwesenden einen großen Bekanntenkreis hat, hat sie nur sehr geringe Chancen, Partner zu finden.

Junge Damen kehren heute nicht mehr nach jedem Tanz oder nach einem Besuch im Teezimmer zu ihren Begleitern zurück.

Ein Gentleman sollte seiner Partnerin am Ende eines Tanzes seinen Arm reichen, um sie in die Teestube zu führen. Bei Reigentänzen ist es üblich, häufige Pausen einzulegen und nicht durch den Ballsaal zu rennen, bis die Musik aufhört.

Bei Länderbällen kommen ausnahmslos Programme zum Einsatz; Auf Londoner Bällen werden sie nie verwendet, außer auf öffentlichen Bällen.

County-Bälle beginnen normalerweise zwischen neun und zehn Uhr, manchmal wird ein Ball erst eröffnet, wenn die einflussreichsten Verwalter und ihre Gruppen eingetroffen sind, aber oft sind die beiden ersten Tänze vor der Ankunft der County-Magnaten vorbei.

Es hängt von der Länge der Fahrt ab, wann die Leute zu einem Ball kommen; Sie kommen in der Regel nicht später als 22.30 Uhr an

Die übliche Art, eine Hausparty zu einem Ball zu befördern, ist neben Kutschen und Autos auch der private Omnibus; Wenn diese jedoch für diesen Anlass gemietet werden, sollten die Kosten von den Gästen selbst getragen werden.

Es ist üblich, einen Länderball spätestens um halb drei zu verlassen; Die modischsten Menschen tun dies ausnahmslos um diese Stunde.

Für Besucher öffentlicher Bälle ist es selbstverständlich, dass sie ihre Ballkarten mitnehmen.

Beim Besuch eines Militärballs oder eines Jagdballs ist es in der Regel üblich, die Einladungskarte mitzunehmen und sie dem anwesenden Sergeant oder Beamten zu übergeben.

Manchmal steht auf der Einladungskarte, dass dies geschehen soll, obwohl oft davon ausgegangen wird, dass die Person dies aus eigenem Antrieb tut.

Bei Bällen von Privatpersonen sollten die geladenen Gäste ihre Einladungskarten nicht mitbringen, es sei denn, es handelt sich um einen *Bal-Masqué*, bei dem sie manchmal dazu aufgefordert werden.

Bei einem Ball wird eine Frist von drei Wochen als notwendig erachtet, bei einem Tanz würde jedoch eine kurze Frist von zehn Tagen ausreichen.

Die Einladungskarte ist die übliche „Zuhause"-Karte, wobei in der Ecke der Karte das Wort „Tanzen" aufgedruckt ist.

Das Wort „Ball" sollte niemals auf einer Einladungskarte verwendet werden, egal wie großartig die Unterhaltung ist; und die gleiche Form der Einladung wird sowohl im Falle eines kleinen Tanzes als auch eines großen Balls verwendet, wenn jedoch nur ein kleiner Tanz gegeben wird, sollten die Worte „Klein" oder „Früh" auf dem Ball geschrieben oder gedruckt werden Einladungskarte.

Balleinladungen sollten ausschließlich im Namen der Gastgeberin erfolgen.

Wenn der Gastgeber Witwer ist und eine erwachsene Tochter hat, sollten die Einladungen im gemeinsamen Namen erfolgen.

Wenn der Gastgeber Witwer oder Junggeselle ist, sollten sie auf seinen Namen ausgestellt werden.

Einladungen von Offizieren, Mitgliedern von Jagdausschüssen, Junggesellen usw. zu ihren Bällen zielen entweder auf das Vergnügen oder die Ehre der Gesellschaft von Frau … ab; aber diese Formel sollte von Damen nicht beim Versenden von Einladungen verwendet werden; Auf der „Zuhause"-Karte sollte einfach das Wort „Tanzen" unten auf der Karte stehen, die Uhrzeit und das Datum in das dafür vorgesehene Feld eingetragen und der Name des Gastes oben auf der Karte stehen.

Bei einer schriftlichen Einladung wäre es richtig, in einer freundlichen Anmerkung die Worte „Ball" oder „Tanz" zu verwenden, um auf die bevorstehende Veranstaltung hinzuweisen.

Eine Dame oder ein Herr könnte von einem Bekannten um eine Einladung für seinen Freund zu einem Ball gebeten werden, obwohl die Bekanntschaft nur geringfügiger Natur war; Aber eine Dame oder ein Herr sollte nicht um eine Einladung zu einem Ball bitten, wenn sie den Geber nicht kennt. Die Tatsache, dass gemeinsame Freunde Einladungen zu einem Ball erhalten haben, begründet keinen Anspruch auf die Gastfreundschaft eines Fremden, daher sind solche Anfragen unzulässig.

Die richtige Vorgehensweise für eine Person, die eine Einladung zu einem Ball von jemandem erhalten möchte, den sie nicht kennt, besteht darin, einen gemeinsamen Freund zu bitten, eine solche Einladung zu erhalten. und dieser Kurs wird immer befolgt.

durch die anwesenden Gäste eines Balles **sollte möglichst noch in der laufenden Woche erfolgen** . (Siehe Kapitel III.)

Die Gäste sollten den Bediensteten des Hauses, in dem ein Ball stattfindet, niemals **Trinkgelder geben.**

Staatsbälle. —Jährlich werden während der Londoner Saison auf Befehl Seiner Majestät zwei Staatsbälle im Buckingham Palace veranstaltet.

Einladungen werden vom Lord Chamberlain herausgegeben, seine Majestät überarbeitet die Liste jedoch zuvor.

unangekündigt auf den Weg in den Ballsaal ; und es gibt keinen offiziellen Empfang, der ihnen gewährt wird, weder vom „Königshaus" noch vom Lord Chamberlain.

Der Tanz beginnt erst beim Eintreffen der königlichen Gesellschaft, wenn die Gäste aufstehen und stehen bleiben, während die königliche Quadrille – mit der der Ball eröffnet wird – getanzt wird.

Der König und die Königin fungieren bei diesen Gelegenheiten als Gastgeber und Gastgeberin, beschränken ihre Aufmerksamkeit jedoch auf diejenigen, die sie persönlich kennen.

Damen, die einen Staatsball im Buckingham Palace besuchen, sollten die übliche Abendkleidung tragen; aber sie sollten keine Hofschleppen, Federbüsche oder Brustbinden tragen.

Herren, die Staatsbälle besuchen, sollten Uniform oder vollständige Hofkleidung tragen – Frack, Kniehosen und Seidenstrümpfe, Schuhe und Schnallen; Hosen können nur als Teil einer Uniform getragen werden und nicht mit einer Hofkleidung, wie sie normalerweise bei einer Levée getragen wird.

Ein Herr, der tanzen möchte, sollte sein Schwert abnehmen, andernfalls sollte er es nicht tun.

Wenn das Gericht trauert, sollten Damen, die an einem Staatsball teilnehmen, gemäß der offiziellen Mitteilung, die ordnungsgemäß im *Amtsblatt erscheint, Trauer tragen* .

Herren sollten am linken Arm Krepp tragen, der in der Garderobe des Palastes denjenigen zur Verfügung gestellt wird, die vergessen haben, sich damit zu versorgen, denn wenn der Hof trauert, ist ein Kreppband unbedingt erforderlich getragen entweder beim Staatsball oder beim Staatskonzert.

Die von den Prinzen und Prinzessinnen des Königshauses veranstalteten Bälle sind keine Staatsbälle, daher tragen die anwesenden Herren keine Hofkleidung.

Auf den von ihnen veranstalteten Bällen fungieren sie als Gastgeber und empfangen ihre Gäste, indem sie ihnen bei der Ankündigung die Hand schütteln.

Meine Damen und Herren, Sie nehmen Ihre Einladungskarten nicht mit in den Buckingham Palace.

KAPITEL XIII

Abendessen geben und auswärts essen

von Abendessen ist vielleicht das wichtigste aller gesellschaftlichen Feste, daher stehen Dinnerpartys an erster Stelle unter allen Unterhaltungen.

Es wird so sehr verstanden, dass das Geben von Abendessen auf dem Grundsatz eines Äquivalents beruht, dass diejenigen, die keine Abendessen geben, kaum in die Kategorie der Gäste fallen, die draußen essen. Diese Regel lässt jedoch zahlreiche Ausnahmen zugunsten privilegierter Einzelpersonen, beliebter und prominenter Mitglieder der Gesellschaft zu, deren Anwesenheit bei Dinnerpartys in den meisten Kreisen geschätzt und begrüßt wird.

Dinnerpartys kommen häufiger vor und haben eine größere gesellschaftliche Bedeutung als jede andere Form der Unterhaltung.

Einladungen zum Abendessen. – Eine Einladung zum Abendessen vermittelt dem eingeladenen Gast ein größeres Zeichen der Wertschätzung oder Freundschaft und Herzlichkeit als eine Einladung zu einem anderen gesellschaftlichen Treffen, da es sich um das höchste gesellschaftliche Kompliment handelt, das eine Person ihm macht ein anderer. Es ist auch eine Höflichkeit, die leicht ausgetauscht werden kann, was ihr an sich schon einen Vorteil gegenüber allen anderen Höflichkeiten verschafft.

Der orthodoxe Essensgeber muss zwangsläufig über ein gewisses Maß an Reichtum verfügen, und Reichtum und Witz gehen nicht immer Hand in Hand. Oft überwiegt Ersteres Letzteres eher; daher die Einführung eines leichteren Elements in Form von amüsanten Menschen, deren *Metier* im Leben es ist, amüsant zu sein und amüsiert zu wirken.

Das Geben eines Abendessens ist an sich nicht nur ein Test für die Stellung des Essensgebers in der Gesellschaft, sondern auch ein direkter Weg zur Erlangung eines anerkannten Platzes in der Gesellschaft. Eine Möglichkeit, einen begrenzten Bekanntenkreis zu erweitern und sich den Ruf zu verschaffen, gute Abendessen zu geben, ist an sich schon eine Eintrittskarte in die moderne Gesellschaft. Das Servieren von Abendessen im wahrsten Sinne des Wortes ist eine Wissenschaft, die nicht leicht zu erlernen ist, da sie stark von der Begabung des Gastgebers oder der Gastgeberin für die Organisation von Dinnerpartys abhängt.

Wenn eine große Dinnerparty geplant ist, ist es üblich, die Ankündigung drei Wochen im Voraus zu geben, aber in letzter Zeit wurde diese Ankündigung auf vier, fünf und sogar sechs Wochen verlängert.

Gäste, die auswärts essen, neigen eher dazu, gegen diese Neuerung zu rebellieren, wenn man bedenkt, dass eine Einladung, die das Datum eines Monats darauf trägt, sie verpflichtet, in der Stadt zu bleiben, und sozusagen ihre Bewegungen kontrolliert, denn die Annahme einer Einladung liegt in den Augen der Gäste, die draußen sind eine verbindliche Verpflichtung; Nur ein schlechter Gesundheitszustand, ein Trauerfall in der Familie oder ein wichtiger Grund rechtfertigen es, es auf die Seite zu legen oder auf andere Weise zu umgehen.

Diejenigen, die rücksichtslos genug sind, im letzten Moment triviale Ausreden vorzubringen, bleiben nicht oft auf der Dinnerliste eines Gastgebers oder einer Gastgeberin.

Einladungen zum Abendessen werden im gemeinsamen Namen von Gastgeber und Gastgeberin ausgestellt.

Der Hausherr nimmt unter seinen Gästen eine herausragende Stellung ein, wenn er als „Essensgeber" Gastfreundschaft gewährt.

Für Einladungen zu kleinen und unfeierlichen Dinnerpartys wird eine Vorankündigung von fünf bis zehn Tagen als ausreichend angesehen.

Gedruckte Karten werden in der Stadt häufig zum Versenden von Einladungen zum Abendessen verwendet und können in jedem Schreibwarenladen erworben werden. Diese Karten müssen lediglich mit den Namen des Gastgebers, der Gastgeberin und der Gäste sowie dem Datum, der Uhrzeit und der Adresse ausgefüllt werden. Die gemeinsamen Namen des Gastgebers und der Gastgeberin sollten in das dafür vorgesehene Feld eingetragen werden. Also „Herr und Frau A." und der oder die Namen der Gäste auf dem nächsten freien Platz.

Wenn Einladungen zu kleinen Dinnerpartys verschickt werden, ist es üblicher, Notizen zu schreiben, als gedruckte Karten zu verwenden.

Annahmen oder Ablehnungen von Einladungen zum Abendessen sollten so schnell wie möglich nach Erhalt der Einladungen erfolgen. Es ist ein Mangel an Höflichkeit seitens einer eingeladenen Person, dies nicht zu tun, da eine Gastgeberin andernfalls im Zweifel darüber bleibt, ob die eingeladene Person beabsichtigt, mit ihr zu speisen oder nicht, und daher nicht in der Lage ist, den freien Platz mit ihr zu besetzen ein geeigneter Ersatz; Dadurch wurde ihre Dinnerparty schlecht organisiert.

Eine Beantwortung einer Einladung kann nicht in einer späteren Mitteilung erbeten werden; Es obliegt daher der eingeladenen Person, mindestens innerhalb von ein bis zwei Tagen eine Antwort abzusenden. Einladungen zum Abendessen werden entweder per Post oder durch einen Diener verschickt, und auch die Antworten werden auf ähnliche Weise übermittelt.

Einladungen zum Abendessen werden grundsätzlich von der Gastgeberin verschickt.

In der Stadt ist es nicht üblich, mehr als drei Mitglieder einer Familie einzuladen. Heutzutage ist es Brauch, junge Damen mit ihren Eltern zu Dinnerpartys einzuladen.

Empfang von Abendessengästen. —Die Gäste sollten innerhalb einer Viertelstunde nach der auf der Einladungskarte genannten Stunde eintreffen.

Bei keiner Gelegenheit ist Pünktlichkeit wichtiger als beim Essen gehen; Früher ließen sich viele in dieser Hinsicht großen Spielraum, und lange Wartezeiten auf die verspäteten Gäste waren die Folge. Ein Gastgeber und eine Gastgeberin warteten oft über eine halbe Stunde auf erwartete Gäste. Doch inzwischen ist Pünktlichkeit in den höchsten Kreisen zur Regel geworden und das Abendessen wird innerhalb von zwanzig Minuten nach Ankunft des ersten Gastes serviert. Im Allgemeinen legen Menschen, die gerne auswärts essen, Wert darauf, rechtzeitig anzukommen; Aber es gibt viele in der Gesellschaft, die ihre Stellung anmaßen und sprichwörtlich unpünktlich sind, weil sie wissen, dass eine Gastgeberin in der Hochsaison lieber eine halbe Stunde warten würde, als sich ohne sie zum Abendessen hinzusetzen; aber dieser Mangel an Rücksichtnahme wird in ihren verschiedenen Gruppen bald deutlich und wird immer berücksichtigt, wenn „ihre Gesellschaft beim Abendessen erbeten wird".

In Frankreich ist es weder die Regel noch der Brauch, bei verspäteter Ankunft auf das Abendessen zu warten, und das Abendessen wird pünktlich zu der in der Einladung genannten Stunde serviert.

Die Essenszeit variiert zwischen acht und neun Uhr, obwohl vielleicht 8.30 Uhr die üblichste Zeit ist. Auf dem Land liegt sie zwischen 7.30 und 8.30 Uhr.

Die Pünktlichkeit der Gäste ermöglicht es der Gastgeberin, vor dem Abendessen alle Vorstellungen zu machen, die sie für ratsam hält.

Der Gastgeber und die Gastgeberin sollten bereit sein, ihre Gäste zu der auf der Karte angegebenen Zeit im Salon zu empfangen.

Bei der Ankunft sollte eine Dame ihren Umhang in der Garderobe ausziehen oder ihn im Flur unter der Aufsicht des Dieners zurücklassen, bevor sie den Salon betritt.

Ein Herr sollte seinen Mantel und Hut in der Herrengarderobe oder im Flur abgeben.

Bei großen Dinnerpartys steht der Butler auf der Treppe und kündigt die Ankunft der Gäste an. Bei kleinen Dinnerpartys oder wenn nur ein Diener beschäftigt ist, geht der Diener dem oder den Gästen bei ihrer Ankunft voraus in den Salon. Die Gäste sollten dann dem Diener ihre Namen nennen, damit er sie bekannt geben kann.

Eine Dame und ein Herr sollten nach ihrer Ankündigung den Salon nicht Arm in Arm oder Seite an Seite betreten. Die Dame oder die Damen, wenn mehr als eine, sollten den Raum vor dem Herrn betreten, obwohl der Diener „Herr, Frau und Fräulein A" ankündigt.

Der Gastgeber und die Gastgeberin sollten vortreten und jedem Gast bei seiner Ankunft die Hand schütteln. Die Damen sollten sich sofort setzen, die Herren stehen jedoch entweder im Raum herum und reden miteinander oder setzen sich nach einer Wartezeit von einigen Minuten.

Wenn eine Dame viele der anwesenden Gäste kennt, sollte sie sich nicht sofort auf den Weg machen, um allen die Hand zu geben, sondern sollte die Gelegenheit nutzen, dies auf unaufdringliche Weise zu tun; es würde ausreichen, sie zwischenzeitlich an einem Nicken oder einem Lächeln zu erkennen. Eine Dame sollte sich vor jedem Herrn verneigen, den sie kennt, und er sollte den Raum durchqueren, um ihr sofort die Hand zu schütteln, wenn er sich nicht verlobt.

Bei einer kleinen Dinnerparty, bei der die Gäste unbekannt sind, sollte die Gastgeberin die Personen mit dem höchsten Rang einander vorstellen; aber bei einer großen Dinnerparty würde sie das nicht tun, es sei denn, sie hätte einen besonderen Grund, sich vorzustellen.

Auf dem Land kommt es viel häufiger zu Kennenlernen bei Dinnerpartys als in der Stadt.

Bei allen Dinnerpartys wird der Vorrang strikt eingehalten. (Siehe Kapitel V.)

Gäste zum Abendessen einladen. - Der Gastgeber sollte die anwesende Dame mit dem höchsten Rang zum Abendessen einladen, und der Herr mit dem höchsten Rang sollte die Gastgeberin empfangen. Diese Regel ist absolut, es sei denn, die Dame oder der Herr mit dem höchsten Rang ist mit dem Gastgeber oder der Gastgeberin verwandt; in diesem Fall würde ihr Rang aus Höflichkeit gegenüber den anderen Gästen aufgehoben.

Ein Mann und eine Frau oder ein Vater und eine Tochter oder eine Mutter und ein Sohn sollten nicht gemeinsam zum Abendessen eingeladen werden.

Ein Gastgeber und eine Gastgeberin sollten möglichst gleich viele Damen und Herren einladen. Es ist üblich, zwei oder mehr Herren als Damen einzuladen, damit die verheirateten Damen nicht gezwungen werden, nur mit den Ehemännern des jeweils anderen zum Abendessen zu gehen. So sollten Frau A. und Herr B., Herr B. und Frau A., Frau B. von Herrn C. zum

Abendessen eingeladen werden, und Herr A. sollte Frau G. mitnehmen, und so weiter.

Wenn bei einer Dinnerparty Damen in der Mehrheit von zwei oder drei Damen sind, sollten die Damen mit dem höchsten Rang von den anwesenden Herren zum Abendessen eingeladen werden, und die übrigen Damen sollten alleine folgen; Eine solche Vereinbarung ist jedoch ungewöhnlich und unerwünscht, obwohl sie manchmal unvermeidbar ist, wenn die Dinnerparty beispielsweise spontan stattfindet und die Ankündigung nur von kurzer Dauer ist.

Sollte ein Herr die erforderliche Anzahl nicht erreichen, geht die Gastgeberin häufig alleine zum Abendessen und folgt dem letzten Paar.

Die übliche Art und Weise, Gäste zum Abendessen einzuladen, besteht darin, dass der Gastgeber oder die Gastgeberin jedem Herrn kurz nach seiner Ankunft mitteilt, welche der Damen er zum Abendessen einladen soll.

Keinem Herrn wird die „Wahl" gelassen, welche der Damen er lieber zum Abendessen einladen möchte, es ist lediglich eine Frage der Priorität.

Sollte es Schwierigkeiten hinsichtlich der Reihenfolge geben, in der die Gäste dem Gastgeber in den Speisesaal folgen sollen, sollte die Gastgeberin, die den jedem ihrer Gäste zustehenden Vorrang kennt, jedem Herrn anzeigen, wann er an der Reihe ist, in den Speisesaal zu gehen -Zimmer. Dann sollte er der Dame, die der Gastgeber zuvor zum Abendessen eingeladen hatte, seinen Arm reichen.

Das Abendessen wird vom Butler oder Diener angekündigt.

Wenn die Gäste angekommen sind oder der Gastgeber das Abendessen servieren möchte, sollte er anrufen oder den Diener darüber informieren.

Bei der Ankündigung des Abendessens sollte der Gastgeber seinen rechten Arm der anwesenden Dame mit dem höchsten Rang reichen und mit ihr in den Speisesaal gehen, gefolgt von der Dame im Rang zwei im Rang, gefolgt von einem Herrn im Rang zwei im Rang usw An. Der anwesende Herr mit dem höchsten Rang sollte als letzter mit der Gastgeberin folgen.

Wenn das zweite Paar im Begriff ist, den Salon zu verlassen, fordert die Gastgeberin häufig jeden Herrn auf, der Reihe nach mit einer Dame zu folgen, je nach dem jedem einzelnen zustehenden Vorrang. Also: „Herr A., nehmen Sie Frau B. mit?" Dies entspricht auch dem Zweck einer Vorstellung, wenn das Paar einander nicht kennt und die Gastgeberin bei ihrer Ankunft keine Gelegenheit gefunden hat, sie einander vorzustellen.

Tritt ein Vorrangsfall ein, in dem entweder die Dame oder der Herr auf ihr Vorrangsrecht verzichten muss, tritt das Vorrangsrecht des Herrn an die Stelle des Vorrangsrechts der Dame. (Siehe Kapitel V.)

Ein Herr sollte einer Dame seinen rechten Arm reichen, wenn er den Salon verlässt.

Meine Damen und Herren sollten nicht schweigend in den Speisesaal gehen, sondern sofort miteinander ins Gespräch kommen. (Siehe das Werk mit dem Titel „Die Kunst des Gesprächs".)

Beim Betreten des Speisesaals sollte sich die Dame, die der Gastgeber zum Abendessen eingeladen hat, zu seiner Rechten setzen. Auf dem Kontinent ist dieser Brauch umgekehrt, und es gehört zur Etikette, dass die Dame zur Linken des Herrn sitzt, von dem sie zum Abendessen eingeladen wird.

Der Gastgeber sollte auf seinem Platz am Ende des Tisches stehen bleiben, bis die Gäste ihre Plätze eingenommen haben, und den verschiedenen Paaren beim Betreten des Speisesaals die Plätze weisen, die sie am Tisch einnehmen sollen. Dies ist die gebräuchlichste Art, die Gäste am Esstisch zu platzieren. Wenn der Gastgeber nicht angibt, wo er sitzen soll, setzen sie sich je nach Rangfolge in die Nähe des Gastgebers oder der Gastgeberin.

Der Gastgeber und die Gastgeberin sollten im Voraus vereinbaren, welche Plätze ihre Gäste am Esstisch einnehmen sollen.

Wenn ein Gastgeber den Gästen nicht mitteilte, welche Plätze er ihnen zuweisen wollte, würde das wahrscheinlich zur Folge haben, dass Ehemänner und Ehefrauen nebeneinander saßen oder unfreundliche Menschen zusammensaßen.

Der Brauch, eine Karte mit dem Namen des Gastes auf den Tisch zu legen, der jedem einzelnen Gast zugewiesen ist, wird häufig bei großen Dinnerpartys praktiziert, und in manchen Fällen wird der Name jedes Gastes auf eine Speisekarte gedruckt und davor platziert jedes Covers.

Der Gastgeber und die von ihm zum Abendessen eingeladene Dame sollten am Ende des Tisches sitzen. Er sollte in der Mitte am unteren Ende des Tisches sitzen und die Dame, die er heruntergenommen hat, zu seiner Rechten stellen. Die gleiche Regel gilt für die Gastgeberin. Sie sollte in der Mitte oben auf dem Tisch sitzen, und der Herr, von dem sie zum Abendessen eingeladen wurde, sitzt zu ihrer Linken.

Die zweithöchste Dame sollte zur Linken des Gastgebers sitzen.

Jede Dame sollte zur Rechten des Herrn sitzen, von dem sie zum Abendessen eingeladen wird.

Es ist nur eine Frage der Neigung, ob eine Dame und ein Herr, die zusammen zum Abendessen gegangen sind, sich nur miteinander oder auch mit ihren rechten und linken Nachbarn unterhalten, aber normalerweise finden sie ein gemeinsames Gesprächsthema. andernfalls wäre eine Dinnerparty nur eine Folge von *Tête-à-Tête* .

Die Menüs werden über die Länge des Tisches verteilt, durchschnittlich ein bis zwei Personen oder gelegentlich eine für jede Person, und die Menükarten sind je nach individuellem Geschmack aufwändig oder einfach und werden zu diesem Zweck gedruckt gekauft und bieten Platz für die Namen der zu füllenden Gerichte, was in der Regel von der Hausherrin vorgenommen wird, es sei denn, es handelt sich um eine große Einrichtung, wobei es üblich ist, sie auf Französisch auszuschreiben.

Fantasievolle Menühalter sind viel im Einsatz.

Die Verwendung von Menüs wäre bei einer kleinen Dinnerparty, wenn es nur wenig Auswahl an Gerichten gibt, anmaßend; Aber wenn es eine Auswahl an Gerichten gibt, ist eine Speisekarte unverzichtbar.

Die übliche und modische Art, das Abendessen zu servieren, heißt *Dîner à la Russe* , obwohl der Gastgeber bei kleinen oder geselligen Abendessen manchmal vorzieht, den Braten im ersten Gang selbst zu schnitzen und die Vögel im zweiten Gang. Aber Esstische, ob zum Essen *à la Russe* oder zum Essen *mit der Familie* , sind ausnahmslos im gleichen Stil arrangiert, der Unterschied besteht lediglich im Umfang der Präsentation von Blumen, Tellern und Glas, die die Accessoires des Tisches sind Esstisch.

Wenn der Gastgeber die Suppe serviert, ist eine kleine Kelle pro Person die richtige Menge; Ein Suppenteller sollte nicht mit Suppe gefüllt sein.

Wenn die Gesellschaft klein ist und der Gastgeber die Braten oder Vögel schnitzt, sollten die Portionen den Gästen in der Reihenfolge gereicht werden, in der sie sitzen, obwohl gelegentlich den Damen vor den Herren geholfen wird.

Die Regel bei allen Dinnerpartys besteht darin, dass der Diener mit dem Servieren beginnt, indem er das Geschirr der Dame, die zur Rechten des Gastgebers sitzt, dann der Dame, die zur Linken des Gastgebers sitzt, reicht und von da aus jedem Gast die gesamte Länge des Tisches reicht in der Reihenfolge der Sitzplätze, unabhängig vom Geschlecht.

Bei großen Dinnerpartys sollte für zwei *Hauptspeisen gesorgt werden, und die Bediensteten sollten gleichzeitig damit beginnen, das Geschirr auf beiden Seiten des Tisches zu verteilen.*

Dîner à la Russe ist die russische Mode, die vor vielen Jahren in die Gesellschaft eingeführt wurde. Das gesamte Abendessen wird an einem

Beistelltisch serviert, außer Obsttellern werden keinerlei Gerichte auf den Tisch gestellt.

Tischdekorationen. —Was den korrektesten Stil der Tischdekoration betrifft, bieten sie eine große Vielfalt an Arrangements.

Hohe Mittelstücke und niedrige Mittelstücke. Niedrige, über die gesamte Länge des Tisches aufgestellte Mustergläser und auf der Tischdecke selbst ausgelegte Schlingpflanzen- und Blumenzweige sind einige der vorherrschenden Merkmale des Tages, aber Tischdekorationen sind im Wesentlichen eine Frage des Geschmacks und nicht der Etikette und des Ausmaßes Diese Dekorationen hängen stark von der Größe der Tellertruhe und der Länge der Handtasche des Essensgebers ab.

Das Obst zum Nachtisch wird normalerweise in der Mitte des Tisches zwischen den Blumen und dem Teller arrangiert. Einige Esstische sind neben Früchten und Blumen auch mit verschiedenen französischen Kreationen geschmückt. andere Esstische sind nur mit Blumen und Tellern geschmückt, der Nachtisch wird überhaupt nicht auf den Tisch gestellt; Diese letztere Methode kann jedoch nur von denen übernommen werden, die anstelle von Obst eine üppige Präsentation von Blumen und Tellern schaffen können.

Was die Beleuchtung des Esstisches betrifft. Elektrisches Licht wird heute allgemein in der Stadt und, wenn möglich, mehr oder weniger auf dem Land verwendet. Wenn nicht verfügbar, werden wie bisher Lampen und Wachskerzen verwendet. Die verwendeten Farbtöne sollten sorgfältig ausgewählt werden, da sie wesentlich zum Komfort der Gäste und zum Erfolg der Beleuchtung beitragen. Silberne Kerzenständer sind oft mit kleinen elektrischen Lampen ausgestattet, und schöne Silberlampen werden in ähnlicher Weise für den Esstisch verwendet.

Der Begriff „Gedeck" bezeichnet den für jede Person gedeckten Tisch. Es besteht aus einem Esslöffel für die Suppe, einem Fischmesser und einer Fischgabel, zwei Messern, zwei großen Gabeln und Gläsern für den gereichten Wein. Für solche Arrangements siehe Kapitel „Warten beim Abendessen" im Werk mit dem Titel „Warten am Tisch".

Sherry wird immer nach der Suppe getrunken, Haferbrei zum Fisch nach der Suppe. Champagner wird unmittelbar nach dem Servieren der ersten *Hauptspeise und während des restlichen Abendessens bis zum Dessert getrunken.* Rotwein, Sherry, Portwein und Madeira sind die Weine, die zum Nachtisch getrunken werden, und kein Champagner, da es sich im Wesentlichen um einen Abendwein handelt. Wenn Liköre ausgegeben werden, werden diese nach dem Eis gereicht.

Etikette am Esstisch. —Suppe sollte mit einem Esslöffel gegessen werden und nicht mit einem Dessertlöffel, es wäre unangebracht, zu diesem Zweck einen Dessertlöffel zu verwenden. Dessertlöffel sind, wie der Name schon sagt, für andere Zwecke gedacht, beispielsweise zum Essen von Obsttörtchen, Vanillepudding usw. oder anderen Süßigkeiten, die nicht kräftig genug sind, um mit einer Gabel gegessen zu werden.

Fisch sollte nach Möglichkeit mit einer silbernen Gabel gegessen werden, ansonsten mit einem silbernen Fischmesser und einer silbernen Gabel.

Alle zubereiteten Gerichte wie *Quenelles*, *Frikadellen*, Pastetchen usw. sollten nur mit einer Gabel und nicht mit Messer und Gabel gegessen werden.

Für Bries, Koteletts usw. sind Messer und Gabel erforderlich; und selbstverständlich auch für Geflügel, Wild usw.

Beim Verzehr von Spargel sollten Messer und Gabel verwendet werden, und die Spitzen sollten abgeschnitten und mit einer Gabel gegessen werden, wie es bei Grünkohl usw. der Fall ist.

Salat sollte mit Messer und Gabel gegessen werden; Es wird auf Salattellern serviert, die neben den Speisetellern stehen.

Gurken werden vom Teller gegessen und nicht von einem separaten Teller.

Erbsen sollten mit einer Gabel gegessen werden.

Beim Verzehr von Wild oder Geflügel sollten die Flügel- oder Beinknochen nicht mit den Fingern berührt werden, sondern das Fleisch sollte den Knochen abdecken; Und wenn es sich um einen Flügel handelt, ist es am besten, ihn an der Verbindungsstelle zu durchtrennen, damit das Fleisch viel leichter abgeschnitten werden kann.

Gebäck sollte mit einer Gabel gegessen werden, aber im Falle einer Obsttorte sollte neben einer Gabel auch ein Dessertlöffel verwendet werden, jedoch nur, um die Frucht und den Saft in den Mund zu befördern; und im Fall von Steinobst – Kirschen, Zwetschgen, Pflaumen usw. – sollte entweder der Dessertlöffel oder die Gabel an die Lippen geführt werden, um die Steine aufzunehmen, die an die Seite des Tellers gelegt werden sollten; Wenn die Fruchtkerne jedoch größer sind, sollten sie mit Gabel und Löffel von der Frucht getrennt und auf dem Teller belassen und nicht in den Mund genommen werden. und wann immer es möglich ist, die Kerne von der Frucht zu trennen, ist es am besten, dies zu tun.

Gelees, Puddings, Eispudding usw. sollten mit einer Gabel gegessen werden, ebenso wie alle Süßigkeiten, die ausreichend kräftig sein sollten, um sie zu sich zu nehmen.

Beim Käseessen sollten kleine Käsestückchen mit dem Messer auf kleine Brotstückchen gelegt und beides mit Daumen und Finger zum Mund geführt werden, wobei das Stück Brot das Stückchen zum Halten ist, da Käse nicht gegessen werden sollte Bis in die Finger und sollte nicht von der Messerspitze gegessen werden. [3]

Das Fingerglas sollte von der Eisplatte genommen und auf die linke Seite des Dessertellers gestellt werden. Wenn kein Eis gegeben wird, sollte das Eis mit dem Fingerglas herausgenommen und darunter gestellt werden.

Beim Verzehr von Weintrauben sollte man die halbgeschlossene Hand an den Mund halten und die Kerne und Schalen in die Finger fallen lassen und sie auf die Seite des Tellers legen. Manche Menschen beugen den Kopf, damit die Kerne und Schalen der Weintrauben nicht auf die Seite des Tellers fallen können. aber dieser letztere Weg ist altmodisch und wird selten befolgt. Kirschen und andere kleine Steinfrüchte sollten wie Weintrauben verzehrt werden, auch Stachelbeeren.

Wenn Erdbeeren, Himbeeren usw. nicht mit Sahne gegessen werden, sollten sie vom Stiel gegessen werden; Wenn man sie mit Sahne verzehrt, sollte man sie mit einem Esslöffel von den Stielen lösen. Beim amerikanischen Servieren ohne Stiele sollten sowohl Gabel als auch Löffel verwendet werden.

Birnen und Äpfel sollten geschält und mit Obstmesser und Gabel halbiert und geviertelt werden, ebenso Pfirsiche, Nektarinen und Aprikosen.

Melonen sollten mit Löffel und Gabel gegessen werden.

Kiefern mit Messer und Gabel.

Das Dessert wird den Gästen in der Reihenfolge serviert, in der das Abendessen serviert wurde. [4]

Wenn den Gästen Wein serviert wurde und die Diener den Speisesaal verlassen haben, sollte der Gastgeber die Dekanter an seine Gäste weiterreichen, beginnend mit dem Herrn, der ihm am nächsten steht.

Es ist nicht die Art und Weise, dass Herren zum Abendessen oder zum Dessert miteinander Wein trinken, und der Gast füllt sein Glas nach oder nicht, je nach Lust und Laune.

Damen dürfen zum Nachtisch kein zweites Glas Wein verlangen, und das Ausreichen der Dekanter ist in erster Linie den Herren vorbehalten. Sollte eine Dame zum Nachtisch ein zweites Glas Wein benötigen, füllte der neben ihr sitzende Herr ihr Glas auf; Sie sollte sich keinen Wein gönnen. Nachdem der Wein einmal am Tisch gereicht wurde oder etwa zehn Minuten nachdem die Dienerschaft den Speisesaal verlassen hat, sollte die Gastgeberin den Damen das Zeichen geben, den Speisesaal zu verlassen, indem sie sich vor der anwesenden Dame mit dem höchsten Rang verbeugt , zur Rechten des Gastgebers sitzend . Dann sollte sie sich von ihrem Platz erheben, wie alle Damen es tun sollten, wenn sie sie sahen.

Auch die Herren sollten aufstehen und bei ihren Stühlen stehen bleiben, bis die Damen den Raum verlassen haben, was sie in der Reihenfolge tun sollten, in der sie ihn betreten haben, wobei die Dame mit dem höchsten Rang vorangeht und die Gastgeberin als letzte folgt.

Der Gastgeber oder der Herr, der der Tür am nächsten ist, sollte die Tür öffnen, damit die Damen ohnmächtig werden, und sie hinter ihnen schließen.

Wenn die Damen den Speisesaal verlassen haben, sollten die Herren so nah wie möglich an den Gastgeber heranrücken, um die Unterhaltung allgemeiner zu gestalten.

Die Weine, die Herren nach dem Abendessen normalerweise trinken, sind Rotwein von guter Qualität und Portwein.

Nachdem die Damen das Esszimmer verlassen hatten, kehrten sie in den Salon zurück. Kaffee sollte fast sofort in den Salon gebracht werden. Die Kaffeetassen mit Kaffee sollten auf einem silbernen Tablett mit einem Sahnekännchen und einer Schüssel mit Kristallzucker serviert werden.

In großen Landhäusern wird der Kaffee manchmal in einer silbernen Kaffeekanne gebracht, und die Dame gießt sich dann ihren eigenen Kaffee ein, während der Diener in der Zwischenzeit das Tablett hält.

Ein paar Minuten später sollte der Kaffee ins Esszimmer gebracht und entweder den Herren gereicht oder auf den Tisch gestellt werden, damit sie sich selbst bedienen können (siehe die zuvor erwähnte Arbeit).

Ein sehr allgemeiner Plan besteht darin, dass der Gastgeber, nachdem der Wein ein- oder zweimal durchgereicht hat, Zigaretten anbietet, die geraucht werden, bevor die Herren sich zu den Damen in den Salon gesellen.

Nach dem Kaffee sollte der ranghöchste Herr als erster den Speisesaal verlassen. Der Gastgeber würde keine Vertagung in den Salon vorschlagen, bis er den Wunsch seiner Gäste dazu geäußert hätte, aber es gibt hierzu keine feste Regel.

Heutzutage ist es für Herren nicht mehr Mode, länger als höchstens fünfzehn oder zwanzig Minuten bei ihrem Wein zu sitzen, statt wie früher von einer Dreiviertelstunde auf eine Stunde, eine Abwechslung, die von Hostessen sehr geschätzt wird.

Auf dem Kontinent begleiten die Herren die Damen in den Salon und bleiben nicht wie in England im Speisezimmer.

Der anwesende hochrangige Herr könnte vorschlagen, sich innerhalb einer Viertelstunde in den Salon zu begeben, wenn er es für angebracht hält. Wenn die anderen Gäste in eine Diskussion verwickelt waren, an der er sich nicht beteiligen wollte , nachdem er die Vertagung vorgeschlagen hatte, konnte er das Esszimmer verlassen, um sich zu den Damen in den Salon zu gesellen; aber in der Regel verlassen die Herren gemeinsam den Speisesaal, der Wirt folgt als Letzter.

Der Gastgeber sollte vor dem Verlassen des Zimmers die Glocke im Esszimmer betätigen, um dem Butler zu signalisieren, dass die Herren das Zimmer verlassen haben.

Bei feierlichen Dinnerpartys in der Stadt werden während der üblichen halben Stunde, die im Salon vor der Abreisestunde vergeht, weder Musik noch Karten vorgestellt.

Bei rustikalen Dinnerpartys sind Musik oder runde Kartenspiele gefragt.

Abreise nach dem Abendessen. —Es gibt keine Regel bezüglich der Reihenfolge, in der sich die Gäste verabschieden sollen. Halb zehn ist die übliche Stunde für die allgemeine Abreise; und der Butler kündigt den Gästen im Salon die Ankunft der verschiedenen Kutschen an. Wenn jedoch eine Dame sich erkundigen wollte, ob ihre Kutsche angekommen sei, sollte sie die Gastgeberin um Erlaubnis bitten; und die Glocke wurde geläutet, um die Anfrage zu stellen. Dasselbe gilt für die Bestellung eines Taxis: Die Dame sollte die Gastgeberin fragen, ob für sie ein Taxi bestellt werden darf.

Die Gastgeberin sollte allen ihren Gästen bei der Abreise die Hand schütteln und sich dazu von ihrem Platz erheben.

Bei der Abreise sollte jeder Gast sowohl dem Gastgeber als auch der Gastgeberin die Hand schütteln.

Wenn beim Verlassen des Zimmers Bekannte aneinander vorbeigehen, sollen sie sich gegenseitig eine gute Nacht wünschen, den Rundgang durch die Zimmer aber nicht zu diesem Zweck unternehmen.

Der Gastgeber sollte ein oder zwei der wichtigsten seiner Damen zu ihren Kutschen begleiten.

Die Damen sollten ihre Umhänge in der Garderobe anziehen, während der Gastgeber in der Halle wartet.

Ein mit dem Gastgeber oder der Gastgeberin verwandter Herr oder ein Freund der Familie könnte anbieten, eine Dame zu ihrem Wagen zu begleiten, wenn der Gastgeber anderweitig verlobt wäre.

Bei einer Dinnerparty sollten die Gäste den anwesenden Bediensteten niemals **Trinkgelder anbieten.** Herren sollten den männlichen Dienern kein Honorar anbieten, ebenso wenig sollten Damen der anwesenden Dienstmagd Honorare anbieten.

Die Gäste sollten die Gastgeberin innerhalb einer Woche oder zehn Tagen nach einer Dinnerparty anrufen. Wenn eine verheiratete Dame „nicht zu Hause" ist, sollte sie eine ihrer eigenen Karten und zwei von denen ihres Mannes hinterlassen; eine Witwe sollte eine ihrer eigenen Karten hinterlassen; Ein Junggeselle oder Witwer sollte zwei Karten hinterlassen.

Die Regel, nach Dinnerpartys anzurufen, ist zwischen engen Freunden stark gelockert, und der Anruf wird oft ganz unterlassen; und dies insbesondere im Hinblick auf Herren, deren Beschäftigungen während des Tages als gute und ausreichende Gründe angesehen werden, nicht anzurufen.

Country-Dinner-Partys. —Auf dem Land sollten neue Bekannte, sofern Nachbarn, möglichst innerhalb eines Monats nach dem ersten Besuch zum Abendessen eingeladen werden und die Gegeneinladung innerhalb des Folgemonats erfolgen.

Wenn Gäste in einem Landhaus versammelt sind, werden sie entsprechend ihrer individuellen Priorität am ersten Abend zum Abendessen eingeladen; aber an den folgenden Abenden entscheiden die Herren häufig per Los, welche Dame sie zum Abendessen einladen dürfen, andernfalls würden eine Dame und ein Herr je nach Dauer des Besuchs fünf oder sechs Mal hintereinander zusammen zum Abendessen gehen, aber Dies ist eher eine Praxis bei Menschen, die mit der Zeit gehen, als bei sogenannten „altmodischen Menschen".

Wenn eine Party jeden Abend durch zusätzliche Dinner-Gäste abwechslungsreicher wird, weicht die Auslosung dem Vorrang, da dies eine zu vertraute Praxis ist, als dass sie bei einer großen Dinner-Party übernommen werden könnte.

Das Gnadengebet vor und nach dem Abendessen ist eher eine Frage des Gefühls als der Etikette. Früher war es üblich, „Gnade" zu sagen, aber in den letzten Jahren wird es oft weggelassen, besonders bei großen Dinnerpartys in der Stadt.

Wenn auf dem Land ein Geistlicher anwesend ist, sollte er gebeten werden, das Gnadengebet zu sprechen. Wenn der Gastgeber das Gnadengebet spricht, geschieht dies mit leiser Stimme und in sehr wenigen Worten; Die Gäste neigen dabei ihre Köpfe.

Es war kein rascher revolutionärer Wandel der Sitten, der zu dem Unterschied führte, der heute zwischen dem elisabethanischen Zeitalter und dem heutigen Zeitalter besteht; Kein gebildeter Mentor meldete sich und lehrte, dass es nicht die schönste und sauberste Sache sei, Messer ins Salz zu stecken, Finger in Teller zu tauchen oder Butter mit dem Daumen zu verteilen; im Gegenteil, diese Dinge besserten sich nach und nach, Schritt für Schritt, bis man zu dem gegenwärtigen Verhaltenskodex gelangte. Aber es ist durchaus möglich, dass man in hundert Jahren feststellen wird, dass die Sitten des gegenwärtigen Jahrhunderts großen Spielraum für Verbesserungen bieten.

Mittlerweile werden diese in der Gesellschaft eingehaltenen Regeln der Etikette von jenen eingehalten und befolgt, die nicht sonderbar, exzentrisch, altmodisch, unkonventionell oder mit irgendeinem anderen Adjektiv erscheinen möchten, zu dessen Anwendung die Laune ihrer Richter sie veranlassen könnte für die Begehung kleinerer oder großer Solezismen.

Verheiratete Damen gehen in der Regel mit ihren Ehemännern auswärts essen und nehmen keine Einladungen zu großen Abendessen an, wenn ihre Ehemänner nicht in der Lage sind, sie zu begleiten. Es gibt natürlich Ausnahmen von dieser Regel, und manchmal treten Umstände auf, in denen sie stark gelockert wird; aber selbst in diesem Fall wäre es eher für kleine und freundliche Abendessen als für große.

Während einer vorübergehenden Abwesenheit ihres Mannes nahm eine Dame Einladungen zum Abendessen mit ihren Verwandten und engen Freunden an, lehnte jedoch möglicherweise Einladungen zu großen Abendessen von Bekannten ab. Wenn jedoch bekannt ist, dass das Oberhaupt eines Hauses für längere Zeit abwesend ist, verschicken die Geber großer Abendessen nur selten Einladungen an die Ehefrau.

Wenn junge Damen zum Abendessen eingeladen werden, begleiten sie ihren Vater, ihre Mutter oder ihren Bruder; Aber gelegentlich, wenn eine Freundin ihrer Eltern eine Party für junge Damen veranstaltet, werden die jungen Damen allein eingeladen und sollten entweder mit ihrer Zofe in einer Droschke oder allein in der Kutsche ihres Vaters fahren.

FUSSNOTEN:

[3] Bezüglich der Anordnung des Esstisches für den Nachtisch siehe das Werk mit dem Titel „Waiting at Table".

[4] Siehe das Werk mit dem Titel „Waiting at Table".

KAPITEL XIV

ETIQUETTE AM ABENDESSEN

MODE hat ihre Launen und Launen, und in Bezug auf unbelebte Objekte sind diese Launen und Launen nur vergänglich und vergänglich, aber wenn sie Sitten und Gebräuche berühren, werden sie vielleicht für viele Jahre zu einer Konventionalität und einem Brauch. Veränderungen und Innovationen, so geringfügig sie auch sein mögen, sind eher subtil als plötzlich, und so paradox es auch erscheinen mag, sie sind ebenso wichtig wie unbedeutend; Dennoch ist es schwer zu glauben, dass die Finger einst als Gabeln dienten und dass es nicht Brauch war, dass ein Gastgeber seine Gäste mit Gabeln versorgte, von denen erwartet wurde, dass sie sie in der Tasche mitbrachten, wenn sie anspruchsvoll genug waren, sie zu verlangen.

Es gibt in der Gesellschaft hin und wieder Menschen, die ein paar exzentrische Verhaltensweisen an den Tag legen, aber diese Launen nehmen stets die Form von Originalität und nicht von Vulgarität an; und selbst dann werden sie nur von jenen ausgeübt, deren Stellung in der Gesellschaft gesichert ist.

Was die Tischetikette betrifft. – Wenn eine Dame am Esstisch Platz genommen hat, sollte sie sofort ihre Handschuhe ausziehen; Obwohl gelegentlich lange Ellenbogenhandschuhe während des Abendessens nicht ausgezogen werden, ist dies auffällig und unbequem. Sie sollte ihre Serviette auffalten und auf ihren Schoß legen. Dabei ist es unerheblich, ob sie das Brot beim Herausnehmen aus der Serviette auf die rechte oder linke Seite des Deckels legt.

Ein Gentleman sollte dasselbe mit seiner Serviette und seinem Brot tun, indem er die eine über seine Knie und die andere an seine rechte oder linke Hand legt.

Wenn eine Dame etwas Zeit hat, ihre Handschuhe auszuziehen, sollte sie zuvor ihre Serviette ausziehen. Andernfalls würde ihr ein Diener Suppe anbieten, bevor sie durch das Entfernen der Serviette Platz für den Suppenteller geschaffen hat, und sie sollte sich schnell dazu entscheiden welche der beiden ihr gereichten Suppen sie nehmen wird, um den Diener nicht warten zu lassen; und so weiter durch jeden Gang während des Abendessens, was Fisch, Fleisch usw. betrifft.

Die Gäste sollten die Speisekarte beim ersten Abendessen konsultieren. Das Essen von Suppe steht an erster Stelle. Früher war es üblich, ihn aus einem Becken zu trinken. Heutzutage „trinkt" niemand mehr Suppe, sie wird „gegessen"; Ob es sich um eine Scheinschildkröte oder die reinste Julienne handelt, sie wird zum Abendessen aus einem Suppenteller und mit einem Esslöffel gegessen.

Es gibt einen Grund für diese Löffelwahl; Suppe ist nichts, wenn sie nicht heiß ist, und da es Brauch ist, jedem nur etwa eine halbe Schöpfkelle zu geben, wird sie mit einem großen Löffel schneller und daher heißer gegessen als mit einem kleinen.

Es gibt auch einen guten und ausreichenden Grund dafür, kleine Mengen Suppe anstelle großer zu geben, nämlich. der Umfang der Speisekarte; und wenn einem Gast, der an die reguläre Versorgung gewöhnt ist, ein Teller Suppe gereicht wird, befürchtet er, dass von ihm erwartet wird, dass er daraus speist, und dass es nicht viel zu tun gibt.

Auch bei kleinen Portionen muss eine geringere Menge Suppe bereitgestellt werden, und es ist weniger wahrscheinlich, dass ein Diener Teller mit etwas Suppe verschüttet als Teller, die halb voll sind.

Bei Ballabenden wird die Suppe, wenn sie in Suppentellern serviert wird, auch mit einem Esslöffel gegessen, nicht jedoch in kleinen Tassen.

Vor vielen Jahren war es Mode, Fisch mit einer Gabel und einer Brotkruste zu essen; Zuvor galten ein Tischmesser und eine Gabel als geeignete Dinge für diesen Zweck. Dann wurde entdeckt, dass ein Stahlmesser dem Fisch einen unangenehmen Geschmack verlieh, und das Messer wurde durch eine Brotkruste ersetzt. Diese Art hielt lange an, obwohl die Finger auf diese Weise unangenehm nahe an den Teller gebracht wurden, und bis zum heutigen Tag haben altmodische Menschen eine Vorliebe für diese Brotkruste. Eines Abends warf ein bekannter Imbiss seine Brotkruste weg und aß seinen Fisch mit zwei silbernen Gabeln; Diese Vorstellung fand so allgemeinen Anklang, dass die Gesellschaft die bescheidene Kruste fallen ließ und sich für eine zweite Abspaltung einsetzte. Diese Mode hatte ausgedient, aber am Ende erwiesen sich die beiden Gabeln als zu schwer und nicht ganz zufriedenstellend und wurden durch die zierlichen und praktischen kleinen silbernen Fischmesser und Gabeln ersetzt, die heute allgemein verwendet werden.

Es sollten immer kleine Fischstücke serviert werden und es sollten nicht zwei verschiedene Fischsorten auf den gleichen Teller gelegt werden.

Wenn Austern gegeben werden , gehen sie der Suppe voraus und sollten mit einer Menügabel und nicht mit einer Fischgabel gegessen werden. Beim Verzehr von Austern sollte die Schale mit den Fingern der linken Hand auf dem Teller festgehalten werden, die Austern sollten nicht angeschnitten, sondern im Ganzen gegessen werden. Sehr viele Damen essen beim Abendessen keine Austern, weil sie sie nicht mögen, andere lehnen sie ab, weil sie meinen, es sei damenhafter, sie nicht zu essen. Vielleicht ist es bei jungen Damen eine Geschmacksprobe, die man sich aneignen muss. Manche Männer sind sehr, wenn nicht sogar übertrieben wählerisch, wenn es um den Appetit der Damen geht, und möchten, dass sie die *Vorspeisen ablehnen* und stattdessen ein Stück Hühnchen und einen Löffel Gelee essen. Andere hingegen betrachten einen guten Appetit als Beweis für gute Gesundheit und gute Verdauung. Natürlich gibt es in allen Dingen ein Medium, und da große Abendessen hauptsächlich bestellt werden, um den Gaumen von Männern mit epikureischem Geschmack zu erfreuen, wird nicht erwartet, dass Damen von den am stärksten gewürzten und reichhaltigsten Gerichten essen. sondern lieber das Einfachste aus der Speisekarte auswählen. Diese Bemerkung gilt insbesondere für junge Damen und junge verheiratete Damen, während Damen mittleren Alters und ältere Damen die Freiheit haben, so ziemlich alles zu tun, was sie wollen, ohne Kommentare oder gar Beobachtung zu provozieren.

Was die Hauptgerichte betrifft , so werden einige mit Messer und Gabel gegessen, andere nur mit der Gabel. Alle *Vorspeisen* , die einer Gabel Widerstand entgegensetzen, erfordern die Hilfe von Messer und Gabel, wie zum Beispiel Koteletts, *Filet de Bœuf* , Bries usw., aber wenn *Frikadellen* , Pasteten, *Quenelles* , Curry ohne Knochen, *Vol-au-Vents* , *Timbales* , usw. gegessen werden, sollte nur die Gabel verwendet werden.

Bei den leichteren *Vorspeisen* soll der Kontakt des Messers dem zarten Geschmack entgegenwirken; Für diese *Bonnes Bouches reicht* also die Gabel völlig aus, um sie zu teilen und zu essen.

Die Keule eines Huhns, Fasans, einer Ente oder einer Wildente sollte niemals einem Gast geschenkt werden, außer dann, wenn mehr Gäste anwesend sind, als ihnen Fleisch von der Brust und den Flügeln angeboten werden kann. Unter diesen Umständen ist der Schnitzer auf die Notwendigkeit beschränkt, auf die Beine der Vögel zurückzugreifen, aber in diesem Fall sollte nur der obere Teil des Oberschenkels gegeben werden, damit ein Gast kaum Schwierigkeiten hat, das Fleisch vom Knochen zu schneiden. Ein Vogelflügel wird normalerweise einer Dame geschenkt. Früher hielt man es für richtig, den Flügel am Gelenk abzutrennen und dann das Fleisch vom Knochen zu schneiden; Dies erfordert jedoch ein gewisses Maß an Kraft im Handgelenk und Geschicklichkeit, sollte sich der Vogel nicht in seiner *Premierenjeunesse befinden* .

Was kleine Tauben, Goldregenpfeifer, Bekassinen, Wachteln, Lerchen usw. betrifft, wird jedem Gast ein ganzer Vogel gegeben, und die richtige Art, diese Vögel zu essen, besteht darin, das Fleisch von der Brust und den Flügeln zu schneiden und jeden Bissen davon zu essen der Moment des Schneidens; Der Vogel sollte nicht ständig auf dem Teller gedreht oder in zwei Hälften geschnitten oder auf andere Weise zerlegt werden. Die Beine von Bordeaux-Tauben werden in der Regel nicht gegessen und es wird nur ein halber Vogel gegeben, da an den Flügeln und an der Brust genug davon vorhanden ist, um einen normalen Appetit nach einem zweiten Gang zu stillen. Wenn die Beine kleinerer Vögel wie Bekassinen oder Goldregenpfeifer gefressen werden, sollte das Fleisch wie von der Brust oder den Flügeln abgeschnitten werden.

Junge Mädchen essen in der Regel selten eine solche Delikatesse als zweiten Gang; ein wenig Huhn oder Fasan hingegen wird von ihnen normalerweise akzeptiert.

Wenn große Kartoffeln in der Schale serviert werden, sollte gleichzeitig ein Salatteller gereicht werden, auf den man sie legen kann.

Wenn der Spargel zum ersten Mal Saison hat, wird er oft im zweiten Gang statt im ersten serviert und dann als separates Gericht gegessen. Wenn es zusammen mit Fleisch oder Geflügel gereicht wird, sollte es auf demselben Teller gegessen werden, auf dem sich beides befindet.

Manche ältere Herren halten sich beim Spargelessen noch an die Mode ihrer Jugend und halten die Stangen in den Fingern, doch die jüngere Generation schneidet die Spitzen mit Messer und Gabel ab.

Meerkohl wird auch zum ersten Gang der Saison als zweiter Gang serviert und sollte mit Messer und Gabel gegessen werden.

Pilze werden auch mit Messer und Gabel gegessen.

Man braucht kaum zu sagen, dass es vulgär wäre, Erbsen mit dem Messer zu essen, obwohl diejenigen, die im Ausland leben oder die Gewohnheit haben, auf dem Kontinent zu reisen, nicht ungewöhnlich sind, dass dies von gut erzogenen Ausländern getan wird Männer.

Man könnte sagen, dass Artischocken ein unangenehmes und unordentliches Gemüse sind; sie werden erst im zweiten Gang als separates Gemüse serviert; Die äußeren Blätter sollten mit Messer und Gabel entfernt werden, und die inneren Blätter, die das Herz oder den Kopf der Artischocke umgeben, sollten mit den Fingern zum Mund geführt und trockengesaugt werden; Feinschmecker halten dieses Gemüse für einen Leckerbissen, doch bei Dinnerpartys sollten junge Damen nicht versuchen, diese Artischocken zu essen.

Herzhafte Speisen sollten nach Möglichkeit mit der Gabel gegessen werden, gelegentlich ist aber auch ein Messer unerlässlich.

Was Süßigkeiten betrifft , sollten *Obstkompott* und Obstkuchen mit Dessertlöffel und Gabel gegessen werden, ebenso wie Gerichte, bei denen Saft oder Sirup so weit vorherrschen, dass ein Dessertlöffel erforderlich ist.

Aber wann immer es möglich ist, statt eines Löffels eine Gabel zu verwenden, ist es immer besser, dies zu tun.

Gelees, Cremes, Puddings, Eispudding usw. sollten mit einer Gabel gegessen werden.

Es ist selbstverständlich, dass junge Damen auf Dinnerpartys keinen Käse essen.

Kapitel XV

ABENDPARTYS

Abendpartys sind Empfänge oder „at home"-Empfänge, je nach Anzahl der eingeladenen Gäste. In offiziellen und politischen Kreisen werden sie ausnahmslos als „Empfänge" bezeichnet, wenn sie jedoch in kleinerem Rahmen in der allgemeinen Gesellschaft stattfinden, werden sie als „Zuhause" bezeichnet.

Einladungen zu Abendpartys sollten auf „Zuhause"-Karten erfolgen.

Der Name der eingeladenen Person sollte oben auf der Karte in der rechten Ecke geschrieben werden, die Worte „zu Hause" unter dem Namen der Dame, die die Einladung ausgibt, und der Tag und das Datum unter den Worten „zu Hause". ‚" die Stunde unter dem Datum. Die Adresse sollte unten auf der Karte aufgedruckt sein.

Wenn Musik gegeben werden soll, sollte dies auf der Karte „zu Hause" vermerkt werden, also „Musik".

Die Stunde variiert von 10 bis 11 Uhr; im privaten Kreis ist 10 oder 10.30 Uhr die übliche Stunde; in offiziellen Kreisen 10.30 oder 11 Uhr.

Wenn eine ausländische königliche Persönlichkeit oder ein angesehener Ausländer oder eine Persönlichkeit von öffentlichem Interesse erwartet wird, sind die Worte „Um Ihre Durchlaucht Prinzessin D. zu treffen" oder „Um Graf C. zu treffen." sollte oben auf den Einladungskarten stehen.

Wenn auf eine von der Gastgeberin veranstaltete Dinnerparty ein Empfang oder „zu Hause" folgt, ist es nicht üblich, den Gästen besondere Unterhaltung zu bieten. Aber wenn auf eine Dinnerparty kein „Zuhause" folgt, ist es üblich, den Gästen eine Art Unterhaltung zu bieten, beispielsweise professionelle Gesangs- oder Instrumentalmusik.

Es wird erwartet, dass die Gäste eine halbe bis eine Stunde der auf der Einladungskarte angegebenen Zeit eintreffen, dies ist jedoch optional.

Empfang der Gäste. – Die Gastgeberin sollte ihre Gäste am oberen Ende der Treppe empfangen, wo sie normalerweise bleibt, bis der Chef ihrer Gäste angekommen ist; während der Gastgeber die Gäste im Salon selbst begrüßt.

Empfänge oder „Zuhause"-Empfänge enden in der Regel kurz vor ein Uhr, außer samstags, wenn die Abfahrtszeit genau 12 Uhr ist.

Einführungen machen. —Eine Gastgeberin sollte bei der Vorstellung ihrer Gäste nach eigenem Ermessen vorgehen.

Wenn eine königliche Persönlichkeit anwesend ist, sollten die angesehensten Gäste vom Gastgeber oder der Gastgeberin vorgestellt werden. Wenn eine Berühmtheit anwesend ist, sollten auch Vorstellungen gemacht werden; Was allgemeine Vorstellungen anbelangt, so sollten diese immer dann erfolgen, wenn die Gastgeberin es für zweckmäßig hält, und die Hauptgäste sollten, wenn sie sich nicht kennen, einander vorgestellt werden, wenn sich die Gelegenheit bietet.

Zum Abendessen hineingehen. – Der Gastgeber sollte die Dame mit dem höchsten Rang zum Abendessen einladen.

Wenn eine königliche Prinzessin anwesend ist, sollte der Gastgeber sie zum Abendessen einladen.

Wenn ein königlicher Prinz anwesend ist, sollte er die Gastgeberin zum Abendessen einladen. (Siehe Kapitel V.)

Es ist optional, ob die Gastgeberin in Anwesenheit des hochrangigen Herrn folgt, es sei denn, es ist ein ausländischer Prinz anwesend, wenn sie dem Gastgeber folgen soll, und im Falle der Anwesenheit eines königlichen Prinzen sollte sie dem Gastgeber vorausgehen.

Wenn ein königlicher Prinz oder eine königliche Prinzessin oder eine heitere Hoheit anwesend ist, sollte ein Tisch für den Gastgeber und die Gastgeberin sowie die königliche Gesellschaft reserviert werden, und alle Gäste, die die königlichen Besucher wünschen, sollten sich ihnen zum Abendessen anschließen.

Wenn der Speisesaal nicht groß genug ist, um alle Gäste gleichzeitig unterzubringen, sollten die vornehmsten Gäste zuerst hineingehen.

Wenn dem Gastgeber mitgeteilt wird, dass das Abendessen serviert wird, sollte er den anwesenden Hauptherren mitteilen, welche der Damen er zum Abendessen mitnehmen möchte, und selbst in Begleitung der anwesenden Dame mit dem höchsten Rang den Weg weisen.

Die Gastgeberin sollte auch dabei behilflich sein, die Hauptgäste zum Abendessen hereinzuschicken, und wenn die allgemeine Gesellschaft die Bewegung in Richtung Abendessenraum beobachtet, sollten sie in die gleiche Richtung folgen.

Wenn die allgemeine Gesellschaft offenbar nicht weiß, dass der Speisesaal geöffnet ist, sollte die Gastgeberin die verschiedenen Herren bitten, die Damen zum Abendessen einzuladen, und selbst mit einem der Herren den Weg weisen.

Wenn die allgemeine Gesellschaft feststellt, dass der Speisesaal überfüllt ist, sollte sie für etwa eine Viertelstunde in den Salon zurückkehren; Die

Gastgeberin sollte jedoch dafür sorgen, dass beim ersten Servieren des Abendessens eine Instrumental- oder Gesangsdarbietung beginnt, um die Aufmerksamkeit der Gäste zu fesseln, die im Salon bleiben.

Die Gäste kehren nach dem Abendessen häufig nicht in den Salon zurück, sondern gehen in die Garderobe, um ihre Mäntel und Tücher zu holen, und von dort zu ihren Kutschen.

Es ist nicht üblich, sich bei Empfängen vom Gastgeber oder der Gastgeberin zu verabschieden.

Königliche Gäste anwesend. – Wenn eine königliche Persönlichkeit anwesend ist, sollte der Gastgeber sie zu ihrer Kutsche begleiten.

Wenn ein ausländischer Prinz anwesend ist, sollte der Gastgeber ihn zur Saaltür begleiten.

Tee und leichte Erfrischungen sollten abends in der Bibliothek oder in einem angrenzenden Apartment serviert werden.

Das Abendessen sollte um zwölf Uhr im Speisesaal serviert werden und dem Charakter eines Ballabendessens ähneln.

Einladungen zu Brückenpartys werden auf „Zuhause“-Karten ausgestellt, wenn die Anzahl der Gäste mehr als vierzig beträgt, und auf Visitenkarten, wenn weniger Gäste eingeladen werden.

Das Einladungsformular lautet in beiden Fällen „Mrs. A—— At Home“. Tag, Datum und Uhrzeit stehen unter den Worten „zu Hause“ und „Brücke“ in der Ecke der Karten gegenüber der Adresse. Die übliche Zeit für diese Abendempfänge ist 21 Uhr, was eine dreistündige Spielzeit vor Mitternacht ermöglicht. Die Gäste kommen sehr pünktlich, eher vor als nach der auf den Einladungskarten genannten Stunde. Die Gäste sind zu gleichen Teilen beiderlei Geschlechts vertreten, da Ehemänner und Ehefrauen gemeinsam eingeladen werden, wenn beide bekanntermaßen Bridge-Spieler sind, und Junggesellen, die das Spielen um kleine Einsätze nicht scheuen, sehr gefragt sind. Auch unverheiratete Damen ab einem bestimmten Alter; keine Mädchen im Teenageralter.

In einigen Häusern werden den siegreichen Spielern Preise verliehen. Einen für die Damen und einen für die Herren und gelegentlich einen zweiten Preis für den zweitbesten Spieler beiderlei Geschlechts. Dies geschieht, wenn sich das Spielen um Geld für einen Gastgeber nicht empfiehlt. Die Preise bestehen größtenteils aus nützlichen Artikeln. Zum Beispiel eine Schachtel Handschuhe, eine Schachtel Bonbons, eine Kiste Kölnischwasser, ein Kartenetui, eine Handtasche und so weiter, die alle für Damen akzeptabel sind; und eine Schachtel Zigarren oder Zigaretten, ein silberner Flachmann, ein silberner Stock oder Regenschirm sind Preise, die die männlichen Gewinner gerne entgegennehmen.

Die Brückentische , an denen die Gäste sitzen sollen, sind nummeriert und die Gastgeberin legt fest, mit wem sie besetzt werden. Die Namen – vier an der Zahl für jeden Tisch – werden zusammen mit der Tischnummer auf kleine Karten geschrieben oder gedruckt und den Gästen von der Gastgeberin bei der Ankunft überreicht. Dies geschieht, damit gute Spieler zusammengestellt werden können und um Verwirrung und Zeitverlust bei der Platzierung an den verschiedenen Tischen zu vermeiden.

Die bereitgestellten Erfrischungen bestehen zunächst aus „Kaffee", der in den Karten- oder Salon gebracht und den Gästen gereicht wird. Bei diesem After-Dinner-Kaffee sind keine Esswaren enthalten. Ein Abendessen gibt es entweder am Ende des Stücks um 12 Uhr – das ist der üblichere Plan – oder um 10.30 Uhr, wonach das Spiel noch etwa eine Stunde lang fortgesetzt wird; Letzteres ist jedoch eher ein provinzieller Brauch als ein städtischer Brauch und ist für diejenigen gedacht, deren Abendessen früh ist – vielleicht 6.30 Uhr.

Wenn kein Abendessen serviert wird, wird es durch sehr gute leichte Erfrischungen ersetzt, in den Wintermonaten auch durch eine Tasse heiße Suppe.

Der Eintritt zum Abendmahl wird soweit wie möglich nach den folgenden Regeln geregelt, sofern der Vorrang die Durchführung nicht verhindert. Die Spieler an jedem Tisch, die beim Servieren des Abendessens Partner sind, gehen gemeinsam hinein. Der Gastgeber geht mit seinem Partner voran, und alle folgen ihm, wobei die Gastgeberin und ihr Partner als Letzte folgen.

Die Karten sollten innerhalb einer Woche oder zehn Tagen nach einem Empfang abgegeben werden.

Eine verheiratete Dame sollte eine eigene und zwei Karten ihres Mannes hinterlassen.

Eine Witwe sollte eine ihrer eigenen Karten hinterlassen.

Ein Junggeselle oder Witwer sollte zwei seiner Karten hinterlassen. (Siehe Kapitel III .)

Kapitel XVI

HOCHZEITEN UND HOCHZEITSMITTAGESSEN

Nachmittagstrauungen werden immer um 14.30 Uhr feierlich gefeiert. In den Morgenstunden finden nur sehr ruhige Trauungen statt. Früher konnten Nachmittagshochzeiten nur von wenigen Personen durchgeführt werden, die über eine Sondergenehmigung verfügten.

Die Heirat durch „Aufgebote" erfreut sich in der Gesellschaft großer Beliebtheit. Die Aufgebote müssen drei aufeinanderfolgende Wochen vor der Trauung in der Gemeinde veröffentlicht werden, in der der Bräutigam wohnt, und auch in der Gemeinde, in der die Braut wohnt, und beide sollten sich vor der Veröffentlichung der Aufgebote fünfzehn Tage in ihrer jeweiligen Gemeinde aufhalten.

Ehen per Lizenz. —Wenn eine Trauung per Lizenz feierlich durchgeführt wird, belaufen sich die Kosten inklusive Gebühren und Briefmarken auf 2 £. Diese ist im Fakultätsbüro oder im Büro des Generalvikars, Doctors' Commons, erhältlich und ist in jeder Kirche in der Gemeinde erhältlich, in der eine der Parteien vor der Antragstellung für die Lizenz fünfzehn Tage lang gewohnt hat. sei es in der Stadt oder auf dem Land.

Wenn die Lizenz im Land durch einen geistlichen Stellvertreter erworben wird, schwanken die Kosten je nach Diözese zwischen 1 und 15 £. bis £2 12 *s*. 6 *Tage*

Sonderlizenzen können nur beim Erzbischof von Canterbury auf Antrag beim Fakultätsbüro beantragt werden. Für den Antrag muss ein besonderer Grund angegeben werden, der vom Erzbischof genehmigt werden muss.

Die Gebühren für eine spezielle Heiratsurkunde betragen durchschnittlich 29,5 *s* £. 6 *Tage*

Die Gebühren für die amtierenden Geistlichen schwanken je nach Stellung und Mittel des Bräutigams erheblich und liegen zwischen 1 £ und 1 *s*. bis £5 5 *s*. , wie es die Neigung des Bräutigams vorschreiben mag.

Die Gebühr für den Kirchendiener unterliegt einer ähnlichen Variation, beginnend bei 2 *s*. 6 *Tage*

Alle Gebühren im Zusammenhang mit einer Trauung sollten vom Bräutigam getragen und von ihm oder dem Trauzeugen in seinem Namen vor der Zeremonie in der Sakristei der Kirche bezahlt werden; unmittelbar danach oder einige Tage zuvor.

Die bei Hochzeiten eingehaltene Etikette ist stets dieselbe, unabhängig davon, ob die Hochzeit morgens oder nachmittags stattfindet, ob es sich um eine große oder vergleichsweise kleine Hochzeit handelt, ob die Zahl der Gäste zweihundert oder zwanzig beträgt.

Die Einladungen sollten drei Wochen bis zwei Wochen vor dem Hochzeitstag verschickt werden.

Das Hochzeitsessen oder der Hochzeitsempfang sollten von den Eltern der Braut oder ihrem nächsten Verwandten veranstaltet werden, und die Einladungen sollten auf den Namen beider Elternteile ausgestellt werden.

Die Einladungen sollten in mit Tinte gedruckten Notizen erfolgen; Sie werden nur noch selten in Silber gedruckt. Das Formular sollte wie folgt lauten: „Herr und Frau – erbitten die Freude, Herrn und Frau – bei der Hochzeit ihrer Tochter Helen mit Herrn John S. in der St. Peter-Kirche beizuhaben. Hanover Square, am Dienstag, 8. Mai, um 14.30 Uhr und anschließend am —— Square. RSVP“

Wenn es sich um eine Stieftochter handelt, sollte dies „bei der Hochzeit von Frau A--s Tochter Helen B--“ geschehen.

Hochzeitsgeschenke. – Jeder, der zu einer Hochzeit eingeladen wird, macht der Braut oder dem Bräutigam stets ein Geschenk; Es ist die übliche Regel, dies zu tun. Viele verschicken Geschenke, bevor die Einladungen verschickt werden – sobald die Verlobung bekannt gegeben wird, wenn sie nicht von langer Dauer sein soll.

Es gibt keine Regel darüber, wann das Geschenk vor dem Hochzeitstag verschickt werden soll; Einladungen werden jedoch in der Regel an diejenigen verschickt, die Geschenke gemacht haben, auch wenn diese weit entfernt wohnen und möglicherweise nicht an der Hochzeit teilnehmen können.

Hochzeitsgeschenke werden entsprechend ihrer Anzahl auf Tischen unterschiedlicher Größe ausgestellt, und wenn sie sehr zahlreich und wertvoll sind, ist es nicht ungewöhnlich, sie beim Nachmittagstee zur Schau zu stellen, der zu diesem Zweck am Tag vor der Hochzeit überreicht wird. Jedem Geschenk sollte die Karte des Schenkenden beigefügt sein. Geschenke aus Silberblech sollten auf einem mit dunklem Tuch oder Samt bedeckten Tisch platziert werden. Es ist nicht ungewöhnlich, die Geschenke mit Blumen, insbesondere Rosen, zu umgeben, und dies wird oft von Personen mit künstlerischem Geschmack getan.

Der Bräutigam sollte den Ehering und den Brautstrauß zur Verfügung stellen.

Auch die Blumensträuße für die Brautjungfern sind ein Geschenk des Bräutigams und sollten ihm am Morgen der Hochzeit zugesandt werden. Von ihm wird auch erwartet, dass er jeder Brautjungfer ein Geschenk macht – entweder eine Brosche, ein Medaillon, ein Armband oder einen Fächer, das entweder am Tag vor der Hochzeit oder am Morgen des Hochzeitstages verschickt werden sollte.

Der Bräutigam sollte das Auto zur Verfügung stellen, um sich und seine Braut von der Kirche zum Haus zu bringen, in dem das Hochzeitsessen und der Hochzeitsempfang stattfinden sollen, und wieder vom Haus zum Bahnhof, oder, falls die Anreise erfolgt Straße, zum Ort der Flitterwochen; aber häufig stellt der Vater der Braut dem Brautpaar zu diesem Zweck sein eigenes Auto zur Verfügung , besonders auf dem Land. Laut Etikette ist die Brautkutsche die einzige, die der Bräutigam zur Verfügung stellen muss.

Die geladenen Gäste sollten ihre eigenen Beförderungsmittel zur Verfügung stellen, und weder vom Bräutigam noch vom Vater der Braut wird erwartet, dass sie dies jemals tun. Dies sollte den Gästen in jedem Fall klar sein.

Der Brauch, dass Trauzeugen den Bräutigam unterstützen, ist mittlerweile weit verbreitet, wie bei königlichen Hochzeiten, bei denen ein königlicher Bräutigam von vier bis sechs Trauzeugen unterstützt wird. Normalerweise fungieren zwei der Trauzeugen als Platzanweiser und helfen beim Platzieren der Gäste.

Der Trauzeuge sollte ein Junggeselle sein, obwohl auch ein verheirateter Mann in dieser Funktion auftreten könnte. Er sollte den Bräutigam entweder zur Kirche begleiten oder ihn dort treffen. Er sollte während der Zeremonie zu seiner Rechten stehen – etwas weiter hinten – und ihm am Ende die kleine Gefälligkeit erweisen, ihm seinen Hut zu überreichen.

Er sollte das Register anschließend in der Sakristei unterzeichnen und die Gebühren im Namen des Bräutigams entweder vor oder nach der Zeremonie an den Geistlichen und den Kirchendiener zahlen, wenn der Bräutigam sie bei der Ankunft nicht bezahlt.

Der Bräutigam und der Trauzeuge sollten vor der Braut in der Kirche eintreffen und ihr Kommen erwarten, indem sie auf der rechten Seite des Chortors stehen.

Die Braut sollte im Auto ihres Vaters zur Kirche gefahren werden. Wenn sie eine oder mehrere Schwestern hat und diese als Brautjungfern fungieren, sollten sie ihr zusammen mit ihrer Mutter in die Kirche vorausgehen. Das Auto sollte dann zurückkehren, um die Braut und ihren Vater abzuholen; Wenn sie jedoch keine Schwestern hat, geht ihr ihr Vater in der Regel voraus zur Kirche und empfängt sie an der Kirchentür, während ihre Mutter sie im Auto begleitet.

Die Brautjungfern sollten einige Zeit vor der Braut eintreffen und eine Reihe auf beiden Seiten der Kirchenvorhalle oder innerhalb des Kircheneingangs bilden. Meist steht die Mutter der Braut neben ihnen.

Wenn die Braut ankommt, sollte sie den rechten Arm ihres Vaters oder den rechten Arm ihres ältesten Bruders oder nächsten männlichen Verwandten nehmen, der beauftragt ist, sie wegzugeben; er sollte sie anstelle ihres Vaters an der Kirchentür treffen und sie zum Chor oder Altar führen.

Bei Chorhochzeiten führen der Klerus und der Chor den Brautzug an und führen ihn zum Altarraum, während sie dabei eine Hymne singen.

Die Brautjungfern sollten der Braut und ihrem Vater das Kirchenschiff hinauf folgen. Wenn die Anzahl der Brautjungfern gerade ist, vier, sechs, acht oder zwölf; aber wenn die Zahl ungerade ist, wie fünf, sieben oder neun, und drei von ihnen zufällig Kinder sind, was im Allgemeinen der Fall ist, sollten die älteren Brautjungfern „zwei und zwei" gehen und als nächstes den Kindern folgen.

Bei modischen Hochzeiten fungieren ein oder zwei kleine Jungen als Pagen und tragen gelegentlich die Schleppe der Braut.

Die oberste Brautjungfer ist in der Regel die älteste unverheiratete Schwester der Braut oder die Schwester des Bräutigams, und sie sollte der Braut mit ihrer Begleiterin folgen, wenn keine Kinder zur Gruppe gehören.

Die Mutter der Braut sollte den Brautjungfern folgen und an der Seite ihres Sohnes oder eines anderen männlichen Verwandten gehen, indem sie ihnen das Kirchenschiff hinauf folgt. Meine Damen und Herren gehen bei einer Hochzeit nicht Arm in Arm, sondern Seite an Seite.

Die unmittelbaren Verwandten der Braut und die nahen Verwandten des Bräutigams sollten je nach Kirche, in der der Gottesdienst gefeiert wird, in Kirchenbänken oder Stühlen Platz nehmen. In einigen Kirchen findet der Gottesdienst am Eingang des Altarraums statt, und die Brautpartei betritt den Altarraum und stellt sich an den Altar, um die Ansprache entgegenzunehmen, und nur der abschließende Teil des Gottesdienstes wird dort gefeiert.

Die Verwandten des Bräutigams sollten sich beim Eintritt auf die rechte Seite des Kirchenschiffs, also auf der rechten Seite des Bräutigams, platzieren und in den Kirchenbänken Platz nehmen. Die Verwandten der Braut sollten sich beim Betreten des Kirchenschiffs auf der linken Seite, also auf der linken Seite der Braut, platzieren und in Kirchenbänken oder Stühlen Platz nehmen. Große Karten mit der Aufschrift „Für die Verwandten des Bräutigams", „Für die Verwandten der Braut" werden häufig in die Kirchenbänke gelegt, um anzuzeigen, wo sie sitzen sollen.

Die Braut sollte zur Linken des Bräutigams stehen; Der Vater der Braut oder der nächste männliche Verwandte sollte zu ihrer Linken stehen, um sie wegzugeben.

Die Brautjungfern sollten in der Reihenfolge, in der sie die Kirche betreten, direkt hinter der Braut stehen.

Die Braut sollte zu Beginn des Gottesdienstes ihre Handschuhe ausziehen und sie zusammen mit ihrem Blumenstrauß der obersten Brautjungfer zum Halten geben.

Die geladenen Gäste sollten in den Kirchenbänken oder Stühlen Platz nehmen.

Gäste nehmen ihre Gebetbücher selten mit in die Kirche, um dort den Gottesdienst zu verfolgen. Die gesungenen Hymnen werden normalerweise auf Flugblättern gedruckt und in den Kirchenbänken oder auf den Sitzen ausgelegt.

Der Bräutigam trägt in der Regel eine Blume im Knopfloch, da er keine Hochzeitsgeschenke trägt.

Die übrigen Herren dürfen auf Wunsch selbstverständlich auch Knopflochsträuße tragen.

Wenn der Gottesdienst beendet ist, sollte die Braut den linken Arm des Bräutigams ergreifen und, voran vom amtierenden Geistlichen und gefolgt von ihren obersten Brautjungfern, ihrem Vater, ihrer Mutter und den angesehensten Gästen, die Sakristei betreten, wo sich das Register befindet sollte von der Braut und dem Bräutigam, zwei oder drei der nächsten Verwandten und von zwei oder drei der engsten Freunde und dem Haupt der Gäste, einschließlich des Trauzeugen und der obersten Brautjungfer, unterzeichnet werden. Der Vater der Braut sollte es unterschreiben, es ist jedoch optional, ob die Mutter der Braut dies unterschreibt oder nicht.

Wenn das Register unterschrieben ist und die Leute in der Sakristei der Braut die Hand geschüttelt und ihre Glückwünsche ausgesprochen haben, sollte die Braut den linken Arm des Bräutigams nehmen und durch das Kirchenschiff gehen, gefolgt von ihren Brautjungfern, in der gleichen Reihenfolge wie sie sind zuvor das Kirchenschiff hinaufgegangen.

Normalerweise verlassen Braut und Bräutigam die Kirche, ohne anzuhalten, um vielen ihrer anwesenden Freunde die Hand zu schütteln, wenn anschließend ein Empfang stattfinden soll.

Wenn Braut und Bräutigam die Kirche verlassen haben, sollte die Mutter der Braut als nächstes folgen, damit sie zu Hause ist, um die Gäste zu empfangen, wenn sie ankommen. Es gibt keinen Präzedenzfall hinsichtlich der

Reihenfolge, in der der Rest der Gesellschaft die Kirche verlässt; es hängt ganz von der Geschicklichkeit ihrer Diener ab, ihre Autos hochzufahren.

Knopflochsträuße aus natürlichen Blumen haben die altmodischen Hochzeitsgeschenke sowohl für Damen als auch für Herren vollständig ersetzt und werden den Gästen manchmal angeboten, bevor sie ihre Plätze am Ende der Zeremonie verlassen, aber nicht immer. Knopflochsträuße sollten sowohl von Damen als auch von Herren auf der linken Seite getragen werden.

Eine verwitwete Braut sollte weder einen Brautschleier noch einen Kranz aus Orangenblüten noch Orangenblüten auf ihrem Kleid tragen.

Sie sollte nicht von Brautjungfern besucht werden und die Gäste sollten keine Hochzeitsgeschenke tragen.

Wie die Einladungen zur Hochzeitsfeier einer Witwe ausgestellt werden sollten, hängt von den individuellen Umständen ab. Wenn zum Beispiel eine junge Witwe bei ihren Eltern wohnt, sollten die Einladungen auf deren Namen wie bei ihrer ersten Heirat ausgestellt werden, und die Einladungsform sollte ähnlich sein, mit Ausnahme der Worte „Ihre Tochter, Frau A., Witwe von …" Herr A." sollte ihren Vornamen ersetzen. Wenn, was sehr häufig der Fall ist, eine Witwe im eigenen Haus wohnt oder die Trauung von einem Hotel aus stattfinden soll, sollten die Einladungen auf ihren eigenen Namen ausgestellt werden und das Formular „Mrs. Cecil A." lauten. bittet um die Freude (oder die Ehre) der Gesellschaft von Herrn und Frau B. bei ihrer Hochzeit mit Herrn Henry C. in der St. George's Church am Dienstag, dem 30. Dezember, um 14.30 Uhr und anschließend in Eaton Gärten, RSVP" „Die Anwesenheit von" anstelle von „die Gesellschaft von" kann bei Bedarf eingegeben werden.

Es versteht sich, dass eine Witwe keine Brautjungfern haben sollte , aber es steht ihr offen, die Anwesenheit von Pagen zu haben, wenn eine Hochzeit modisch und elegant sein soll, obwohl viele Damen dieses Privileg nicht in Anspruch nehmen. Der Bräutigam sollte selbstverständlich einen Trauzeugen haben; Auf Wunsch kann er der Bruder der Braut sein (die Vorstellung, dass dies nicht erlaubt sei, ist falsch). Ein verheirateter Mann könnte gebeten werden, als Trauzeuge zu fungieren, da es keine Brautjungfern gibt, die seine Aufmerksamkeit erfordern würden, obwohl dies selten der Fall ist und ein unverheirateter Bruder oder Freund bevorzugt wird.

von ihrem Vater, Onkel, Bruder oder sogar von einem Freund **weggegeben werden** ; Tatsächlich ist es üblicher, diese Unterstützung zu haben als nicht. Bei einer ersten Ehe ist „verschenken" zwingend erforderlich, bei einer zweiten ist es optional; und wenn eine Witwe bei einer stillen Hochzeit diesem Brauch lieber nicht folgen möchte, kann sie es tun.

Es besteht große Unsicherheit darüber, ob eine Witwe ihren ersten Ehering weiterhin tragen soll oder nicht, wenn sie ein zweites Mal heiratet. Tatsächlich gibt es diesbezüglich keine feste Regel, und eine Witwe kann es weiterhin tragen oder nicht, je nach Lust und Laune. Wenn sie Kinder hat und einige Jahre verheiratet war, behält sie diese normalerweise. Wenn sie eine junge Witwe ist, wird sie ihn wahrscheinlich abnehmen und nur den zweiten Ring tragen; aber wenn sie dies beabsichtigt, sollte sie nicht aufhören, es zu tragen, bis sie in der Kirche angekommen ist und vor der Zeremonie ihre Handschuhe ausgezogen hat; aber alles in allem ist es üblicher, die beiden Eheringe zu tragen als nur den zweiten.

Früher hielten es Witwen für zwingend erforderlich, in den Farben der Witwe, Grau oder Lila, zu heiraten , und das Tragen von Weiß war verboten; aber es wird nicht mehr so angesehen, und eine Witwe kann und wird an ihrem Hochzeitstag Weiß oder Creme tragen – nicht gerade ein jungfräuliches Brautkleid, da ein Hauch von Farbe eingeführt wird. Die meisten halten Hellgrau oder Hellheliotrop noch immer für geeigneter für eine zweite Ehe, und dies gilt zweifellos auch dann, wenn eine Witwe noch nicht in ihrer ersten Jugend ist. Eine Witwe darf natürlich keinen Brautschleier tragen; Sie muss einen Hut oder eine Haube tragen, weiß oder farbig, je nach Belieben. Sie kann einen Blumenstrauß haben, der nicht nur aus weißen Blumen besteht, sondern je nach Wunsch auch malvenfarben, rosa oder violett. Es ist durchaus zulässig, einen kompletten Chorgottesdienst abzuhalten und die Kirche, in der die Zeremonie durchgeführt wird, mit Pflanzen und Blumen zu schmücken, aber am Ende sollten den Gästen keine Hochzeitsgeschenke überreicht werden.

Wenn eine Witwe einen Empfang veranstaltet, sollte das frisch verheiratete Paar seine Gäste gemeinsam stehend empfangen. Die Mutter der Braut oder ein naher Verwandter könnte ihnen beim Empfang behilflich sein. Wenn ein Mittagessen gegeben werden soll, sollten sie in den Speisesaal gehen und nebeneinander am Kopfende des Tisches sitzen. Wenn jedoch ein Empfangstee gegeben wird, werden die Gäste möglicherweise zur Teestunde hereingeschickt – das heißt, es wird ihnen mitgeteilt, dass der Tee gerade stattfindet, und Braut und Bräutigam könnten später nachkommen, falls die Zahl zu groß ist, um alle teilnehmen zu lassen gleichzeitig in die Teestube.

Für eine Witwe ist es völlig in Ordnung, eine Hochzeitstorte zu haben , aber sie sollte nicht mit Orangenblüten oder weißen Blumen dekoriert sein, sondern lediglich mit Zuckerguss und Verzierungen. Die Präsentation von Geschenken bei der Hochzeit einer Witwe ist in der Regel sehr eingeschränkt. Da der Bräutigam und seine Familie die Hauptspender sind, werden die Geschenke selten ausgestellt. Die Ausnahme ist, wenn eine Witwe viele neue Freunde gefunden und von ihnen Hochzeitsgeschenke erhalten hat. Von Geschenken an eine Witwe, die ein eigenes Haus hat, wird erwartet, dass sie einen erheblichen Wert haben, und es besteht eine allgemeine Zurückhaltung, ihr Kleinigkeiten anzubieten, selbst wenn es sich um teure Dinge handelt, wie sie eine Braut zu schätzen weiß. nicht so eine verheiratete Dame von gesellschaftlichem Ansehen.

Bei der Ankunft im Haus, in dem das Hochzeitsessen oder der Hochzeitsempfang stattfinden soll, sollten die Herren ihre Hüte im Saal lassen. Die Damen sollten bei einem Hochzeitsessen oder Empfang ihre Hauben oder Hüte nicht abnehmen, ebenso wenig wie die Brautjungfern.

Herren sollten beim Hochzeitsessen ihre Handschuhe ausziehen, es ist jedoch optional, ob Damen dies tun oder nicht.

Bei Empfängen ist es sowohl Damen als auch Herren freigestellt, ob sie ihre Handschuhe ausziehen oder nicht.

Die Gäste, die noch keine Gelegenheit hatten, mit Braut und Bräutigam zu sprechen, sollten ihnen beim Betreten des Salons, in dem sich die Gesellschaft versammelt, die Hand schütteln, nachdem sie zuvor diese Zeremonie mit dem Gastgeber und der Gastgeberin durchlaufen haben das haben sie noch nicht getan.

Bevor das Mittagessen angekündigt wird, sollten der Vater oder die Mutter der Braut dem Direktor der anwesenden Herren mitteilen, wen er zum Mittagessen mitnehmen soll. Dies gilt jedoch nur für ein Mittagessen im Sitzen.

Bei Stehessen werden die Gäste nicht in Paaren hereingeschickt, sondern sie kommen nach Belieben herein, sogar zu zweit oder zu dritt zusammen, und in der Regel wird kaum oder gar kein Vorrang eingehalten, weder bei der Braut noch auf andere Weise.

Das Mittagessen sollte je nach Fall im Speisesaal, in der Bibliothek oder im großen Festzelt serviert werden.

Die Mutter der Braut und die Mutter des Bräutigams sollten bei einem Hochzeitsessen Vorrang vor allen anderen anwesenden Damen haben.

Bei reinen Familientreffen sollten die Gäste in der folgenden Reihenfolge zum Mittagessen gehen : Braut und Bräutigam. Der Vater der Braut mit der Mutter des Bräutigams. Der Vater des Bräutigams mit der Mutter der Braut. Der Trauzeuge mit der obersten Brautjungfer. Die übrigen Brautjungfern mit den Herren, die sie zum Mittagessen einladen sollen.

Der Rest des Unternehmens sollte den Brautjungfern folgen. Die Braut sollte den linken Arm des Bräutigams nehmen.

Mittagessen im Sitzen und Mittagessen im Stehen sind gleichermaßen in Mode, obwohl letztere weitaus allgemeiner sind und kaum oder gar kein Vorrang der Braut eingehalten wird. Wenn ein Stehmittagessen stattfindet, werden kleine Tische zur Bequemlichkeit der Brautgesellschaft auf einer Seite des Raumes aufgestellt, während ein langer Tisch die Mitte des Raumes einnimmt.

Bei einem Mittagessen im Sitzen sollten Braut und Bräutigam entweder am Kopfende eines langen Tisches oder in dessen Mitte sitzen – die Braut zur Linken des Bräutigams. Der Vater der Braut sollte neben der Braut und der Mutter des Bräutigams sitzen. Wenn Braut und Bräutigam in der Mitte des Tisches sitzen, sollten die Brautjungfern ihnen gegenüber sitzen, zusammen mit den Herren, die sie zum Mittagessen eingeladen haben; jeder sitzt zur Rechten eines Herrn.

Wenn Braut und Bräutigam das Kopfende des Tisches einnehmen, sollten sich die Brautjungfern mit den Herren, die sie zum Mittagessen eingeladen haben, neben die Eltern auf beiden Seiten des Tisches stellen und ihre Zahl in zwei Gruppen aufteilen.

Wenn der Vater der Braut tot ist, sollte ihr ältester Bruder oder nächster männlicher Verwandter an seine Stelle treten und die Mutter des Bräutigams zum Mittagessen einladen.

Ein Hochzeitsfrühstück wird jetzt als Mittagessen bezeichnet. Champagner und andere Weine ersetzen Tee und Kaffee, die erst gegen Ende des Mittagessens serviert werden. Bei Hochzeiten, die um 14.30 Uhr stattfinden, findet häufig um 15 Uhr ein Mittagessen statt, gefolgt von einem „Tee" um 16 Uhr.

Das Mittagsmenü umfasst im Allgemeinen Suppe, warme und kalte Vorspeisen; Hühner, Wild, Mayonnaisen, Salate, Gelees, Cremes usw. usw. und andere Gerichte mit ähnlichem Charakter.

Die Süßigkeiten sollten auf den Tisch gestellt werden, Obst auch.

Die Vorspeisen usw. sollten von den Dienern gereicht werden, die Süßigkeiten sollten ebenfalls von den Dienern vom Tisch genommen und der Reihe nach herumgereicht werden.

Bei einem Stehmittagessen sollten die Herren den Damen und sich selbst bei den verschiedenen Gerichten auf dem Tisch helfen, da bei dieser Beschreibung des Mittagessens keine Gerichte gereicht werden; Warme Vorspeisen und Suppe werden nicht angeboten. Die Speisekarte ist ansonsten ähnlich.

Die Tische sollten sowohl beim Steh- als auch beim Sitzessen mit Blumen geschmückt sein. Bei einem Stehmittagessen sollten Champagnerflaschen entlang der gesamten Tischlänge aufgestellt werden; andernfalls sollten die Herren die anwesenden Diener um Champagner für die von ihnen entführten Damen und für sich selbst bitten. Beim Mittagessen im Sitzen servieren die Bediensteten den Gästen Champagner in der gleichen Reihenfolge, in der sie die Gerichte servieren.

Nach der Übergabe der Süßigkeiten sollte die Braut die Hochzeitstorte anschneiden. Dazu macht sie lediglich den ersten Schnitt mit einem Messer; Anschließend wird es vom Butler in kleine Scheiben geschnitten und den Gästen auf Desserttellern serviert.

Der angesehenste anwesende Gast sollte dann **die Gesundheit der Braut und des Bräutigams vorschlagen, wofür sich der Bräutigam bedanken sollte.** Er sollte dann die Gesundheit der Brautjungfern vorschlagen, wofür sich der Trauzeuge bedanken sollte.

Gelegentlich schlägt auch der anwesende hochrangige Herr anstelle des Bräutigams diese Gesundheit vor.

Der Vater des Bräutigams sollte über die Gesundheit des Vaters und der Mutter der Braut berichten.

Heutzutage ist es Brauch, Gesundheitsvorschläge bei Hochzeitsessen auf engste Grenzen zu beschränken. Die Gesundheit der Braut und des Bräutigams sowie die der Brautjungfern sind im Allgemeinen die einzigen vorgeschlagenen Gesundheitszustände.

Bei Stehessen und Hochzeitsempfängen geht es ausschließlich um die Gesundheit von Braut und Bräutigam.

Die Braut sollte den Speisesaal sofort nach dem Trinken der Heilkräuter verlassen, um sich für die Abreise umzuziehen.

Die oberste Brautjungfer sollte sie begleiten, wenn sie mit ihr verwandt ist, und die Gäste sollten sich in den Salon begeben, um auf das Wiedererscheinen der Braut zu warten, das nicht lange auf sich warten lassen sollte, und dann sollte der Abschied genommen werden. Der Urlaub sollte nicht länger als unbedingt erforderlich sein.

Die Eltern sollten der Braut und dem Bräutigam in den Saal folgen und sich dort von ihnen verabschieden.

Der altmodische Brauch, der Braut Satinpantoffeln nachzuwerfen, wird manchmal beobachtet, so dumm er auch ist. Es ist das Privileg des Trauzeugen oder der obersten Brautjungfer, diese lächerliche Tat auszuführen.

Wenn einer Braut Reis nachgeworfen wird, sollte er von den anwesenden verheirateten und nicht von den unverheirateten Damen verstreut werden; Aber der Brauch, wie der des sogenannten „Konfettiwerfens", ist in der guten Gesellschaft mittlerweile praktisch überholt.

Das Bestreuen des Weges der Braut mit Blumen von der Kirche bis zur Kutsche durch Dorfkinder ist ein bei Hochzeiten auf dem Land weit verbreiteter Brauch.

Die Flitterwochen dauern mittlerweile selten länger als eine Woche oder zehn Tage. Viele Bräute verbringen ihre Flitterwochen lieber in ihrem zukünftigen Zuhause, wenn es auf dem Land liegt, anstatt eilig nach Paris oder anderswo zu reisen oder sie im Landhaus einer Freundin zu verbringen, das ihnen zu diesem Zweck geliehen wurde. Es ist aber ganz und gar eine Frage des individuellen Gefühls, welchen Weg man einschlägt.

Die Aussteuer der Braut sollte mit den Initialen des Namens versehen sein, den sie annehmen soll.

Der Bräutigam sollte für die Hauswäsche und alle anderen Dinge sorgen, die zum neuen Zuhause der Braut gehören.

Die Hochzeitsgeschenke sollten unmittelbar nach der Hochzeit an die Wohnung der Braut geschickt werden, und sie sollten sofort an ihren verschiedenen Orten abgelegt werden und nicht für den Zweck angeordnet werden, sie Besuchern gezeigt zu werden.

Der Brautkranz sollte nach dem Hochzeitstag nicht getragen werden. Der Brautkranz, der Brautstrauß und die Orangenblüten der Hochzeitstorte sollten, wenn sie als Andenken an das freudige Ereignis geschätzt werden, in den Nischen einer verschlossenen Schublade im Gemach der Braut aufbewahrt und nicht unter Glasschirmen im Zimmer ausgestellt werden Zeichenraum.

Vorrang eingeräumt werden, obwohl dieser altmodische Brauch manchmal bei Dinnerpartys auf dem Land anlässlich des ersten Besuchs einer Braut befolgt wird.

Der Brauch, Hochzeitstorten an Freunde zu verschicken, ist weit verbreitet und wird nur zwischen nahen Verwandten praktiziert.

Hochzeitskarten sind streng genommen veraltet und werden nur von Leuten verschickt, die sich an altmodische Bräuche halten.

Die Worte „Keine Karten" sollten nicht eingefügt werden, wenn die Ankündigung einer Heirat an die Zeitungen verschickt wird; Es sollte auch nicht die Andeutung hinzugefügt werden, dass Braut und Bräutigam an bestimmten Tagen „zu Hause" sein werden.

Kapitel XVII

HOCHZEITSEMPFÄNGE

Eine Nachmittagshochzeit findet normalerweise zwischen 14 und 14.30 Uhr statt, und der anschließende „Empfang" findet von 14.30 bis 17.00 Uhr nach der Rückkehr aus der Kirche statt.

Wenn es sich bei einer Hochzeit um eine Chorhochzeit handelt, leiten der Chor und die Geistlichen häufig den Brautzug. Dies wird mit dem Pfarrer der Kirche vereinbart, in der die Trauung gefeiert wird.

Einladungen zu Hochzeitsempfängen werden nicht mehr auf „Zuhause"-Karten verschickt, sondern sind den Einladungen zur Trauung in gedruckter Form beigefügt. (Siehe Kapitel XVI.)

Die Arrangements im Teeraum und die angebotenen Erfrischungen sollten denen ähneln, die an großen Nachmittagen „zu Hause" angeboten werden, mit dem Zusatz von Hochzeitstorte und Champagner.

Auf eine Zeremonie wird weitestgehend verzichtet, wenn es darum geht, die Gäste in die Teestube zu schicken, und das ist ein großer Vorteil gegenüber einem Hochzeitsessen, entweder im Sitzen oder im Stehen, wenn die Leute Zweifel daran haben an den genauen Ort, der jedem einzelnen Verwandten gehört.

Entweder kommen Braut und Bräutigam zuerst herein, gefolgt von den Brautjungfern und einigen der Hauptgäste, oder sie folgen später, je nach Wunsch. Der Rest der Gesellschaft sollte sich nach unten begeben, sofern der Platz es zulässt, denn selbst in den größten Villen ist eine Hochzeitsfeier eine überfüllte Angelegenheit. Eingeladen ist nicht nur jeder, der der Braut oder dem Bräutigam in besuchbarer Nähe ein Hochzeitsgeschenk überreicht hat, sondern auch diejenigen, die nicht vertraut genug sind, als dass man es erwarten würde.

Die Gäste sollten sich zunächst nicht auf den Weg in die Teestube machen, sondern sofort in den Salon gehen und dem Gastgeber und der Gastgeberin und anschließend der Braut und dem Bräutigam die Hand schütteln. Braut und Bräutigam sollten im Salon zusammenstehen und allen, die sie kennen, die Hand schütteln. Braut und Bräutigam sollten als Erste die Teestube betreten. Blumen sind bei Hochzeitsempfängen eine Selbstverständlichkeit.

Tee und Kaffee sollten von den Dienstmädchen serviert werden, in der Regel von den Dienstmädchen der Dame, aber bei Bedarf sollten auch männliche Diener anwesend sein, um den Champagner zu öffnen. Zu dieser Tageszeit wird sehr wenig Wein getrunken. Damen kümmern sich selten darum, und

Herren meiden es grundsätzlich. Dennoch schlürfen die Verwandten als Kompliment für die Braut eine Tasse Sekt, auch wenn ihre Gesundheit selten erwähnt oder Reden gehalten werden. Die Braut sollte das Messer in die Hochzeitstorte stecken, und der Butler sollte sie aufschneiden und den Gästen reichen.

Im Teeraum sollten keine Sitzplätze aufgestellt werden, und die Tische sollten je nach Anzahl der eingeladenen Gäste oben oder seitlich oder sowohl oben als auch seitlich im Raum stehen, um so viel Platz wie möglich zu lassen die Mitte des Raumes.

Braut und Bräutigam sind bei einem Hochzeitstee nicht immer anwesend, da die Abreise zum geplanten Flitterwochenort dies nicht in jedem Fall zulässt und die Mutter das „Zuhause" hält und die Gäste die Geschenke nach dem Frischen begutachten -Ehepaar ist gegangen.

Manchmal wird ein paar Tage vor der Hochzeit ein „Zuhause"-Termin gegeben, um die Geschenke zu begutachten, wenn sie sehr zahlreich und schön sind; Aber selbst wenn dies geschieht, bilden sie am Nachmittag der Hochzeit für die vielen Gäste immer noch den Mittelpunkt des Interesses. Wenn Schmuck und Teller in größerem Umfang einen Teil der Geschenke ausmachen, wird es manchmal für notwendig gehalten, einen Polizisten im Dienst zu haben, solange das Haus für so viele Besucher geöffnet ist, und wenn es sinnvoll wäre, unter dem Vorwand eines Geschäfts einen Zutritt zu verschaffen einfache Sache.

Kapitel XVIII

HOCHZEITSKOSTEN

Die Pflichten eines Bräutigams in finanzieller Hinsicht beginnen mit dem Zeitpunkt seiner Verlobung. Er muss der gewählten Braut sofort einen Verlobungsring überreichen. Selbst ein Mann mit mäßigem Vermögen hat keine Schwierigkeiten, einen schönen Ring auszuwählen und zu kaufen, der zwischen 50 und 100 £ kostet; Aber ein armer Mann, der nur über ein geringes Einkommen verfügt, muss oft mehr Geld ausgeben, als er sich bequemerweise für einen Verlobungsring leisten kann. Er weiß, dass alle Mitglieder der Familie der Braut darüber urteilen werden, wenn es sich nur um ein bescheidenes Geschenk im Wert von etwa 10 £ handelt, was genau so viel ist, wie er seiner Meinung nach ausgeben darf; Er weiß, dass sowohl es als auch er selbst als sehr gemein angesehen werden oder dass es eine nicht sehr inspirierende Aussicht auf die kommenden Tage vermittelt. Der Verlobungsring, den die Braut nach der Hochzeit am Finger trägt, ist eine bleibende Erinnerung, und wenn sie arm ist, wird sie nicht stolz darauf sein – er auch nicht. Reiche Männer lassen sich von den Bräuten Verlobungsringe aussuchen, wobei für sie die Kosten keine Rolle spielen; Aber arme Männer können dies nicht tun, da die Wahl auf Edelsteine fallen könnte, die über ihre Verhältnisse hinausgehen. Deshalb treffen sie die Wahl selbst, entsprechend der Stellung der Familien, in die sie eintreten wollen. Liegt das Ansehen aus finanzieller Sicht über dem eigenen, müssen die Verlobungsringe in Übereinstimmung mit den von Mitgliedern dieser Familien getragenen Juwelen ausgewählt werden, und ein Bräutigam würde daher mindestens 40 £ für einen passenden Verlobungsring ausgeben eine so platzierte Dame. Wenn andererseits Männer mit geringem Einkommen die Töchter von Eltern heiraten, die in einer ähnlichen Position wie sie selbst stehen, sind die geschenkten Verlobungsringe nicht teuer, und eine Zehn-Pfund-Note oder sogar weniger würde die Kosten für diese Bindung decken Token. Die Eheringe sind für jeden Bräutigam erschwinglich, auch wenn er noch so arm ist.

Während der Verlobung ist die Frage nach Geschenken für die ausgewählten Bräute in den Gedanken ihrer Bräutigame nie unbedeutend. Die Reichen erfreuen sich selbst und ihre Bräute, indem sie kostbare Juwelen verschenken, die oft von den Bräuten selbst in Begleitung ihrer Bräutigame ausgewählt werden. Das ist zwar ein sehr erfreulicher Einkaufsbummel, aber der großen Mehrheit fällt das nicht zu. Männer mit mäßigen Mitteln machen Geschenke von mäßigem Wert und nur in geringer Zahl; Sie sind bei ihren Verlobungen nicht an die Etikette gebunden, Schmuck zu verschenken, wenn ihr Einkommen diesen Aufwand nicht rechtfertigt. aber ein Mann muss sehr wenig Geld zur Verfügung haben, wenn er es nicht schafft, dem Mädchen, das er heiraten will, ein Armband, eine Halskette oder einen ähnlichen Schmuck zu schenken.

Den Brautjungfern Geschenke zu machen, ist eine weitere Pflicht des Bräutigams. Auch hier üben die Reichen ihre Großzügigkeit und ihren guten Geschmack mit der Zustimmung ihrer Bräute aus, die ihnen bei der Auswahl geeigneter Geschenke in Form von Schmuckstücken behilflich sind. Diese betragen durchschnittlich 5 £ und mehr für jede Brautjungfer, was bei zahlreichen Brautjungfern einen guten Gesamtbetrag ergibt. Der Punkt, der die Großzügigkeit von Bräutigamen beeinflusst, ist jedoch nicht, wie viel sie für diese Geschenke ausgeben sollten, sondern vielmehr, wie wenig dafür unter gebührender Berücksichtigung der Eignung der Dinge ausgegeben werden darf, d. h. die Stellung der Brautjungfern. Zwei Sovereigns wären eine angemessene Summe, die ein Mann mit geringen Mitteln für jedes Geschenk an die Brautjungfer ausgeben könnte.

Der Brautstrauß und die Brautjungfernsträuße stehen an zweiter Stelle auf der Liste der Kosten, die ein Bräutigam trägt. Reiche Männer geben großzügig in dieser Richtung aus, aber die durchschnittliche Summe, die man zur Deckung des normalen Einkommens geben muss, beträgt zwei Guineen zu einer Guinea für den Blumenstrauß einer Braut und jeweils fünfundzwanzig bis fünfzehn Schilling für die Blumensträuße der Brautjungfern.

Die mit der Zeremonie verbundenen Gebühren sind ausschließlich Sache des Bräutigams. Erfolgt eine Eheschließung per Genehmigung, trägt er die Kosten, die sich in der Stadt auf 2 2 Pfund *Sterling belaufen. 6 Tage* , und auf dem Land von £2 12 *s. 6 Tage* bis £3 3 *s.* Die Gebühr für den Pfarrer der Kirche, in der die Trauung gefeiert werden soll, liegt zwischen 1 und 1 *s.* bis £5 5 *s.* , oft £1 1 *s.* als nicht bei der Mehrheit der Bräutigame mit mäßigem Einkommen, mit Ausnahme von £5 5 *s.* Die geringen Gebühren, die ein Bräutigam zahlen muss, sind sehr gering. Er bezahlt den Organisten dafür, dass er am Ende des Gottesdienstes einen Hochzeitsmarsch spielt, wenn es sich nicht um einen Chorgottesdienst handelt; die Glöckner erwarten von ihm ihr Honorar, ebenso wie die Kirchendiener usw. So bezahlt ein Bräutigam bei der Trauung nur das, was absolut notwendig ist, und darüber hinaus sehr wenig.

Wenn ein Freund der Braut oder des Bräutigams die Zeremonie durchführt oder bei ihr mithilft, erhält er vom Bräutigam kein Honorar, sondern ein Geschenk in irgendeiner Form, entweder in Silber oder in Form eines kleinen Schecks, je nach den Umständen , für Bahnkosten oder sonstiges. Normalerweise tut dies der Bräutigam, es sei denn, der betreffende

Geistliche ist ein Verwandter der Braut, wobei Braut und Bräutigam normalerweise ein gemeinsames Geschenk machen.

Die Eltern der Braut tragen einen großen Teil der Hochzeitskosten , vor allem die Aussteuer der Braut, wobei die Kosten hierfür vollständig von der Stellung und dem Einkommen abhängen. Die Abendessen und „Zuhause"-Abendessen, die vor der Hochzeit gegeben werden, um den Bräutigam den Familienmitgliedern der Braut vorzustellen, werden von den Eltern der Braut gegeben. Die Hochzeitsfeier wird von ihnen entweder in ihrer eigenen Wohnung oder in einem Hotel veranstaltet. Was ihren Anteil an den mit der Zeremonie verbundenen Kosten betrifft, kommt es darauf an, ob die Hochzeit elegant oder ruhig stattfinden soll. Im ersteren Fall sind die Kosten, die ihnen entstehen, einigermaßen beträchtlich; Im letzteren Fall sind sie fast gleich Null. Ein Chorgottesdienst zum Beispiel wird von den Eltern der Braut bezahlt, wobei der Organist, der Chorleiter und der Chor alle einzeln von ihnen bezahlt werden. Wenn die gesungenen Hymnen auf Flugblättern gedruckt werden, ist dieser geringfügige Aufwand ebenfalls enthalten. Alle Blumendekorationen werden von den Eltern der Braut bezahlt, ebenso wie die Miete der Markise und des roten Filzes an den Kirchentüren. Wenn Hochzeitsgeschenke oder Knopflöcher geschenkt werden, dann auch von ihnen.

Wem von der Familie der Braut Geständnisse zur Verfügung gestellt werden sollen, ist ausnahmslos ein missverstandenes Detail. – Der Vater der Braut muss lediglich Kutschen oder Autos zur Verfügung stellen, um sich und die Braut zur Kirche zu befördern, sowie für die unter seinem Dach wohnenden Familienmitglieder und für Besucher, die während der Hochzeit bei ihm übernachten. Er ist nicht verpflichtet, sie anderen Gästen zur Verfügung zu stellen, außer im Land, und auch dann nur für diejenigen, die mit dem Zug an einem Bahnhof am Straßenrand ankommen und für sich selbst keine Beförderung erhalten können. In der Stadt muss der Bräutigam das Auto bereitstellen, um sich und die Braut von der Kirche zum Haus ihres Vaters und anschließend zum Bahnhof zu bringen. Auf dem Land ist das Gegenteil der Fall, und der Vater der Braut tut dies, indem er zu diesem Zweck einen seiner eigenen Kutschen oder Autos leiht.

und alle Haushaltsgegenstände für das neue Zuhause **bereitstellt , einschließlich Teller und Wäsche, wobei letztere natürlich sehr wichtige Gegenstände darstellen.** Viele der Brautgeschenke werden jedoch gemacht, um diese Kosten zu verringern, und bestehen größtenteils aus Tellern und gelegentlich auch aus Leinen, die von den Familienmitgliedern der Braut stammen. Dennoch gilt in England die Regel, dass der Bräutigam es als Teil der Haushaltsbedürfnisse zur Verfügung stellen muss, und die Schenkung durch Verwandte ist völlig freiwillig.

KAPITEL XIX

NACHMITTAG „ZU HAUSE"

„At Homes" am Nachmittag sind ein toller Bestandteil der Tagesunterhaltung, der großen Nachmittagspartys und der kleinen Nachmittagspartys; Partys, die so groß sind, dass die Anzahl der Gäste der eines großen Andrangs oder eines Abendempfangs entspricht, und so klein, dass sie durchaus unter die Bezeichnung Nachmittagstee fallen könnten.

Am Nachmittag „zu Hause" sind die Damen in beträchtlicher Mehrheit anwesend, wobei bei diesen Zusammenkünften im Durchschnitt etwa zehn Herren bis dreißig Damen anwesend sind. Damen haben eine ausgeprägte Vorliebe für diese Art der Unterhaltung, da sie eine Gelegenheit bietet, ihre Freunde und Bekannten zu treffen oder neue Bekanntschaften zu schließen, Zukunftspläne zu schmieden und Höflichkeiten auszutauschen; Und selbst auf dem Höhepunkt der Londoner Saison sind die Nachmittage „zu Hause" voll von Mitgliedern der Modewelt besucht.

Es gibt verschiedene Nachmittagskurse „zu Hause": den großen „Zuhause"-Kurs mit fünfzig bis zweihundert Gästen, bei dem in der Regel professionelles Gesangs- und Instrumentaltalent engagiert wird und ziemlich gute Musik geboten wird, obwohl die Unterhaltung nicht von ausreichender Bedeutung ist als Konzert bezeichnet werden; das „Zuhause" von fünfzig bis hundert Gästen, wenn nur Amateurtalente gesucht werden; und das kleine „Zuhause" von zehn bis dreißig Leuten, wo Gespräche normalerweise an die Stelle von Musik treten und die Gesellschaft eher aus Freunden als aus Bekannten besteht.

Einladungen zu „At Homes" sollten nur im Namen der Gastgeberin erfolgen und nicht im gemeinsamen Namen des Hausherrn und der Hausherrin.

Einladungen sollten auf kleinen und großen „Zuhause"-Karten sowie auf Visitenkarten erfolgen. Der Name der eingeladenen Person sollte oben auf der Karte in der rechten Ecke geschrieben werden, die Worte „zu Hause" unter dem Namen der Dame, die die Einladung ausgibt, und der Tag und das Datum unter den Worten „at". „Zuhause" und die Stunde unter dem Datum. Etwaige zu gebende Belustigungen sollten unten auf der Karte in der linken Ecke hinzugefügt werden. Die Adresse sollte in der rechten Ecke unten auf der Karte aufgedruckt sein.

Die Buchstaben „RSVP" stehen gelegentlich auf der „Zuhause"-Karte in der linken Ecke unten auf der Karte. Es ist jedoch nicht üblich, „RSVP" in die Ecke eines Nachmittags „zu Hause" zu schreiben. Karte, da es unerheblich ist, wie viele Gäste bei dieser Unterhaltungsklasse anwesend sind; aber wenn eine Antwort gewünscht wird, sollte eine Antwort gesendet werden. RSVP bedeutet „ *répondez, s'il vous plaît* " oder „Eine Antwort wird angefordert".

Es ist üblich, in der Einladung auch das Familienoberhaupt, also den Ehemann oder den Vater, mit einzuladen. Daher sollte oben auf der Karte in der rechten Ecke „Herr und Frau A." oder „Herr und Frau A" stehen. Die Töchter des Hauses sollten in die Einladung an ihre Mutter einbezogen werden. Also „Herr und Frau A.", „Die Fräulein A.", aber die Söhne des Hauses sollten separat eingeladen werden.

Wenn eine Familie aus einer Mutter und Töchtern besteht, sollte die Einladung „Mrs. and the Misses A." lauten.

Der Titel „Ehrenwert" sollte nicht auf einer Einladungskarte stehen, sondern nur auf dem Umschlag, der die Karte enthält.

Alle anderen Titel werden auf Einladungskarten ausgewiesen; Die Buchstaben KCB, MP usw. sollten jedoch nicht auf die Karten geschrieben werden, sondern nur auf die Umschläge, in denen sie enthalten sind.

Wenn einer Dame bewusst ist, dass sie nicht anwesend sein kann, wäre es höflich, ihr Entschuldigungen zu schicken, obwohl strenge Etikette dies nicht verlangt; Sowohl die Einladung als auch die Antwort können grundsätzlich per Post versandt werden.

Es wird derzeit nicht mehr als notwendig erachtet, Karten nach dem Nachmittag „zu Hause" zu lassen.

Einladungen zu großen Nachmittagen „zu Hause" sollten zwei Wochen vor dem Tag verschickt werden, zu kleinen „Zuhause" etwa eine Woche vor dem Tag.

Die Ankunft der Gäste. - Wenn geladene Gäste eintreffen, sollten sie sich nicht erkundigen, ob die Gastgeberin zu Hause ist, sondern sofort das Haus betreten; und sie sollten sofort in die Teestube geführt werden.

Die Herren sollten ihre Hüte und Mäntel im Saal lassen.

In großen „Zuhause" sollte eine Garderobe vorhanden sein, damit eine Dame einen Umhang oder Pelzumhang ausziehen kann, der normalerweise im Winter getragen wird; aber in kleinen „Zuhause" ist eine Garderobe nicht notwendig, da die Empfangsräume weder so überfüllt noch so warm sind, noch sind die Toiletten der Damen so aufwändig.

Erfrischungen. —Bei großen Aufenthalten „zu Hause" sollten Erfrischungen im Speisesaal, auf einem langen Buffet an einem Ende des Raumes oder auf einem langen Tisch über die gesamte Länge des Raumes serviert werden.

Die Dienstmädchen und andere Dienstmädchen sollten hinter dem Tisch stehen, um die Tassen Tee oder Kaffee auszuschenken und nach Bedarf über den Tisch zu reichen.

Es ist üblich, dass bei diesen Gelegenheiten weibliche Bedienstete den Tee ausschenken, wobei auch ein oder mehrere Diener anwesend sind, falls etwas von ihnen verlangt wird, obwohl die Herren sich normalerweise mit einer Tasse Rotwein, Wein usw. bedienen . usw.

Die üblichen Erfrischungen in diesen „Zuhause" sind Tee und Kaffee, letzterer wird aus großen silbernen Urnen serviert. (Siehe Kapitel „Zubereitung des Nachmittagstees" im Werk mit dem Titel „Warten am Tisch".) Sherry, Champagnerbecher, Weinbecher, Eis, Obst, ausgefallene Kekse und Kuchen, dünnes Butterbrot, Topfwild, Sandwiches , usw.

Eisteller werden für Speiseeis, Dessertteller für Obst und Obstsalate verwendet.

Bei kleinen „Zuhause" werden Champagner, Weinbecher und Eis nicht gereicht. Der Tee sollte sowohl in großen als auch in kleinen „Zuhause" in Teekannen statt in Urnen zubereitet werden.

In kleinen „Zuhause" wird der Tee meist im kleineren der beiden Salons oder in einem angrenzenden Boudoir oder Vorraum serviert. Der Tee wird dann von den jungen Damen des Hauses oder von der Gastgeberin selbst eingeschenkt, seltener jedoch von Dienstmädchen, wenn er im Salon serviert wird.

Die bequemste Art, Tee zu servieren, besteht jedoch darin, ihn im Speisesaal zu servieren, es sei denn, die Anzahl der Gäste ist begrenzt, wenn es ungesellig erscheinen würde, wenn sie sich im Speisesaal versammeln würden und die Gastgeberin vergleichsweise allein wäre das Wohnzimmer.

Wenn im Speisesaal Tee serviert wird, werden die Gäste normalerweise vom anwesenden Diener gefragt, ob sie Tee trinken möchten, bevor sie in den Salon geführt werden.

Bei kleinen Tees sollten den Damen die Tassen Tee von den anwesenden Herren oder von der jungen Dame, die am Teetisch den Dienst verrichtet, gereicht werden, und die Herren stehen im Allgemeinen bei kleinen Teetischen im Raum oder in der Nähe des Teetisches Häuser."

Gäste empfangen. – Der Diener sollte den Gästen wie bei „Morgenbesuchen" in den Salon vorausgehen.

Bei großen Aufenthalten „zu Hause" sollte die Gastgeberin ihre Gäste an der Tür des Salons empfangen und ihnen bei ihrer Ankunft die Hand schütteln.

Die Tür zum Wohnzimmer sollte offen bleiben und sie sollte im Türrahmen stehen.

Bei kleinen Tees sollte die Tür zum Salon nicht offen bleiben und die Gastgeberin sollte ihre Gäste im Zimmer empfangen, wie bei „Morgenbesuchen".

Die Gäste sollten von Viertel nach vier bis halb fünf oder sechs Uhr eintreffen. Von den Gästen wird nicht erwartet, dass sie die gesamten drei Stunden bleiben, sondern es steht ihnen frei, so lange oder so kurz zu bleiben, wie sie möchten. Die Frühankömmlinge sind in der Regel die Ersten, die das Land verlassen.

Wenn die Gastgeberin es für zweckmäßig hält, stellt sie eine oder zwei der Damen einander vor, entweder auf formelle Weise (siehe Kapitel II .) oder auf halbformelle Weise, indem sie sagt: „Frau A. , ich glaube nicht, dass Sie Frau B. kennen."; aber sie sollte dies nicht sagen, es sei denn, sie ist sich ganz sicher, dass Frau B. die Bekanntschaft mit Frau A. wünscht oder dass Frau A. nichts dagegen hat, Frau B. kennenzulernen. [5]

Es ist eher die Ausnahme als die Regel, bei diesen Gelegenheiten allgemeine Vorstellungen vorzunehmen. Vorstellungen sollten nur dann gemacht werden, wenn der Gastgeberin bewusst ist, dass die vorgestellten Personen einander wahrscheinlich wertschätzen würden, oder aus einem gleichwertigen Grund.

Die Gäste sollten in Begleitung der ihnen bekannten Herren in die Teestube gehen, bzw. im Falle der Damen untereinander, sofern sie dies bei ihrer Ankunft noch nicht getan haben.

Dieser Wechsel in die Teestube erfolgt normalerweise in den Pausen zwischen Musik, Rezitationen usw.

Gelegentlich stellt die Gastgeberin einen oder zwei der anwesenden Herren den hochrangigen Damen vor, um sie in die Teestube zu schicken.

Eine Dame sollte ihre leere Tasse auf einen beliebigen Tisch in der Nähe stellen, es sei denn, ein Herr bietet an, sie für sie abzustellen. Es ist freiwillig, ob eine Dame ihre Handschuhe auszieht oder nicht, und viele ziehen es vor, dies nicht zu tun.

Im Urlaub „zu Hause" bleibt die Gastgeberin die ganze Zeit über auf ihrem Posten und setzt sich kaum hin. In kleinen „Zuhause" sollte sie sich unter ihre Gäste bewegen und sich mehr oder weniger mit ihnen allen unterhalten. Wenn Töchter da sind, sollten sie ihrer Mutter bei der Bewirtung der Gäste helfen.

Wenn Damen bekannt sind, sollten sie die Gelegenheit nutzen, miteinander zu sprechen. Es ist üblich, dass Damen nachmittags „zu Hause" durch die Zimmer gehen, um mit ihren verschiedenen Freunden und Bekannten zu sprechen; und sie sind keineswegs verpflichtet, an einem Platz zu bleiben, es sei denn, sie möchten dies tun.

Wenn am Nachmittag „zu Hause" Musik gegeben wird, ist es üblich, der Aufführung zuzuhören oder zumindest den Anschein zu erwecken; und wenn ein Gespräch geführt wird, sollte es leise sein, um die Darsteller nicht zu stören oder zu ärgern.

Es ist nicht notwendig, sich nachmittags „zu Hause" von der Gastgeberin zu verabschieden, es sei denn, sie steht in der Nähe der Salontür, wenn der Gast ohnmächtig wird, oder es ist eine neue Bekannte, und der Besuch ist ein erster bei ihr Haus, wenn es höflich wäre, dies zu tun.

Wenn es spät ist und nur noch ein paar Gäste da sind, sollten sich diese von der Gastgeberin verabschieden.

Bei diesen Nachmittagstees oder „zu Hause" sollte die Gastgeberin nicht klingeln, um zu befehlen, dass die Tür für den abreisenden Gast geöffnet oder ihr Auto gerufen wird, wie bei „Morgenbesuchen". Die Gäste machen sich auf den Weg in die Halle, und die anwesenden Diener rufen die Wagen herbei, wenn sie darum gebeten werden.

Autos sollten immer nachmittags „zu Hause" warten, da Damen manchmal nicht länger als eine Viertelstunde bleiben können.

Die Gäste bleiben entweder in der Halle oder im Speisesaal, bis ihre Autos angekündigt werden.

Den Bediensteten sollten bei diesen Bewirtungen oder überhaupt bei anderen Bewirtungen niemals **Trinkgelder angeboten werden.**

Nachmittagskonzerte. —Bei Nachmittagskonzerten sollten die Einladungen auf den üblichen „Zuhause"-Karten erfolgen, die mit der Aufschrift „Zuhause" usw. bereits ausgedruckt erworben werden können oder auf Bestellung mit Namen und Adresse bedruckt werden können der Gastgeberin. Der Name der eingeladenen Person sollte über dem Namen der Gastgeberin in der rechten Ecke der Karte stehen.

Das Datum unter der Zeile „zu Hause" sollte in der Mitte der Karte unter dem Namen der Gastgeberin stehen; Die Stunde sollte in der linken Ecke stehen und die Buchstaben RSVP. Die gedruckte Adresse sollte in der rechten Ecke stehen.

Die Namen der Darsteller sollten unten auf der Karte in der rechten Ecke hinzugefügt werden.

Die für ein Konzert übliche Stunde ist 3 Uhr.

Die Gastgeberin sollte ihre Gäste an der Tür des Salons empfangen und sie sollten sofort Platz nehmen. Die Sitze sollten in Reihen in der Mitte des Raumes angeordnet sein und Sofas und Sofas sollten im Raum verteilt sein.

Das Programm eines Konzerts ist in zwei Teile gegliedert, und am Ende des ersten Teils sollten sich die Gäste in den Speisesaal begeben, um Erfrischungen zu sich zu nehmen, die wie im Allgemeinen „zu Hause" serviert werden.

Nachmittagstänze. —Einladungen zu Tanznachmittagen sollten auf „Zuhause"-Karten in der bereits beschriebenen Weise erfolgen. „Tanzen" sollte in die Ecken der Karten gedruckt werden, und die Stundenzahl „4 bis 7" sollte durch die Stundenzahl „3" ersetzt werden. Die Aufschrift „Nachmittagstanz" sollte nicht auf einer Einladungskarte stehen, und es gibt keine andere Einladungsform für Nachmittagstänze als die bereits gegebene.

Nachmittagstänze sind an Wasserstellen, Militärstationen, kleinen Städten in der Nähe von London usw. sehr beliebt, werden jedoch in London selbst selten aufgeführt.

Erfrischungen sollten den ganzen Nachmittag über von 16 bis 19 Uhr serviert werden, wie in der Regel „zu Hause".

Die Damen sollten in der Garderobe ihre Jacken oder Umhänge ausziehen, ihre Hüte oder Hauben jedoch behalten; Die Gastgeberin sollte ihre Gäste an der Tür des Salons empfangen, wie an einem Nachmittag „zu Hause".

Bridge Teas nehmen einen wichtigen Platz im gesellschaftlichen Leben ein. Sie sind eine bequeme Form der Unterhaltung, da sie die Einladung einer kleinen Anzahl von Gästen ermöglichen, wobei bereits acht Personen als eine angemessene Anzahl von Spielern gelten, die eingeladen werden sollten, während vierundzwanzig eindeutig eine externe Zahl darstellen. Insgesamt liegt die durchschnittliche Zahl in den meisten Fällen bei sechzehn.

Das Stück beginnt normalerweise um 15.30 Uhr, manchmal auch früher, und dauert bis 7.30 Uhr, wobei um 16.30 Uhr eine Pause zum „Tee" eingeräumt wird.

Die Einladungen zu diesen informellen Zusammenkünften erfolgen entweder in freundlichen Briefen oder auf Visitenkarten. Wenn auf letzterem die Worte „zu Hause", Tag und Datum unter dem Namen der Gastgeberin stehen, während „Brücke, 3.30" oder „3 Uhr" in die Ecke der Karten gegenüber der Adresse geschrieben wird .

Die Gastgeberin arrangiert vorab die Plätze, die die Gäste an den einzelnen Tischen einnehmen sollen; Dies geschieht, damit die guten Spieler zusammen spielen können. Als alle angekommen sind, sagt die Gastgeberin ihren Gästen, wo sie sitzen sollen, und ist selbst eine der Spielerinnen. Als sie ihre Plätze einnahmen, suchten sie nach Partnern. Sie lädt Gäste nicht zum Zuschauen ein, denn das würde erfordern, dass sie nicht spielt, sondern mit ihnen redet, während sie bleiben; Außerdem wird von Gesprächen abgeraten, da sie die Aufmerksamkeit der Spieler vom Spiel ablenken.

Die Damen behalten ihre Hüte, legen aber bei der Ankunft ihre Mäntel, Pelze usw. ab.

FUSSNOTEN:

[5] Siehe Kapitel „Konversation mit neuen Bekannten" im Werk mit dem Titel „Die Kunst des Konversierens".

KAPITEL XX

TAGE „ZU HAUSE“.

Ein „Zuhause“ -Tag bedeutet, dass eine Dame an einem bestimmten Tag in der Woche zu Hause bei ihren Freunden und Bekannten ist. Sie sollte dies deutlich machen, indem sie auf ihre Visitenkarten die Tage schreibt, an denen sie zu Hause ist. Also: „Donnerstage im März“ oder „Donnerstage im März und April“ oder jeder Wochentag, den sie zu benennen für richtig hält. Diese Karten sollte sie persönlich bei denjenigen abgeben, die bei ihrem Anruf nicht zu Hause sind, oder sie können sie per Post verschicken. Diejenigen, die sie zu Hause antrifft, sollte sie darüber informieren, dass ihr „Zuhause“-Tag „Donnerstag“ ist. Sie sollte in diesem Fall nicht ihre Visitenkarte hinterlassen, sondern nur zwei Karten ihres Mannes, auf denen nicht der Tag „Zuhause“ stehen sollte.

Am Tag „zu Hause“ sollte von drei bis sechs oder von vier bis sechs telefoniert werden. Die Erstankömmlinge sollten vor der Nachmittagsteestunde gehen und ihr Gespräch je nach Grad der bestehenden Intimität auf eine Viertelstunde bis eine Stunde, je nach Fall, beschränken.

Eine Gastgeberin oder ihre Tochter sollten den Tee an diesen „Zuhause“-Tagen einschenken, wenn der Tee nicht wie bei „Zuhause“ im Speisesaal serviert wird, was dann erfolgen sollte, wenn die Besucherzahl sehr groß ist .

Die Beliebtheit einer Gastgeberin wird an diesen „Zuhause“-Tagen anhand der Anzahl der Besucher gemessen, die am Nachmittag anrufen, und wenn „Zuhause“-Tage aus gesellschaftlicher Sicht kein Erfolg sind, sollte sie diese nach einer gewissen Zeit abbrechen sollte ein gelegentliches „zu Hause“ ersetzen.

Es hängt nicht wenig von der sozialen Stellung der Dame ab, die einen „Zuhause“-Tag hat, und von der Gegend, in der sie lebt, ob der „Zuhause“-Tag ein Misserfolg ist oder umgekehrt. In den Randbezirken der Stadt hat es seine Vorteile, wenn ein Anruf fast einer Reise gleichkommt und wenn es in der unmittelbaren Nachbarschaft nur wenige Bekannte gibt. Auch hier hat es seine Vorteile, wenn Damen unter der Woche viel beschäftigt sind und ihre Zeit einer spannenden Beschäftigung widmen, sei sie wohltätig oder künstlerisch, zu Hause oder unterwegs, literarisch oder wissenschaftlich, in Ateliers, Museen und öffentlichen Einrichtungen. usw., Arbeit, die zu ihrem eigenen Vergnügen, Gewinn oder Fortschritt oder zum Nutzen anderer durchgeführt wird. Für diese Damen ist ein Tag „zu Hause“ eine

Annehmlichkeit. Ein Tag in der Woche ist alles, was sie sich neben ihren wichtigen Verpflichtungen gönnen können, und für sie sind ruhige Privatsphäre und Muße unverzichtbar. Modebewusste Damen betrachten einen Tag „zu Hause" als große Belastung für ihre Zeit und Neigungen. Ihre Termine sind zu zahlreich, um zuzugeben, dass sie jede Woche einen ganzen Nachmittag auf die Chance opfern könnten, jemanden anzurufen. Nicht nur langjährige, sondern auch spontane Engagements schließen dieses Opfer aus. Es wäre ein Verstoß gegen die Höflichkeit, an einem „Zuhause"-Tag für Anrufer nicht zu Hause zu sein, und es könnten viele Dinge passieren, die eine Abwesenheit von zu Hause an diesem bestimmten Nachmittag erforderlich machen. Sollte eine Abwesenheit jedoch unumgänglich sein, kann am jeweiligen „Zuhause"-Tag ein Angehöriger die Vertretung der Gastgeberin übernehmen.

Die Menschen, die die Tage zu Hause in vollen Zügen genießen, sind diejenigen, die mehr Zeit zur Verfügung haben, als sie zu tun wissen. Die wenigen Anrufe, die sie tätigen müssen, werden bald getätigt, die wenigen Freunde, die sie sehen müssen, werden bald gesehen, sie haben keine Beschäftigung, und sie sind dankbar für die Gelegenheit, die ihnen „zu Hause"-Tage bieten, ihre Freunde zu treffen und eine Gastgeberin zu Hause zu finden .

KAPITEL XXI

KOLONIALE ETIKETTE

IM ALLGEMEINEN wird die Etikette in den Kolonien und in Indien von englischen Männern und Frauen hinsichtlich ihrer Prinzipien, Regeln und Bräuche genauso befolgt wie im Mutterland. Ein deutlicher Unterschied besteht allerdings in den Besuchszeiten, da diese durch das Klima reguliert werden. In heißen Klimazonen sind die frühen Morgenstunden vor Mittag und die späten Abendstunden nach Sonnenuntergang, je nach der örtlichen Gepflogenheit, die gewählten Stunden für den Besuch; aber in gemäßigteren Klimazonen – ähnlich wie bei uns – sind die Nachmittagsstunden, wie bei uns, die Stunden für Anrufe. Auch hier gilt die Regel, dass Bewohner Neuankömmlinge aufsuchen sollten, unabhängig davon, ob es sich um Besucher anderer Bewohner oder um zukünftige Bewohner handelt, sowohl in zivilen als auch in militärischen Kreisen gleichermaßen.

In allen Kolonien und Abhängigkeitsgebieten ist das „Regierungshaus" das Zentrum, zu dem sich die gesamte Gesellschaft hingezogen fühlt – das heißt, alle Neuankömmlinge, unabhängig davon, ob sie dauerhafte oder vorübergehende Bewohner werden sollen, sofern ihre soziale Stellung dies rechtfertigt, beeilen sich, dies zu tun informierten sie über ihre Ankunft, indem sie ihre Namen und Adressen in das zu diesem Zweck in jedem Regierungsgebäude geführte Gästebuch eintrugen. Das Ziel dabei ist, im Government House empfangen zu werden und so Zugang zur Gesellschaft des Ortes zu erhalten. Was sich aus dieser gesellschaftlichen Bräuche ergibt – sie verdient wohl kaum den Namen Höflichkeit, da solche Anrufe in erster Linie aus Eigennutz erfolgen –, hängt von einer Vielzahl von Umständen, der Position des Anrufers und davon ab, ob der Aufenthalt dauerhaft sein soll oder nicht vorübergehend, unabhängig davon, ob Einführungen vorgenommen werden oder nicht, und so weiter. Die an sie gerichteten Einladungen sind entsprechend geregelt. Sie können auf den Nachmittag „zu Hause" beschränkt sein; oder Empfänge, Abendessen und Tänze können enthalten sein; oder ein Besuch in der Sommerresidenz des Gouverneurs und seiner Frau kann ebenfalls zu den Einladungen gezählt werden, da letzteres keine ungewöhnliche Zurschaustellung der Gastfreundschaft ist, die bestimmten Personen entgegengebracht wird.

Wie der Gouverneur einer Kolonie von seinen Gästen angesprochen werden sollte, hängt von seinem Rang ab. Da er den Souverän vertritt, wäre es völlig richtig, ihn mit „Sir" anzureden, da dies die respektvollste Art ist, und Gouverneure als Ganzes möchten eher so angesprochen werden. Sollte ein Gouverneur ein Ritter sein – ein sehr häufiger Fall –, wäre es ebenso richtig, ihn mit „Sir George" und nicht mit „Sir" anzureden. Wenn ein Gouverneur nicht zum Ritter geschlagen wurde, sollte er mit „Herr A--" angesprochen werden, wenn man nicht zu steif und formell sein möchte.

man sich im Gespräch auf den Gouverneur bezieht – er war anwesend –, sollte man nicht „Der Gouverneur", sondern „Lord Blank", „Sir George" oder „Mr , vor dem es richtig erscheinen würde, ein wenig förmlich zu sein.

Wenn Sie einen Gouverneur per Brief ansprechen, sollte der Umschlag an „Seine Exzellenz Sir George Blank" gerichtet sein, wie freundlich sein Inhalt auch sein mag; aber wenn man an die Frau eines Gouverneurs schreibt, hat man es nicht für richtig gehalten, sie „Ihre Exzellenz" zu nennen, sondern einfach „Lady Blank", es sei denn, es handelt sich um die Frau eines Vizekönigs, wie in Indien oder Irland; Aber im Gegensatz dazu wurde dieser Punkt vor einigen Jahren angesprochen, und dann wurde entschieden, dass die Ehefrauen der Gouverneure ein Recht darauf hätten, so angesprochen zu werden.

Umgangssprachlich bezeichnen die Mitglieder einer Gouverneurssuite sowohl den Gouverneur als auch seine Frau als „Seine" und „Ihre Exzellenz" und bezeichnen sie als „Eure Exzellenz", und alle, die sich offiziell an sie wenden, weil sie von untergeordnetem Rang sind, tun das Gleiche; aber gesellschaftlich werden sie selten so angesprochen.

Ein Kolonialbischof sollte eigentlich nicht „Mein Herr" genannt oder als „Der Lordbischof" bezeichnet werden, wenn dies ganz korrekt sein soll; Aber „Mein Herr" oder „Der Herr Bischof" wird heute oft von Personen verwendet, die wissen, dass dies nicht der richtige Anredestil ist, sich aber dieser Titel bedienen, weil sie eher respektvoll als gewissenhaft korrekt sein wollen. Wenn Sie an einen Kolonialbischof schreiben, sollte der Umschlag an „The Right Rev. the Bishop of –" adressiert sein und der Brief mit „Right Rev. Sir" oder „Dear Bishop Blank" beginnen.

Einem Kolonialoffizier, der die Sondergenehmigung des Königs erhalten hat, den Titel „Ehrenwert", den er in seiner Kolonie trug, zu behalten, wird am Hofe, *also* bei einer Levée, einem Hofball usw., der gleiche Vorrang eingeräumt wie dem Sohn eines Peers, der wird als „Ehrenwert" bezeichnet, aber das verschafft ihm praktisch keinen Rang oder Vorrang bei gewöhnlichen gesellschaftlichen Zusammenkünften, bei denen diese besondere Auszeichnung unbekannt ist oder ignoriert wird. Auch verleiht das Privileg der Frau oder den Töchtern eines Ehrenwerten aus der Kolonialzeit keinen Rang oder Vorrang, so wie die Frau eines Ehrenwerten aus der Kolonialzeit hier keinen besonderen Vorrang hat.

Der Titel „Honorable" kann von einem pensionierten Kolonialoffizier oder Legislativrat nicht weiter getragen werden, es sei denn, der Souverän hat dies

auf Empfehlung des Staatssekretärs für die Kolonien ausdrücklich
genehmigt.

KAPITEL XXII

INDISCHE ETIKETTE

Es ist Brauch, dass diejenigen, die in das Regierungsgebäude (Vizekönigshaus) in Simla oder anderswo eingeladen werden möchten, sofort nach ihrer Ankunft ihre Namen in das zu diesem Zweck geführte Gästebuch eintragen sollten, und sie sind sicher, wenn sie anwesend sind allgemeine Gesellschaft, die zu einem oder mehreren Empfängen während der Saison eingeladen werden kann. Sie werden der Vizekönigin – wie die Frau des Vizekönigs genannt wird – von einem der wartenden *Adjutanten vorgestellt.*

Wenn eine Frau die Frau eines Regierungsbeamten ist, verschafft ihr das eine Position in der Gesellschaft Indiens, die sie sonst vielleicht nicht hätte, und ist an sich schon eine Voraussetzung für die meisten Funktionen. Der offizielle Rang ist in Indien alles.

Der Besuch der Vizekönigssalons findet nur in Kalkutta und am Abend statt. Wenn eine Dame bei einem Gericht in England vorgestellt wurde, kann sie einen Salon in Kalkutta besuchen; aber wenn sie nicht zu Hause vorgestellt wurde, muss sie von einer anderen Dame vorgestellt werden, die am Vizekönigsgericht vorgestellt wurde.

Beim inoffiziellen Schreiben an den Generalgouverneur von Indien wäre es nicht korrekt, den Titel „Vizekönig" zu verwenden, und die korrekte Überschrift lautet „Seine Exzellenz, der rechte Hon."; oder, wenn es sich um einen Herzog handelt, „Seine Exzellenz, der Herzog von –"; oder, wenn es sich um einen Marquis handelt, „Seine Exzellenz, der Hochwürdigste. Marquis von –" usw.

An die Frau eines Vizekönigs sollte die Adresse lauten: „Ihre Exzellenz, die Herzogin von –", „Ihre Exzellenz, die Marquise von –", „Ihre Exzellenz, die Gräfin von –"; oder „Ihre Exzellenz The Lady Blank", wenn es sich um die Frau eines Barons handelt.

Wenn Sie einen Vizekönig oder eine Vizekönigin umgangssprachlich oder inoffiziell ansprechen, sollte in keinem Fall „Eure Exzellenz" verwendet werden. Der Titel sollte nur in beiden Fällen verwendet werden.

Wenn man einer Ihrer Exzellenzen vorgestellt wird, wäre es richtig, einen Knicks zu machen.

KAPITEL XXIII

GARTENPARTYS

GARTENPARTYS sind Unterhaltungsveranstaltungen, die jährlich stattfinden. Je schöner das Wetter ist, desto angenehmer ist es für die Gäste. Bei Nässe verwandelt sich eine Gartenparty in ein großes „Zuhause". In fast jedem Landkreis werden im August und September eine Reihe von Gartenpartys von den vornehmsten Damen ihrer jeweiligen Nachbarschaft veranstaltet, wobei nichts als Abwesenheit von zu Hause, Krankheit oder ein ähnlich guter Grund als ausreichende Entschuldigung für die Nichterfüllung dieser gesellschaftlichen Verpflichtung angesehen wird Pflicht.

Die gesamte Grafschaft erwartet, mindestens einmal im Jahr eingeladen zu werden, um im wunderschönen Park des Gutsherrn herumzustreifen, auf dem See zu rudern, auf dem Rasen Rasentennis zu spielen und durch die verschlungenen Pfade des Schlosses zu schlendern schattige Laubbüsche, um die leuchtenden Farben der auf Parterre und Terrasse gepflanzten Geranien zu bewundern, oder die bunten Astern oder die späten Gloire-de-Dijon-Rosen, die Ende August in ihrer vollen Pracht erstrahlen. Dann gibt es die Wintergärten, durch die man schlendern kann und von denen aus man, wenn die Sonne zu stark scheint, in das Herrenhaus selbst fliehen kann; die Empfangsräume werden im Allgemeinen anlässlich einer Gartenparty geöffnet.

Eine Gartenparty ist eine Gelegenheit, einer breiten Palette von Gästen Gastfreundschaft zu bieten – Menschen, die man sonst nur bei dieser Zusammenkunftsart bewirten könnte. Zu diesen Anlässen werden Einladungen an alle Damen vergeben, von der energischen Dame von achtzig bis zur kleinen Dame von acht Jahren.

Ein großer Vorteil einer Gartenparty besteht darin, dass es keine Rolle spielt, inwieweit die Damen in der Mehrheit sind, und es ist eher ein Vorwurf für einen Landkreis als für eine Gastgeberin, wenn achtzig Damen gegen zwanzig Herren zusammenkommen.

Einladungen zu einer Gartenparty sollten im Namen der Gastgeberin und innerhalb von drei bis einer Woche nach dem vereinbarten Termin erfolgen. Zu diesem Zweck sollten „Zuhause"-Karten verwendet werden und hinter den Namen der geladenen Gäste immer die Worte „und Party" stehen.

„Krocket" oder „Tennis" sollte in einer Ecke der Karte aufgedruckt sein, die Stunde, 3 bis 7 Uhr, darüber, der Tag und das Datum unter dem Namen der Gastgeberin. „Wenn das Wetter es zulässt", steht selten auf der Karte, und es wird erwartet, dass die Gäste eintreffen, auch wenn der Nachmittag regnerisch und bewölkt sein sollte, und nur ein durch und durch nasser Nachmittag ohne Pause zwischen den Regenschauern sollte ihr Erscheinen verhindern. Auf dem Land halten Damen wenig davon, zehn Meilen weit zu fahren, um an einer Gartenparty teilzunehmen.

Arrangements für Gartenpartys. —Gartenpartys oder Krocketpartys werden zu unterschiedlichen Kostensätzen veranstaltet und die Vorbereitungen sind entsprechend geregelt.

Wenn eine Gartenparty in kleinem Rahmen stattfindet und die Vorbereitungen verhältnismäßig gering sind, sollten Erfrischungen im Haus serviert werden. (Zu den üblichen Erfrischungen und den allgemeinen Arrangements siehe das Werk „Waiting at Table", S. 82.)

Auf dem Rasen und rund um das Gelände sollten ausreichend Gartenstühle und -sitze aufgestellt werden, für diejenigen, die draußen sitzen, sollten Teppiche auf dem Rasen ausgebreitet werden, und für die Spieler sollten mehrere Krocket-Sets bereitgestellt werden.

Bei großen Gartenfesten gilt eine Musikkapelle als notwendige Ergänzung, wobei für diese Anlässe meist die Musikkapelle des in der Nähe stationierten Regiments zur Verfügung steht.

Eine Band verleiht einem Treffen im Freien *Glanz und verleiht ihm lokale Bedeutung.* Abgesehen davon beleben die Klänge einer Band eine Unterhaltung dieser Art in nicht geringem Maße. Der Ort, an dem die Musikkapelle stationiert ist, ist ein Sammelpunkt für das Unternehmen, und die Kosten und Mühen, die mit der Verpflichtung einer Musikkapelle verbunden sind, werden durch das Vergnügen, das sie bietet, entschädigt.

Die Verpflichtung einer Militärkapelle obliegt im Allgemeinen dem Hausherrn und nicht der Hausherrin, da zunächst aus Form- und Höflichkeitsgründen zunächst die Zustimmung des Obersten des Regiments eingeholt werden muss Die Arrangements werden mit dem Kapellmeister abgeschlossen.

Für Beförderung der Musikkapelle und Erfrischungen für die Musikkapellmeister ist ebenfalls zu sorgen und diese mit dem Kapellmeister abzusprechen; und diese Details werden von einem Gastgeber effektiver ausgeführt als von einer Gastgeberin.

Gelegentlich wird ein großes Festzelt errichtet, um Erfrischungen zu servieren, aber häufiger werden die Erfrischungen für die allgemeine Gesellschaft im Haus serviert und nur kühle Getränke werden in einem Zelt an die Cricket- oder Rasentennisspieler ausgegeben.

Cricket-Spiele sind oft die *Daseinsberechtigung* einer Gartenparty und machen sie sowohl bei Damen als auch bei Herren beliebt. Das Cricketspiel findet in diesem Fall im Allgemeinen auf einem Feld in der Nähe des Herrenhausgeländes statt, wobei das Spiel gegen zwölf Uhr beginnt und die allgemeine Gesellschaft etwa um halb fünf oder pünktlich um vier eintrifft, um dem Ende beizuwohnen .

Unter den modischen Outdoor-Vergnügungen für beide Geschlechter steht Golf mittlerweile an erster Stelle. Private Verbindungen gibt es vergleichsweise selten, aber Clubverbindungen gibt es in fast jedem Viertel – Damenclubs, Herrenclubs und Clubs für Damen und Herren.

Krocket- oder Tennisturniere sind häufig Anlass für Gartenpartys, bei denen einige sehr spannende Spiele stattfinden.

Wenn ein Turnier stattfindet, findet es in Form einer Gartenparty statt; es dauert normalerweise zwei Tage. Die Modalitäten für die Austragung hängen von den jeweiligen Umständen ab und finden, wie auch Bogenschießen-Wettbewerbe, entweder auf privatem oder öffentlichem Gelände statt.

Vergnügungen. - Wenn auf einer Gartenparty mehrere Kinder erwartet werden, werden zu ihrer Unterhaltung Marionetten-, Kasperle- oder Zauberaufführungen aufgeführt.

In stadtfernen Bezirken sind diese Vorstellungen schwer zu bekommen; Deshalb kommen Hobbyschausteller mutig zu Hilfe, und ihre freundlichen Bemühungen, die Jugendlichen abzulenken, finden von allen Seiten gebührende Anerkennung.

Nicht selten wird auf einer Gartenparty ein wenig Laienmusik geboten – kein vorgefertigtes Musikprogramm, sondern spontane Darbietungen. Diese gutmütigen Bemühungen, die Gesellschaft zu beleben, nehmen etwa eine Stunde in Anspruch, und solche Aufführungen finden entweder im Salon oder im Musikzimmer des Herrenhauses statt.

Gartenpartys enden selten mit einem Tanz, gelegentlich rundet ein Tanz jedoch die Vergnügungen des Nachmittags ab.

Die Zeit, die Krocket oder Tennis in Anspruch nimmt, schließt jeden Wunsch der Spieler nach weiterer Anstrengung in Form von Tanz aus, und junge Leute spielen offenbar lieber von 3 bis 7 Uhr auf dem Rasen Krocket, als im Festzelt oder im Salon zu tanzen zu dieser Stunde.

Ein Gastgeber und eine Gastgeberin empfangen ihre Gäste bei einer Gartenparty auf der Wiese; Fremde sollten der Gastgeberin von denen vorgestellt werden, die sich verpflichtet haben, sie in ihr Haus zu bringen, und sie sollte allen Ankömmlingen die Hand schütteln. Es ist auch üblich, dass Gäste der Gastgeberin bei der Abreise die Hand schütteln, wenn sich dazu die Gelegenheit bietet.

Die Gartenpartys beginnen von 15.30 bis 16.00 Uhr und enden um 19.00 Uhr.

Bei den Vorbereitungen für eine Gartenparty sollten die Unterbringung der Kutschpferde und Automobile der zahlreichen Gäste sowie die Bereitstellung von Erfrischungen für die Diener und Chauffeure berücksichtigt werden.

Öffentliche Nachmittagskonzerte, Basare und Blumenschauen sind im Wesentlichen Veranstaltungen, die von Damen *massenhaft besucht werden* , und es ist eher die Ausnahme als die Regel, dass Herren sie begleiten; Auch hier erscheinen die Damen bei privaten Nachmittagstreffen meist ohne Begleitung eines Herren.

Wenn es sich bei einer Gartenparty um eine sehr große Veranstaltung handelt, ist es nicht ungewöhnlich, auf den Einladungskarten die Worte „Gartenparty" anstelle der Worte „zu Hause" zu verwenden; so: „Die Gräfin von A——— bittet um die Freude von Herrn und Frau B———s Gesellschaft bei einer Gartenparty am ———" usw.

KAPITEL XXIV

STADTGARTENFEIER

DIE ersten Gartenpartys in der Stadt finden normalerweise Anfang Juni statt und dauern in diesem und dem darauffolgenden Monat an. Die Gartenpartys im Lambeth Palace und im Fulham Palace sind die Pioniere der Gartenparty-Saison, und die allgemeine Gesellschaft folgt ihr mit mehr oder weniger Eifer.

Stadtgartenpartys verwandeln sich in große Empfänge im Freien, und diejenigen, die wissen, was überfüllte Salons in den schwülen Junitagen bedeuten, freuen sich besonders über diesen Ortswechsel und verbringen gerne eine Stunde oder länger *bei* einem von diesen *Zusammenkünften* unter freiem Himmel , anstatt daran zu denken, eine Viertelstunde allzu lange in geschlossenen Räumen zu verbringen, wo Hitze gegen *Zugluft herrscht* und schwer zu bestimmen ist, wo es am unangenehmsten ist, im Salon , Teestube oder auf einer Treppe. Obwohl diese Veranstaltungen als „Gartenpartys" bezeichnet werden, lautet der eigentliche Stil und Titel „zu Hause", da die Adresse für die geladenen Gäste einen ausreichenden Hinweis auf die Beschreibung der Unterhaltung gibt, die gegeben werden soll, wie etwa die weitläufigen Gärten und Rasenflächen in und Die Orte rund um London, wo diese jährlichen Partys stattfinden, sind der breiten Öffentlichkeit wohlbekannt. Eine Band, die auf dem Gelände spielt, auf dem die Gartenparty stattfindet, scheint eine *unabdingbare Voraussetzung zu sein* , aber ihre Exzellenz ist lediglich eine Frage der Kosten. So haben die Gäste das Vergnügen, den Klängen großartiger Bands zu lauschen, aber auch die Enttäuschung, andere zu hören, die weit unter dem Durchschnitt liegen.

Da man bei unserem unbeständigen Klima nicht damit rechnen kann, dass es vierundzwanzig Stunden am Stück schön bleibt, wird es selten als ratsam erachtet, alle Erfrischungstische im Freien aufzustellen und daher nur Eis, Erdbeeren usw Sahne und Eisbecher werden im Freien serviert; Tee, Kaffee und der Rest, mit Eis, Erdbeeren und Sahne, werden ausnahmslos im Haus serviert.

Erfrischungstische im Freien entlasten die Tische in den Teestuben erheblich, insbesondere in der ersten halben Stunde, wenn der große Ansturm in diese Richtung erfolgt. Auch hier können die Bediensteten bei einsetzendem starken Regen Eimer mit Eis und Schalen mit Erdbeeren und Sahne problemlos aus der Gefahrenzone räumen. Selbst ein großes Zelt oder Festzelt ist für eine Erfrischung nicht unbedingt wünschenswert, da die Luft im Inneren bei sengender Sonne überhitzt und drückend wird, während bei einem Regenguss die Folgen nahezu katastrophal sind.

Die Beliebtheit von Gartenpartys ist bei schönem Wetter unbestritten. Dafür gibt es verschiedene Gründe; Zum einen ist Bewegung ein so angenehmer Austausch aus der fast stationären Position, die Gäste in einem überfüllten Salon einnehmen müssen . Auch hier ist die Zahl der eingeladenen Gäste so viel größer als bei einem „Zuhause", dass sich die Chance, eine entsprechende Anzahl von Freunden und Bekannten zu treffen, verdreifacht; oder wenn sich andererseits nur wenige Freunde unter den Gästen befinden, kommt es dennoch nicht zu Einsamkeit und Langeweile; und die Alternative, unter einem schattigen Baum zu sitzen oder auf dem Rasen herumzuschlendern und den Klängen der Band zu lauschen, ist ein wahrer Genuss im Vergleich dazu, in der Ecke eines von einer Phalanx Damen verbarrikadierten Salons zu sitzen oder eingekeilt da zu stehen mitten im Gleichen. Es ist daher kein Wunder, dass Einladungen zu diesen Veranstaltungen im Freien mit Zufriedenheit und Freude angenommen werden.

Die Ankünfte auf einer Gartenparty erfolgen fast gleichzeitig oder, wenn nicht ganz so, in schneller Folge, so dass Gastgeber und Gastgeberin zwischen Ankunft und Abreise nur einen kurzen Abstand haben; und dies bietet die Gelegenheit, vielen Gästen mehr als nur einen Handschlag zu geben, *nämlich* ein kleines freundschaftliches Gespräch; Bei einem „Zuhause" muss die Gastgeberin von 16.00 bis 19.00 Uhr an ihrem Posten sein, da die Gäste ununterbrochen eintreffen, auch kurz vor der angegebenen Abreisezeit.

Bei einer Gartenparty wird vom Gastgeber erwartet, dass er anwesend ist, und das ist fast immer der Fall. aber seine Anwesenheit bei seiner Frau „zu Hause" bleibt ein wenig zweifelhaft, und seine Abwesenheit wird oft damit begründet, dass sie unvermeidbar sei; Aber die trivialen Gründe, die viele Männer ihren Frauen für ihr Nichterscheinen vorbringen, beweisen, wie froh sie sind, der Tortur um jeden Preis zu entgehen. Ein Mann unter freiem Himmel ist von seiner besten Seite, und deshalb ist eine Gartenparty für einen Gastgeber fast genauso attraktiv wie für einen Gast.

Obwohl die Worte „zu Hause" bei Einladungen zu diesen Veranstaltungen allgemein verwendet werden, werden auf den „Zuhause"-Karten gelegentlich die Worte „Gartenparty" anstelle dieser Worte verwendet, wenn die Versammlungen ungewöhnlich groß sind; so: „Viscountess B—— bittet um die Freude von Herrn und Frau G——s Gesellschaft bei einer Gartenparty am ——" usw.

KAPITEL XXV

ABENDE GARTENPARTYS

Die Gartenparty-Saison wurde durch die Einführung von „Abendgartenpartys" in die Liste der Landfeste erweitert, und diese Form der Unterhaltung hat bei allen großen Anklang gefunden.

Einladungen werden auf den üblichen „Zuhause"-Karten ausgestellt, die Öffnungszeiten sind von 21 bis 12 Uhr. Gelegentlich steht „Tanzen" auf den Karten, aber nicht oft, da es nicht üblich ist, eine abendliche Gartenparty mit einem Tanz zu verbinden, außer wenn nur junge Mädchen und junge Männer eingeladen sind.

Bei den Empfängern abendlicher Gartenparty-Einladungen herrscht eine gewisse Verwirrung darüber, welchen Kleidungsstil sie tragen sollen. Sollten Damen Morgenkleid oder Abendkleid tragen? Männer sind in diesem Punkt gleichermaßen im Zweifel. Sollten sie Abendkleidung tragen oder nicht? Obwohl dies auf den Einladungskarten nicht vermerkt ist, wird stillschweigend davon ausgegangen, dass von den Damen erwartet wird, dass sie in der üblichen Gartenparty-Kleidung erscheinen – schicke, hübsche Kleider und Hüte oder Hauben sowie kleine modische Umhänge, die bei der Veranstaltung anstelle von Sonnenschirmen getragen werden Die Abendluft erweist sich als etwas kühl. Besonders fehl am Platz sieht ein Abendkleid aus, wenn es bei einem dieser „Daheim-Abends" getragen wird. Die dünnen Abendschuhe, die zu diesem Kleidungsstil unbedingt getragen werden müssen, passen weder zu taufrischem Gras noch zu steinigem Kies; Und obwohl bei den Abendkonzerten im Botanischen Garten viele Damen „Abendkleid" mit schicken Abendumhängen tragen, steht das außer Frage. Sie gehen für eine kurze halbe Stunde oder so, nicht für einen dreistündigen Aufenthalt. Allerdings gilt bei abendlichen Gartenpartys für Damen die Regel, keine Abendgarderobe zu tragen. Von Männern hingegen wird dies erwartet, und zwar von allen, da Morgenkleidung bei diesen Anlässen als fehl am Platz angesehen wird. Ein leichter Mantel ist untrennbar mit der Abendgarderobe verbunden und gilt daher auch an den kühlsten Sommerabenden für Männer nicht als riskante Kleidung.

Was die Vorbereitungen für eine dieser abendlichen Gartenpartys betrifft. Es ist üblich, den ganzen Abend, von der Ankunft bis zur Abreise, Tee und Kaffee sowie leichte Erfrischungen zu sich zu nehmen und kurz vor zwölf Uhr ein leichtes Abendessen zu geben. Die Gärten und Anlagen werden je nach Fall intensiv oder mäßig mit farbigen Lampen und Laternen beleuchtet. Eine Band gilt als unverzichtbar, aber eine gute Band scheint nicht zwingend erforderlich zu sein, wenn man die gleichgültigen Auftritte verschiedener

Bands an diesen Sommerabenden betrachtet. Allerdings ist das Country-Publikum nicht allzu kritisch, da es weiß, dass es mit erheblichen Kosten verbunden ist, eine gute Band aus der Ferne zu engagieren, und dass abendliche Gartenpartys außerordentlich selten wären, wenn auf erstklassiger Musik Wert gelegt würde. Auf diese Weise wird die örtliche Band dazu ermutigt, ihr Bestes zu geben und zwischen den einzelnen Auswahlen lange Zeitabstände einzuhalten.

Wenn ein Abend ausgesprochen nass ausfällt, erscheinen selten Gäste, die aus der Ferne eingeladen werden, während die näheren Nachbarn dies tun, und die abendliche Gartenparty wird freilich zu einem Abendempfang im Haus, ohne ihre Anzahl , aber trotzdem ein angenehmes Treffen, vor allem mit denen, die wissen, wie man das Beste aus den *Unwettern macht* , die durch ungünstiges Wetter verursacht werden.

KAPITEL XXVI

MITTAGESSEN

Einladungen zum Mittagessen sind in der modernen Gesellschaft an der Tagesordnung. Wer ein paar Jahre zurückblickt, bemerkt die Bedeutung, die dieser Mittagsmahlzeit heute beigemessen wird, und vergleicht sie mit der Vergangenheit. Die Verspätung der Abendessenszeit erklärt in gewissem Maße die Stellung, die das Mittagessen jetzt im Tagesprogramm einnimmt, verbunden mit der Tatsache, dass es eine weitere Gelegenheit für gesellige Zusammenkünfte bietet; Und da die vorherrschende Idee darin zu bestehen scheint, so viel Unterhaltung, Abwechslung und Abwechslung wie möglich in einen Tag zu packen, sind Einladungen zum Mittagessen zu einem Merkmal des gesellschaftlichen Lebens geworden.

Einladungen zu öffentlichen Mittagessen beschränken sich heute nicht mehr nur auf die Feier lokaler und bürgerlicher Veranstaltungen, sondern umfassen ein weitaus größeres Spektrum und werden bei jeder sich bietenden Gelegenheit ausgesprochen, wenn der Anlass dazu genutzt werden kann, eine große Gesellschaft von Damen und Herren zusammenzubringen. Manche halten das Mittagessen eher für ein Damenessen, obwohl in Wirklichkeit das eine Geschlecht genauso häufig eingeladen wird wie das andere. Doch das Vorherrschen der Damen beim Mittagessen ist auf die Tatsache zurückzuführen, dass die Mehrheit der Herren zu beschäftigt ist, um Einladungen zum Mittagessen annehmen zu können, während andere, die eher müßig sind, zu einer so späten Stunde frühstücken, dass sie a Das Mittagessen um zwei Uhr ist, was das Essen betrifft, eine Farce. Abgesehen von den vielbeschäftigten Männern und den untätigen Männern, also den Langschläfern, gibt es noch eine andere halbbeschäftigte Klasse von Männern, die immer für eine Einladung zum Mittagessen empfänglich sind.

Diese Institution des Mittagessens ist von unschätzbarem Wert für Menschen, die viele Freunde, Bekannte und Verwandte zu unterhalten haben, da Einladungen zu diesem Essen für jeden Tag in der Woche erfolgen, mit oder ohne Zeremonie, mit langer oder kurzfristiger Ankündigung oder spontan des Augenblicks.

Damen genießen die Gesellschaft ihrer Gastgeberin beim Mittagessen weitaus mehr als bei einer Dinnerparty. Beim ersten Mahl unterhält sie sich allgemein mit ihren Gästen auf beiden Seiten des Tisches; in letzterem Fall wird sie von ihren unmittelbaren Nachbarn, von dem Herrn, der sie zum Abendessen einlädt, und von dem, der zu ihrer Rechten sitzt, monopolisiert, während sie ihre Gäste der Bewirtung durch die Herren überlässt, die sie zum Abendessen einladen. Beim Mittagessen ist alles anders;

Herkömmlicherweise gibt es keinen Zugang zum Mittagessen, außer bei offiziellen und öffentlichen Anlässen.

Das Mittagessen nimmt in der Gastronomie einen herausragenden Platz ein. Einladungen zum Mittagessen werden nicht offiziell auf Einladungskarten ausgestellt, es sei denn, es liegt ein besonderer Grund für die Veranstaltung einer großen Mittagsparty vor; in diesem Fall handelt es sich um eine Unterhaltung.

Zu Anlässen wie Rasentennis-Turnieren und Rasentennis-Partys, Bogenschießen-Partys, Cricket-Spielen und Basaren usw. finden große Mittagspartys statt.

Halboffizielle Mittagessen werden anlässlich der Grundsteinlegung einer Kirche oder eines öffentlichen Gebäudes usw. abgehalten. Diese Art von Mittagessen kommt nicht in Frage, da es sich eher um ein Bankett als um ein Mittagessen handelt, für das gedruckte Einladungskarten geeignet sind ausgegeben.

In der Regel werden Einladungen zum Mittagessen in schriftlichen Mitteilungen oder je nach den Umständen mündlich ausgesprochen.

Einladungen zum Mittagessen. – Eine Kündigungsfrist von einer Woche ist die längste Frist, die normalerweise gegeben wird, wobei nur sehr wenige Kündigungsfristen als erforderlich angesehen werden.

Viele Hostessen laden ihre Freunde zum Mittagessen *ein ; Aber Damen machen von diesem Façon de Parler , wie sie es meinen,* in der Regel selten Gebrauch und warten lieber auf eine direktere Form der Einladung. Von Herren hingegen wird erwartet, dass sie diese angebotene Gastfreundschaft ohne Umschweife in Anspruch nehmen, da die Anwesenheit eines Herrenbesuchers beim Mittagessen als Errungenschaft angesehen wird, was vielleicht daran liegt, dass die Damen beim Mittagessen normalerweise in der Überzahl sind, und auch dass die unerwartete Ankunft einer oder zweier Damen von einer beim Mittagessen sitzenden Gastgeberin mehr Aufmerksamkeit erfordern würde als die unerwartete Ankunft von Herren, Damen, die in der Frage eines Platzes besondere Aufmerksamkeit erfordern Tisch usw., während die Herren bereit sind, Aufmerksamkeit zu erweisen, anstatt sie zu fordern, und jeden Platz am Tisch einnehmen, egal ob bequem oder nicht.

In der Regel übersteigt die Anzahl der beim Mittagessen anwesenden Damen die Anzahl der anwesenden Herren bei weitem, es sei denn, es handelt sich um eine Mittagsparty, bei der eine Gastgeberin normalerweise bestrebt ist, die Anzahl so weit wie möglich auszugleichen; aber es ist für sie nicht zwingend, dies zu tun, und es ist gleichgültig, ob beim Mittagessen ebenso viele Herren wie Damen anwesend sind oder nicht.

Für eine Hausherrin ist das Mittagessen eine sehr nützliche Institution, da es ihr ermöglicht, ihren Freunden und Bekannten gegenüber ein beträchtliches Maß an Höflichkeit zu zeigen.

Sie kann diejenigen zum Mittagessen einladen, für die es aus verschiedenen Gründen nicht geeignet wäre, sie zum Abendessen einzuladen; Zum Beispiel junge Damen, alleinstehende Damen, ältere Damen, Damen, die nur für ein paar Tage in die Stadt oder in die Nachbarschaft kommen und so weiter.

Die übliche Regel in Häusern, in denen es Kinder gibt, die alt genug dafür sind, besteht darin, dass die Kinder beim Mittagessen mit ihrer Gouvernante speisen, unabhängig davon, ob Gäste anwesend sind oder nicht.

In der Stadt ist die übliche Zeit für das Mittagessen 13.30 bis 14.00 Uhr; Auf dem Land ist es in der Regel eine halbe Stunde früher. Es wird erwartet, dass die Gäste innerhalb von zehn Minuten nach der in der Einladung genannten Stunde eintreffen, denn Pünktlichkeit ist zwar nicht zwingend, aber sehr wünschenswert.

Ein Gast sollte bei seiner Ankunft in einem Haus, wenn er zuvor eingeladen wurde, nicht nachfragen, ob die Hausherrin zu Hause ist, sondern sollte dem Diener, der die Tür öffnet, sagen: „Frau A. erwartet mich zum Mittagessen." ."

Wenn die Gäste selbst eingeladen sind, sollten sie sich erkundigen, ob die Hausherrin zu Hause ist.

Vor dem Mittagessen werden die Gäste in den Salon geführt. Der Diener geht ihnen voraus, wie bei Morgenbesuchen.

Wenn Gäste nach der für das Mittagessen festgelegten Zeit eintreffen, sollten sie sofort in den Speisesaal geführt und ihre Namen bekannt gegeben werden.

Wenn die Gäste einander nicht kennen, sollte die Gastgeberin eine oder mehrere allgemeine Einführungen geben; das heißt, sie sollte einen Herrn zwei oder drei Damen vorstellen, also „Herr A., Frau B., Frau C. und Fräulein D.", wobei sie nur eine Vorstellung anstelle von drei getrennten Vorstellungen macht Dies ist die weniger formelle Art, unwichtige Einführungen vorzunehmen.

Aufgrund von Beruf und Verpflichtungen ist es für einen Gastgeber nicht immer möglich, beim Mittagessen anwesend zu sein, aber aus Höflichkeit gegenüber den Gästen seiner Frau ist seine Anwesenheit erforderlich, wenn dies möglich ist. Er sollte sich ihnen entweder im Wohnzimmer oder im Esszimmer anschließen, je nachdem, wie es ihm passt.

Gäste werden nicht wie zum Abendessen zum Mittagessen geschickt.

Damen sollten beim Mittagessen ihre Hüte nicht abnehmen. Sie sollten ihre Pelzmäntel und Umhänge ausziehen. Diese sollten bei der Ankunft entweder im Flur gelassen oder im Wohn- oder Esszimmer abgenommen werden. Kurze Handschuhe sollten ausgezogen werden; Ellenbogenhandschuhe können behalten werden.

Herren sollten ihre Hüte nicht mit in den Salon nehmen, sondern im Flur zurücklassen.

Normalerweise vergehen zehn Minuten zwischen dem Eintreffen der Gäste und dem Servieren des Mittagessens, das normalerweise zur angegebenen Stunde serviert wird, wobei die Regel darin besteht, nicht auf Gäste zu warten.

Ich gehe zum Mittagessen. – Wenn der Mittagsgong ertönt, sollte die Gastgeberin zu der anwesenden Dame mit dem höchsten Rang sagen: „Sollen wir zum Mittagessen hineingehen?" oder so ein Satz. (Siehe „Die Kunst des Konversierens".) Der Besucher sollte sich dann zur Tür bewegen. Wenn der Gastgeber anwesend ist, sollte er neben ihr gehen; Wenn nicht, sollte die Gastgeberin dies tun. Die anderen Damen sollen möglichst nach Rangfolge folgen, die Herren zuletzt. Somit folgt die Gastgeberin den Damen entweder oder geht voran.

Die Gäste sollten nicht wie bei einer Dinnerparty Arm in Arm zum Mittagessen gehen, sondern einzeln, jede Dame einzeln oder, wenn es der Platz erlaubt, Seite an Seite. Das gilt auch für Herren, aber bei der Ankunft im Speisesaal sollte sich jeder Herr an die Seite einer Dame oder zwischen zwei Damen am Tisch setzen.

Wie beim Abendessen sollte die Gastgeberin oben am Tisch und der Gastgeber unten sitzen, aber es spielt keine Rolle, wo die Gäste sitzen, obwohl in der Regel die Dame mit dem höchsten Rang neben dem Gastgeber sitzt und der Herr mit dem höchsten Rang von der Gastgeberin.

Wer zu spät kommt, sollte sich, nachdem er in den Speisesaal geführt wurde, an die Spitze des Tisches begeben, um der Gastgeberin die Hand zu schütteln und eine höfliche Entschuldigung für sein Zuspätkommen vorzubringen.

Eine Gastgeberin sollte von ihrem Platz aufstehen, um eine Dame zu begrüßen, aber sie sollte dies nicht tun, um einen Herrn zu begrüßen.

Das Mittagessen wird je nach Vorliebe entweder *à la Russe serviert* oder nicht, wobei beide Varianten gleichermaßen gut schmecken. In der Regel wird das Gericht jedoch vom *Buffet* oder vom Beistelltisch serviert, während die *Hauptgerichte*, das Wild oder das Geflügel serviert werden auf dem Tisch.

Weitere Informationen zu den Arrangements für das Mittagessen finden Sie in der Arbeit mit dem Titel „Waiting at Table".

Früher war es in manchen Häusern Brauch, dass die Bediensteten den Speisesaal verließen, sobald sie den verschiedenen Gästen zu dem oder den Braten geholfen und das Gemüse und den Wein herumgereicht hatten; in diesem Fall halfen der Gastgeber und die Gastgeberin Gäste zu den *Vorspeisen* und Süßigkeiten, oder die anwesenden Herren taten dies; aber jetzt ist es ausnahmslos die Regel, dass die Bediensteten während des gesamten Mittagessens im Raum bleiben und den Gästen wie bei Dinnerpartys das Geschirr, den Wein usw. reichen.

Das Mittagessen dauert in der Regel etwa eine halbe Stunde. Während dieser Zeit sollte sich die Gastgeberin bemühen, das Gespräch allgemeiner zu gestalten.

Wie beim Abendessen ist es die Pflicht einer Gastgeberin, das Zeichen zum Verlassen des Raumes zu geben, was sie tut, indem sie die Aufmerksamkeit der anwesenden hochrangigen Dame durch ein Lächeln und eine Verbeugung auf sich zieht und sich gleichzeitig von ihr erhebt Sitz.

Der Gastgeber oder der Herr, der sich am nächsten zur Tür befindet, sollte die Tür öffnen, damit die Damen ohnmächtig werden.

Die Damen sollten den Speisesaal möglichst in der Reihenfolge verlassen, in der sie ihn betreten haben, wobei die Gastgeberin als letzte folgt.

Wenn der Gastgeber nicht anwesend ist , sollten die Herren den Damen in den Salon folgen; aber wenn der Gastgeber anwesend ist, sollten die Herren eine kurze Zeit mit dem Gastgeber im Speisezimmer bleiben, bevor sie sich zu den Damen in den Salon gesellen.

Es ist dem Gastgeber freigestellt, ob er mit den Herren in den Salon zurückkehrt oder nicht, obwohl es höflicher ist, dies zu tun, wenn er nicht besonders engagiert ist.

Manchmal wird nach dem Mittagessen im Salon Kaffee serviert. Unmittelbar nach dem Mittagessen wird es auf einem Tablett gereicht. Am gebräuchlichsten ist es heutzutage jedoch, sich am Ende des Mittagessens Kaffee in den Speisesaal bringen zu lassen und ihn den Gästen auf einem Tablett zu überreichen.

Von den Gästen wird nicht erwartet, dass sie länger als zwanzig Minuten bleiben, nachdem der Aufenthalt im Salon erfolgt ist.

Damen sollten ihre Handschuhe anziehen, wenn sie nach dem Mittagessen in den Salon zurückkehren.

Damen, die ein Auto besitzen, sollten vorher von ihren Chauffeuren verlangen, dass sie zwischen drei und viertel nach drei Uhr zurückkommen, und die Dienerin sollte jeden Gast über die Ankunft ihres Autos informieren.

Wenn eine Dame ein Taxi benötigt, sollte sie die Gastgeberin um Erlaubnis bitten, dass eins für sie bestellt wird.

Das Thema Abschiednehmen wird ausführlich in Kapitel IV beschrieben .

KAPITEL XXVII

FRÜHSTÜCKE

Frühstückspartys mittlerweile ein fester Bestandteil, und Einladungen zum Frühstück werden sowohl per Karte als auch per Zettel verschickt.

In offiziellen Kreisen werden häufig Frühstückspartys veranstaltet, wobei die Morgenstunden bis ein Uhr der einzige freie Teil des Tages sind und so die Gelegenheit genutzt wird, Gastfreundschaft anzubieten und zu empfangen und die Gesellschaft von Freunden und Bekannten zu genießen. Die Frühstückszeit variiert je nach den Umständen zwischen zehn und elf Uhr und die Mahlzeit ähnelt ein wenig einem Mittagessen, bei dem Fisch, *Hauptgerichte* , Wild und kalte Speisen serviert werden, ergänzt durch Tee, Kaffee und Liköre.

Bei diesen Gelegenheiten ist Pünktlichkeit geradezu unerlässlich, da das Frühstück nicht über ein bestimmtes Maß hinaus verlängert werden kann und es daher nicht als notwendig erachtet wird, auf das Eintreffen eines verspäteten Gastes zu warten.

Die Gäste gehen zum Frühstück wie zum Mittagessen hinein. Wenn eine Gruppe sowohl aus Damen als auch aus Herren besteht, sollte die Gastgeberin mit der ranghöchsten Dame vorangehen, gefolgt von den anderen Damen, gefolgt von den Herren mit dem Gastgeber.

Wenn eine Gesellschaft nur aus Herren besteht, sollte der Gastgeber mit dem Herrn von höchstem Rang vorangehen und dem Chef der anwesenden Herren die Plätze angeben, die er am Tisch einnehmen möchte; Der Rest der Gesellschaft sollte sich nach Lust und Laune positionieren.

Der Tisch sollte wie zum Mittagessen gedeckt und mit Blumen und Früchten geschmückt sein. Tee und Kaffee sollten von den anwesenden Bediensteten an einem Beistelltisch serviert werden.

Alle Gerichte sollten wie beim Mittagessen gereicht werden.

Einzelheiten zu „Arrangements am Frühstückstisch und Servieren des Frühstücks" finden Sie in der Arbeit mit dem Titel „Waiting at Table".

Die Gäste gehen normalerweise sofort nach dem Frühstück, es sei denn, die Damen werden von der Gastgeberin eingeladen, sie in den Salon zu begleiten, oder die Herren werden vom Gastgeber eingeladen, vor ihrer Abreise eine Zigarette oder Zigarre zu rauchen.

Hausparty-Frühstück. —Auf dem Land variiert die Frühstückszeit zwischen 9 und 10.30 Uhr, und in einigen Landhäusern ist es selbstverständlich, dass die Gäste jederzeit zwischen neun und halb zehn zum Frühstück kommen können. In nicht wenigen Landhäusern frühstücken die Gastgeberin und die Damen im eigenen Zimmer, und die Herren der Party frühstücken beim Gastgeber im Frühstücksraum.

Der Frühstücksgong ist ein Zeichen für die Versammlung im Frühstücks- oder Esszimmer, aber es ist nicht Brauch, länger als fünf oder zehn Minuten auf jemanden zu warten.

Der Gastgeber und die Gastgeberin nehmen sofort ihre Plätze am Frühstückstisch ein.

Wenn die Hausparty groß ist und der Platz es zulässt, sollten zusätzlich zu einem langen Frühstückstisch mehrere kleine Tische im Frühstücksraum aufgestellt werden.

Die Bediensteten sollten während des Frühstücks anwesend sein, um die Gäste zu bedienen.

Es gibt keine allgemeine Bewegung vom Frühstückstisch wie beim Mittag- oder Abendessen; Die Gastgeberin bleibt in der Regel so lange, bis alle Gäste zumindest mit dem Frühstück begonnen haben, außer bei sehr späten Gästen, bei denen man nicht erwarten würde, dass sie am Kopfende des Frühstückstisches bleibt.

Die Gäste verlassen den Frühstückstisch, sobald sie mit dem Frühstück fertig sind, ohne auf ein Zeichen der Gastgeberin zu warten.

KAPITEL XXVIII

Picknicks und Wasserpartys

VIELES trägt dazu bei, die Menschen im September aufs Land und weg von der Stadt zu locken; Daher gibt es in jeder Nachbarschaft eine weitaus größere Zahl von Menschen, die zu einem Picknick oder einer Wasserparty bereit sind als in den drei vorangegangenen Monaten Juni, Juli und August.

Bei Picknickpartys handelt es sich manchmal um Einladungspartys, bei anderen Gelegenheiten um Beitragspartys oder um Partys, die in gewissem Maße an den Charakter beider Parteien erinnern.

Picknicks mit dem Auto und Picknicks mit der Bahn. – Fast jede Grafschaft hat ihren Schauplatz oder ihre Ruinen, ihre zerstörte Abtei oder ihr Schloss, ihre romantische Landschaft und ihre schönen Aussichten, ihre Hügel oder Täler, ihre Wasserfälle oder ihre Täler. Die südlichen und westlichen Landkreise sind in dieser Hinsicht ebenso reich wie die östlichen Landkreise karg.

Wenn eine Picknickgruppe mit der Bahn an ihr Ziel reisen soll, wird vorher ein Salonwagen bestellt und im nächstgelegenen Hotel wird vereinbart, dass die Gruppe ab 5 Uhr mit Mittagessen versorgt wird . bis 10 *s.* pro Kopf, je nach gewünschter Art des Mittagessens; oder Körbe mit Proviant werden von einem oder zwei Dienern übernommen.

Wenn die Picknickparty auf der Straße stattfindet, ist ein Bus das bevorzugte Fortbewegungsmittel, unabhängig davon, ob er vom Besitzer gefahren oder für den Anlass gemietet wird. Dies ist eine geselligere Art, zu einem Picknick zu gehen, als die Gruppe in Abteilungen aufzuteilen und sie in separaten Waggons zu befördern. Dies ist manchmal unvermeidlich, und wenn die Gruppe zunächst versammelt ist, gibt es nicht wenig Diskussion darüber, wie die Gruppe aufgeteilt und in den verschiedenen Waggons befördert werden soll, und es erfordert nicht wenig Fingerspitzengefühl, dies in zufriedenstellender Weise zu regeln Einwände außer Kraft setzen und für einen reibungslosen Ablauf sorgen. Auch hier finden die Mitglieder einer Picknickgruppe gelegentlich unabhängig voneinander den Weg zum Treffpunkt; aber obwohl dieser Plan Ärger erspart, fördert er nicht die Geselligkeit, und Gruppen von vier oder sechs Personen neigen dazu, sich tagsüber zusammenzuschließen, anstatt sich allgemein angenehm zu fühlen. Die Frage der Versorgung ist sehr wichtig, und die Leiter einer Picknickgruppe sollten gemeinsam vereinbaren, was jeder an Fisch, Fleisch, Geflügel, Obst und Wein mitbringen soll.

Die Dienste von ein oder zwei Dienern sind bei einer großen Picknickparty im Allgemeinen erforderlich, um den Tisch zu decken, den Wein zu öffnen und nicht zuletzt die benötigten Gegenstände wie Teller, Porzellan usw. einzusammeln und wieder einzupacken Glas.

Ein Picknick-Mittagessen im September findet nicht immer *so im Freien* unter dem grünen Baum statt wie im Juli, und oft findet es im besten Salon eines rustikalen Gasthauses oder, mit Genehmigung, in einer Scheune oder einem Schuppen statt, wenn dies der Fall ist Das Wetter ist zum Zelten nicht geeignet.

Wenn eine große Picknickparty von etwa drei oder vier Damen und Herren organisiert und organisiert wird, teilen sie normalerweise die Kosten für die Unterhaltung unter sich auf und legen fest, wie viele eingeladen werden sollen, wobei jeder das Privileg hat, eine bestimmte Anzahl einzuladen. Andere Picknicks werden nach einem anderen System veranstaltet, wobei jede Person einen Anteil an den allgemeinen Kosten beisteuert; aber diese Zusammenkünfte sind nicht so gesellig wie die Einladungspicknicks.

Einladungspicknicks, bei denen alles *en Prince erledigt wird* , sind äußerst unterhaltsame und freundschaftliche Veranstaltungen. Es handelt sich um große Mittagessen, die draußen statt drinnen, aus der Ferne statt zu Hause serviert werden. Aber selbst diese sind nicht angenehmer als jene wohlgeordneten kleinen Picknicks, die Offiziere in Landquartieren veranstalten, wenn der Regimentswagen einige Auserwählte zu einem Lieblingsplatz bringt.

Wasserpartys. —Es gibt viele Möglichkeiten, an Yachthäfen und an allen Orten am Flussufer eine Wasserparty zu veranstalten. An Yachthäfen beispielsweise wird eine Segelyacht gemietet, um eine Gruppe von 18 bis 25 Personen zu einem interessanten Punkt an der Küste zu bringen. In diesem Fall werden Mittagessen und Tee in einem Hotel in der Nähe des Ortes serviert Die Gruppe ist gelandet und die Kosten werden zu gleichen Teilen aufgeteilt. Nicht selten gerät die Yacht auf der Rückfahrt in Windstille und erreicht ihr Ziel erst zwischen zwei und drei Uhr morgens. Wenn es eine schöne Mondnacht ist, ist diese Verlängerung einer Wasserparty ein zusätzlicher Genuss; Wenn es aber keinen Mond und keinen Wind gibt und die Ruhe auf einen Sturm hindeutet, ist es das Gegenteil von angenehm. Aber diese kleinen *Contretemps* , wenn sie doch einmal vorkommen, verleihen dem Tagesvergnügen eher Schwung und sind ein Grund, über den man sich hinterher unterhalten kann.

Wasserpartys werden oft von Yachtbesitzern veranstaltet. Dabei handelt es sich um Einladungspartys, bei denen Mittagessen, Tee und manchmal auch Abendessen an Bord serviert werden. Die Gäste landen an Land und schlendern umher, kehren aber zur Unterhaltung zur Yacht zurück.

An Picknick- und Wasserpartys sind im Allgemeinen ebenso viele Herren wie Damen beteiligt, unabhängig davon, ob es sich um Einladungs- oder Spendenpartys handelt, obwohl manchmal eine Mehrheit der Damen unvermeidlich ist. Ryde ist eine beliebte Station für Wasserpartys, da die Insel selbst sowie die gegenüberliegende Küste unzählige Sehenswürdigkeiten zum Picknicken bieten und viele die Freuden der Yacht mit denen des Stapellaufs kombinieren können gleiche Wasserparty; So segelt eine Gruppe von Ryde nach Yarmouth, Isle of Wight, und fährt dann mit einem Dampfboot oder einer anderen Barkasse weiter nach Alum Bay. Launch-Partys erfreuen sich sowohl am Fluss als auch an der Küste großer Beliebtheit. Einige picknicken an Bord, andere an Land, je nach Lust und Laune.

Kanufahrten an der Küste und auf dem Fluss sind sowohl bei Damen als auch bei Herren beliebt, und auch hier wird die praktische Barkasse benötigt, um die Party nach Hause zu bringen, da eine durchschnittliche Paddelzeit eineinhalb bis zwei Stunden beträgt; Danach landet die Gruppe entweder auf den Felsen oder am Ufer, zündet ein Feuer an und kocht den Teekessel. Wenn das Teetrinken und der Spaziergang nach dem Tee übermäßig in die Länge gezogen werden, besteht an der Küste die Gefahr, dass der Dampfbarkasse die Kohle ausgeht und die Gruppe wesentlich später als bisher in ihren eigenen Kanus nach Hause zurückkehren muss erwartet und kein bisschen müde.

KAPITEL XXIX

JUGENDPARTYS

Jugendpartys sind ein wichtiger Bestandteil der Unterhaltungsangebote in den Wintermonaten. Es gibt kaum einen Haushalt, dessen Kinder nicht mindestens mit einer großen Party verwöhnt werden, während anderen in den Wintermonaten sogar zwei oder drei Kinderpartys gestattet sind. Die Gestaltung dieser Partys ist nicht wenig flexibel und reicht von einer Teeparty für Kinder, die vielleicht aus fünf oder sechs Kindern besteht, bis hin zu einem Jugendball oder einem Kostümball. Einige Mütter lehnen die letztgenannten Unterhaltungen grundsätzlich ab, mit der Begründung, dass das Veranstalten eines großen Jugendballs entsprechend viele Einladungen hervorrufe und dass eine Runde solcher Fröhlichkeiten für kleine Kinder weder aus moralischer noch aus moralischer Sicht gut sei hygienische Sicht. Moralisch gesehen, dass solche Vergnügungen wahrscheinlich die Frische der Kindheit zerstören oder beeinträchtigen und in ihren jungen Köpfen künstliche Ideen anstelle natürlicher und gesunder Ideen hervorrufen, und dass die Nachahmung der Manieren und Haltung ihrer Älteren sie dazu veranlasst Sie werden zu Miniaturmännern und -frauen und berauben sie der Attribute einer kunstlosen und ungekünstelten Kindheit.

Die Kleider, die die Kinder bei diesen Unterhaltungen tragen, sind von so aufwändigem Charakter – und sie zeigen so viel Stolz, wenn sie sie tragen –, dass schon in jungen Jahren ein Geist der Eitelkeit und die Liebe zur Kleidung geweckt werden. Aus körperlicher Sicht wirken sich späte Stunden, beheizte Räume, üppige Leckereien und ständige Aufregung schädlich auf Kinder aus.

Es gibt natürlich eine gegenteilige Ansicht derjenigen, die Jugendbälle unterstützen; Sie sind der Ansicht, dass Kinder besser dazu geeignet sind, mit Gleichaltrigen außerhalb ihres eigenen Familienkreises Umgang zu pflegen, und dass dieser Umgang im Falle von Einzelkindern darauf abzielt, sie lebendig und intelligent zu machen. Ein weiteres Argument für diese Jugendpartys ist, dass Kinder, die die Gewohnheit haben, sie ständig zu besuchen, selbstbeherrschtes und selbstbewusstes Benehmen erwerben und dass alle Schüchternheit, Mauvaise *Honte* und *Gaucherie* , die viele Kinder in der Gesellschaft von Fremden auszeichnen, werden durch häufigen Geschlechtsverkehr mit Kindern jeden Alters beseitigt. Anstelle des lärmenden Tobens bitten die kleinen Herren die kleinen Damen also zum Tanzen, zaubern mit ihren Lieblingspartnern Kostümbonbons und bieten ihnen den ganzen Abend über ähnliche Aufmerksamkeiten an. Natürlich gibt es auch auf einem Jugendball schüchterne kleine Herren und schüchterne kleine Damen; Aber es ist das ständige Bemühen derjenigen, die sie begleiten, seien es Mütter, ältere Schwestern, junge Tanten oder erwachsene Cousins, sie davon zu überzeugen, diese Zurückhaltung zu überwinden und den schweigsamen Meister Tommy dazu zu bringen, mit der schüchternen Miss Tiny zu tanzen . Manchmal ist Master Tommy sowohl eigensinnig als auch wortkarg, und sein „Will nicht" ist so stark wie sein Wille. Wie bei allen Dingen ist auch bei Kinderfesten vielleicht der mittlere Weg der klügste, da er keines der beiden Extreme erreicht – zu viel Abgeschiedenheit oder zu viel Fröhlichkeit vermeiden und diese Fröhlichkeit und Belustigung dem Alter der eingeladenen Kinder anpassen. Wenn die Unterhaltung eines Abends aus einer Reihe von Vergnügungen besteht, ist es ein Fehler, eine zu große Vielfalt in den Zeitraum von vier Stunden zu drängen, den üblichen Grenzen einer Kinderparty, denn wenn ja, muss das Programm eilig durchgearbeitet werden, und das ist auch der Fall kaum vor der Abfahrtsstunde fertig. Bei der Organisation von Jugendpartys ist nicht wenig Urteilsvermögen erforderlich. Die üblichen Öffnungszeiten für Kinderfeste, egal ob im großen oder kleinen Rahmen, sind von vier bis acht, fünf bis neun, sechs bis zehn oder von sieben bis elf.

Bei ihrer Ankunft werden die Kinder im Salon empfangen. In den meisten Fällen werden ihre Verwandten, entweder Mütter oder erwachsene Schwestern, gebeten, sie zu begleiten.

Bei der Ankunftszeit wird auf große Pünktlichkeit geachtet und der Tee wird in der Regel etwa eine halbe Stunde nach der auf der Einladungskarte angegebenen Zeit im Speisesaal serviert. Die Zwischenzeit verbringen Kinder im Allgemeinen damit, jeden Neuankömmling zu beobachten, ihre kleinen Bekannten zu begrüßen, sich gegenseitig Notizen über die Tees und die Partys zu machen, zu denen sie gehen, oder sich mit den Spielsachen der Kinder zu vergnügen Haus, die zu diesem Zweck meist auf Tischen angeordnet sind; und mechanisches Spielzeug, laufende und sprechende Vögel usw., Musikspielzeug, Bilderbücher und Puppen sowie die neuesten und neuesten Erfindungen in Sachen Spielzeug bieten den kleinen Besuchern die Möglichkeit, sich miteinander vertraut zu machen.

Tee wird in der Regel an einem Ende eines langen Tisches serviert, Kaffee am gegenüberliegenden Ende. Normalerweise schenkt die Gouvernante den Tee ein und eine der Töchter des Hauses den Kaffee; Andernfalls übernimmt die Oberschwester oder das Dienstmädchen dies. Teller mit Pfund-, Pflaumen- und Biskuitkuchen werden über die gesamte Länge des Tisches verteilt, dazwischen liegen Teller mit dünnem Brot und Butter, Keksen und Eingemachtem; entweder die Damen der Familie oder die anwesenden Diener reichen sie den Kindern.

Wenn die Verwandten die Kinder begleiten, wird ihnen der Tee normalerweise in einem anderen Raum serviert, aber oft kommen sie erst, wenn der Tee vorbei ist und die Krankenschwestern die Kinder ins Haus begleiten.

Vergnügungen. – Die Arrangements für die abendliche Unterhaltung richten sich in gewissem Maße nach der Anzahl der Unterkünfte, die ein Haus bietet, wobei ausgelassene Spiele in Salons nicht erlaubt sind, es sei denn, alle wertvollen Ornamente oder Dinge, die leicht zerbrechen könnten, werden aus den Zimmern entfernt.

Wenn das Zaubern zu den angebotenen Vergnügungen gehört, findet es im Allgemeinen unmittelbar nach dem Tee im Salon statt und dauert etwa eine Stunde. Über den Teppich im Wohnzimmer wird ein Tanztuch gelegt; Rutensitze oder Rohrstühle sind in Reihen angeordnet. Die jüngsten Kinder sitzen in der ersten Reihe. Vogel-, Hunde- oder Affendarbietungen gehören ebenfalls zu den beliebtesten Vergnügungen auf diesen Partys und stehen in der Wertschätzung von Kindern gleich neben dem Zaubern. Kasperle und Marionetten sind beliebte Vergnügungen im Salon und dauern jeweils eine Stunde.

Wenn als Unterhaltung eine Kinematographievorführung vorgesehen ist, findet sie im Speisesaal oder in der Bibliothek statt, oder vielleicht im Zimmer der Haushälterin, wenn es für diesen Zweck groß genug ist.

Diesen Vergnügungen gehen in der Regel Tänze oder Spiele voraus, die eine halbe bis dreiviertel Stunde dauern; Kleine Mädchen tanzen miteinander Round- und Square-Tänze, da kleine Mädchen in der Regel eine größere Vorliebe für das Tanzen haben als kleine Jungen, obwohl sie alle, ob groß oder klein, mit Freude bei einem Country-Tanz mitmachen, oder beim Tanzen Tempête oder in „Sir Roger de Coverley“.

Dem Tanzen wird nicht mehr als eine Stunde gewidmet, danach folgen in der Regel Spiele.

Spontane Scharaden sind ein beliebter Zeitvertreib für Kinder. aber um zu vermeiden, dass das jugendliche Publikum während der Vorbereitung der Scharaden müde und ungeduldig wird, sollte es sich auch mit einem stillen Spiel unterhalten, wie zum Beispiel „Einbußen“, „Kreuzfragen und krumme Antworten“, „Sprichwörter“ usw. At Bei Weihnachts- und Neujahrsfeiern ist das Verteilen von Geschenken ein sehr wichtiger Bestandteil; Weihnachtsbäume werden heute eher zugunsten größerer Neuheiten verworfen. „Weihnachtsmann“, „Weihnachtsmann“, „Die gute Fee“, „Der Brunnen der Feen“ oder „Wundertüte“ und „Zauberscheit“ sind nur einige der vielen Mittel zur Geschenkverteilung; Diese beliebten Figuren werden von Erwachsenen dargestellt und rufen bei Kindern großes Staunen und

Bewunderung hervor. Die Geschenke werden in der Regel am Ende des Abends überreicht.

Im Speisesaal werden leichte Erfrischungen angeboten – Limonade, Wein und Wasser, jede Art von Kuchen, Sandwiches, kandierte Früchte, französische Pflaumen, Feigen, Mandeln und Rosinen, Orangen usw. Bonbons mit Papierkappen usw., **die** Kinder viel Vergnügen bieten, werden in der Regel zur Verfügung gestellt.

Bei einem Jugendball wird für ein Abendessen gesorgt; Ansonsten gelten leichte Erfrischungen als ausreichend und werden zweimal am Abend serviert. Manchmal spielen die Kinder der Familie, wenn sie alt genug und klug genug sind, ein kleines Theaterstück – ein Kindermärchen, zusammengefasst in einem Akt, wie „Die Schöne und das Biest", „Aschenputtel" usw. – das etwa eine Stunde dauert , und es folgt Tanz.

Bei einem Kinderball werden im Vorfeld ein oder zwei ausgefallene Quadrillen arrangiert, die von den kostümierten Kindern getanzt werden.

KAPITEL XXX

SCHRIFTLICHE EINLADUNGEN

Das Schreiben von Einladungsschreiben und die Beantwortung von Einladungsschreiben nehmen oft viel mehr Zeit in Anspruch, als die Autoren zugeben möchten. Die Schwierigkeit liegt nicht in einer Einladung selbst oder darin, sie anzunehmen oder abzulehnen, sondern vielmehr in der Form, in der sie formuliert werden sollte, in den Worten, die gewählt werden sollten, und in den Ausdrücken, die verwendet werden sollten; Der eine hat Angst davor, zu *„empressé" zu sein* , der andere davor, zu förmlich oder zu steif zu sein. Der eine hat Angst davor, zu wenig zu sagen, der andere davor, zu viel zu sagen.

Wenn Einladungen auf Essenskarten oder auf „Zuhause"-Karten ausgegeben werden, sollte die Annahmeerklärung genauso kurz sein wie die gedruckte Einladungskarte und die stereotype Antwort auf die gedruckte Karte, in der um die Freude an Frau Blanks Gesellschaft beim Abendessen gebeten wird Es ist immer so, dass Frau Blank die freundliche Einladung von Frau Dash für Samstag, den 21., mit großer Freude annimmt, oder dass Frau Blank bedauert, dass eine frühere Verlobung sie daran hindern wird, die freundliche Einladung von Frau Dash für Samstag, den 21., anzunehmen.

Was die Einladungen betrifft, die sich auf Besuche von mehrtägiger Dauer beziehen, wissen diejenigen, die es gewohnt sind, diese Unterhaltung zu beschreiben, genau, was sie sagen und wie sie es sagen sollen. Die konventionellen Höflichkeiten oder liebevollen Herzlichkeiten finden an der richtigen Stelle statt; In beiden Fällen wird jedoch ein Punkt klargestellt, nämlich die Dauer des zu zahlenden Besuchs. Es gibt Menschen, die den Eindruck haben, dass die Angabe der genauen Dauer eines Besuchs in gewisser Weise unwirtlich und nicht höflich genug sei; und deshalb verwenden sie als eine Art Kompromiss den zweideutigen Begriff „einige Tage", anstatt die Grenze dieser Einladungen klar zu definieren. Weit davon entfernt, dass vage Einladungen wie diese einen Vorteil für geladene Gäste darstellen, benachteiligen sie diese nicht selten in mehr als einem Punkt. Sie sind unsicher, an welchem Tag sie abreisen sollen. Sie möchten nicht dadurch, dass sie einen Tag früher abreisen, irgendwelche kleinen Pläne durchkreuzen, die ihre Gastgeberin vielleicht zu ihrem Vergnügen ins Auge gefasst hat; Sie möchten ihren Besuch auch nicht um einen Tag verlängern, damit sie nicht dadurch in Verpflichtungen einbrechen, die sie auf eigene Faust und unabhängig von ihren Besuchern eingegangen ist. Auch ist es für Gäste kein bisschen peinlich, ihrer Gastgeberin mitzuteilen, dass sie am Donnerstag um 12.20 Uhr mit dem Zug abreisen möchten. Es hätte der

Gastgeberin viel besser gepasst, dass ihre Besucher am Mittwoch hätten abreisen sollen, und in ihrem eigenen Kopf hatte sie vielleicht vorgehabt, dass der Besuch an diesem Tag enden sollte; aber nachdem sie die Einladung mehr oder weniger offen gelassen hat, indem sie „ein paar Tage" gesagt hat, bleibt ihr nichts anderes übrig, als ihre eigenen Arrangements der Bequemlichkeit ihrer Gäste zu opfern, da sie ihnen ohne Unhöflichkeit kaum vorschlagen könnte, dies zu tun sollten einen Tag früher abreisen als der von ihnen angegebene, und die Besucher bleiben sich nicht bewusst, dass sie in irgendeiner Weise die Gutmütigkeit ihrer Gastgeberin verletzt haben.

„Ein paar Tage" ist auch eine unbefriedigende Formulierung einer Einladung an die Besucher selbst; In der Regel bedeutet dies drei oder vier Tage, es besteht jedoch auch Unsicherheit darüber, ob der vierte Tag eingenommen werden soll oder nicht. Wer unter „ein paar Tagen" drei Tage versteht, plant seine Abreise entsprechend; Andernfalls sind sie gezwungen, ihre Pläne offen zu lassen und je nach Zufall und Umständen drei bis fünf Tage zu bleiben. Eine Dame würde vielleicht bei einem fünftägigen Aufenthalt im Vergleich zu einem dreitägigen Aufenthalt eine kleine Ergänzung ihrer Garderobe benötigen; Dies ist jedoch ein unbedeutendes Detail, obwohl es dazu beiträgt, die Liste der kleineren Unannehmlichkeiten zu erweitern, die sich aus vagen Einladungen ergeben. Natürlich gibt es von jeder Regel Ausnahmen, und es gibt Leute, die diesen Satz verwenden: „Willst du uns für ein paar Tage besuchen?" im *wahrsten* Sinne des Wortes, und für die es gleichgültig ist, ob ihre Gäste drei Tage oder sechs Tage bleiben; aber eine so elastische Einladung wie diese wird gewöhnlich einem Verwandten oder einem sehr vertrauten Freund gegeben, dessen Stand im Haus der eines Verwandten ist und mit dem die Gastgeberin, soweit es ihre eigenen Verpflichtungen betrifft, nicht auf Förmlichkeit steht betroffen; Und Menschen, die auf so freundschaftliche Art und Weise miteinander auskommen, können mit ihrer Gastgeberin über ihre Abreise sprechen und sie ohne die geringste Verlegenheit befragen.

Die zufriedenstellendste Einladung ist sicherlich die, in der der Anreise- und Abreisetag angegeben ist. Nachdem also die *Daseinsberechtigung* der Einladung dargelegt wurde, folgen das Warum und der Grund ihrer Aussendung dem Kern des Briefes: „Wir hoffen, dass Sie am Mittwoch, dem 23., zu uns kommen und bis zum 27. bleiben." " Selbstverständlich steht es einer Gastgeberin frei, ihre Besucher zu bitten, ihren Aufenthalt über das angegebene Datum hinaus zu verlängern, wenn sie dafür einen Grund sieht; Bei Kurzbesuchen ist dies jedoch eher die Ausnahme als die Regel und die Abreise der Gäste ist selbstverständlich an dem in der Einladung genannten Tag. Gastgeberin und Gäste sind mit dem Thema vollkommen vertraut, und die Gäste fühlen sich bei ihrer Gastgeberin nicht auf heiklem Terrain oder fürchten sich nicht, den Empfang zu überdauern. Wenn ein Besuch stattgefunden hat, ist es höflich, wenn nicht sogar zwingend erforderlich, der Gastgeberin zu schreiben und ihr die Freude darüber zum Ausdruck zu bringen, die man daraus gezogen hat. Oft kommt es zu einer Kleinigkeit, die es erforderlich macht, darüber hinaus eine Notiz zu schreiben; Ob es aber gutes Gefühl und guter Geschmack erfordern oder nicht, ob eine solche Notiz geschrieben werden sollte oder nicht, und da sie immer kleine Dinge von allgemeinem Interesse im Zusammenhang mit dem vergangenen Besuch enthalten kann, muss sie weder übermäßig feierlich noch kalt höflich sein.

Einen Brief mit der Bitte um eine Einladung zu schreiben oder einen Brief mit der Bitte um eine Einladung zu beantworten, ist in beiden Fällen ein schwieriger Brief, wie viele bereits bemerkt haben. Wenn eine verheiratete Dame um eine Einladung für einen jungen Verwandten oder Freund bittet, der bei ihr wohnt, zu einem Tanz oder „zu Hause", zu dem sie selbst eingeladen ist, ist die Nachricht einfach genug und die Antwort ist im Allgemeinen eine Einladungskarte oder ein anderes schriftliche Erlaubnis, sie mitzubringen. Auch im Fall der Bitte um Einladungen für Herren: Wenn eine Dame zu einem Ball geht, kann sie ohne zu zögern Einladungskarten für einen oder zwei befreundete Herren anfordern und deren Namen in der Notiz erwähnen. Auch in diesem Fall ist die Antwort im Allgemeinen bejahend, da Männer auf einem Ball immer eine Errungenschaft sind. Die Peinlichkeit der Situation entsteht, wenn eine gutmütige Person gebeten wird, eine Einladung zu einem eleganten Ball für eine Dame und ihre Töchter oder nur für die jungen Damen zu erhalten, wobei die letzteren jemanden kennen, der sie begleiten würde, wenn sie nur kämen Eine Einladung. Wenn die Dame, die um die Einladung bittet, eine modische Ballgeberin ist, ist die Wahrscheinlichkeit groß, dass ihrem Wunsch stattgegeben wird; aber wenn das Gegenteil der Fall ist, wird höchstwahrscheinlich das Gegenteil der Fall sein. Selbst wenn man einem engen Freund schreibt, ist es immer etwas heikel, um eine Einladung für eine dritte Person zu bitten, und die Gesellschaft scheint in diesem Punkt von Jahr zu Jahr noch exklusiver zu werden. Viele Menschen scheuen sich oder lehnen es ganz ab, sich einer Verpflichtung dieser Art zu unterwerfen, selbst denen gegenüber, mit denen sie am vertrautesten sind. Es kann sein, dass gutmütige Menschen aufgrund der vielen Ablehnungen, die sie von ihren Freunden erhalten haben, wenn sie versuchten, Dienstleistungen dieser Art zu erbringen, davor zurückschreckten, sich erneut auf ähnliche Weise zu bewerben: Es ist erschreckend, wenn man erfährt, dass dies auf der Liste der Fall ist Die Karte ist überfüllt, es wurden bereits so viele Leute abgewiesen, oder es ist keine Karte mehr übrig. Aber vor ein paar Jahren galt ein Ball nur dann als Erfolg, wenn er überfüllt war; Die Beliebtheit des Ballgebers zeigte sich darin, dass die Gäste kaum noch Stehplätze vorfanden. So wurden Einladungen rechts und links an die Freunde derjenigen verteilt, die darum gebeten hatten.

Aber heutzutage ist es Mode, einen überfüllten Ballsaal als „Bärengarten" zu bezeichnen und die Einladungen, mit sehr wenigen Ausnahmen, auf diejenigen zu beschränken, die unbedingt auf der Besuchsliste des Ballgebers stehen; Und hübsche Mädchen seufzen möglicherweise vergeblich über eine Einladung zu einem Ball, die sogar von einem Verwandten oder Bekannten kommt, wenn sie nicht auf ihrer Besuchsliste steht. Dennoch bitten Menschen ständig um Einladungen für ihre Freunde, und manchmal werden sie gegeben und manchmal abgelehnt, aber vieles hängt von der Position desjenigen ab, der um die Gunst bittet.

Wenn der Geber einer Bewirtung dem Antragsteller einen Gefallen tun möchte, wird er sich bemühen, dies zu tun; Wenn nicht, schreibt sie eine höfliche Entschuldigung und nennt einen der oben genannten Gründe. Es versteht sich von selbst, dass Menschen nicht um Einladungen für sich selbst bitten, ganz gleich, was sie für ihre Freunde tun, und dass sie dies nicht tun würden, wenn sie nicht selbst eingeladen würden. Das Leben auf Distanz verändert jedoch diese letzte Regel; und Freunde auf dem Land bitten oft um Einladungen für Freunde in der Stadt und *umgekehrt* .

Selbstverständlich wird nie um **Einladungen zum Abendessen gebeten;** Aber Einladungen zu Gartenpartys, Nachmittagspartys „zu Hause" und Nachmittagstees sind häufig gefragt und werden gerne gegeben. Einige sind in dem Haus, das sie besuchen, so vertraut, dass sie einen Verwandten oder Freund zu diesen Nachmittagstreffen mitnehmen, ohne auf die Pünktlichkeit zu achten, die mit der Bitte um eine Einladung einhergeht; andere, die weniger intim sind, wagen es nicht, dies zu tun.

In allen Fällen, in denen um eine Einladung gebeten wird, sollte eine Gastgeberin niemals versäumen, eine Antwort zu senden, und sie sollte nicht davon ausgehen, dass ihre Freunde von Natur aus verstehen werden, dass Schweigen Zustimmung bedeutet, denn unter den gegebenen Umständen ist es sehr gut möglich, es als „Bedeutung" zu interpretieren eine Weigerung.

KAPITEL XXXI

Einladungen ablehnen

VIELE andere Gründe für die Ablehnung von Einladungen als die Begründung einer früheren Verabredung.

„Frau M. bedauert („bedauert sehr" oder „bedauert sehr"), dass eine frühere Verlobung sie daran hindert, die „Einladung" oder „freundliche Einladung" von Frau N. anzunehmen." Wenn mehr Um vertrauliche Worte zu finden, sollte Frau M. in der Ich-Form schreiben, wenn sie eine Einladung ablehnt. Es ist eine offene Frage, ob die Art des Engagements angegeben werden sollte oder nicht. Sogar enge Freunde beschränken sich oft auf die bloße Aussage, dass eine vorherige Verlobung besteht; andere geben im Gegenteil die Art der Verlobung an, und es besteht kein Zweifel daran, dass dieser letztere Weg eine Ablehnung erheblich mildert und die erlebte Enttäuschung lindert und daher, wenn möglich, immer befolgt werden sollte.

Wenn eine vorherige Vereinbarung nicht als Grundlage für eine Ablehnung herangezogen werden kann, muss die Ablehnung auf anderen Grundsätzen beruhen; Krankheit, eine schwere Erkältung usw. sind gültige Ausreden. Andernfalls sollte die Ablehnung wie folgt lauten: „Frau Z. bedauert, dass sie die freundliche Einladung von Frau X. nicht annehmen kann usw."

Es kommt gelegentlich vor, dass es wünschenswert ist, eine Verlobung aufzulösen, weil die Umstände den Aspekt der Dinge verändert haben. Die Einladung erfolgte vielleicht mündlich, und eine Ablehnung war im Moment nicht einfach.

Auch spontane Einladungen werden manchmal abgelehnt, weil sie zu hastig angenommen wurden – der Diener, der die Nachricht brachte, wartete auf eine Antwort, und aus dem Impuls des Augenblicks heraus wurde eine bejahende Antwort gegeben; Die Frau hatte keine Zeit, ihren Mann um Rat zu fragen, und akzeptierte sowohl für ihn als auch für sich selbst; Vielleicht führte aber auch ein schwerwiegender innerstaatlicher Grund, der nicht erklärt werden konnte, zu einer späteren Ablehnung.

Die Modewelt akzeptiert Absagen wie selbstverständlich und füllt die Lücken mit anderen Einladungen.

Die Ablehnung von Einladungen zum Abendessen durch diejenigen, für die eine Dinnerparty teilweise ins Leben gerufen wurde, ist immer eine Enttäuschung, selbst für die beliebtesten Abendessengeber, ebenso wie die Abwesenheit des Hauptnachbarn bei einer Kreisbewirtung einen Schatten darauf wirft die Verhandlungen des Tages.

Obwohl gedruckte Zulassungs- und Ablehnungskarten allgemein verwendet werden, gibt es dennoch viele Fälle, in denen eine schriftliche Ablehnung zwingend erforderlich ist.

Was die Ablehnung angeforderter Einladungen anbelangt, so sollten solche Anträge nur auf sehr sicherer Grundlage und mit der Gewissheit gestellt werden, dass sie auf Zustimmung stoßen. Gelegentlich sind diese Anträge jedoch entweder unwillkommen oder unzulässig, und es kommt daher zu Ablehnungen. aber wenn sie nicht mit Fingerspitzengefühl und Gutmütigkeit formuliert werden, sind sie oft die Ursache für angespannte Beziehungen zwischen Freunden und Bekannten.

KAPITEL XXXII

GEHEN, FAHREN UND REITEN

Die üblichen Öffnungszeiten für Spaziergänge im Park sind von 9.00 bis 10.30 Uhr. Die Öffnungszeiten für Nachmittagsspaziergänge und Sitzgelegenheiten im Park sind in den Sommermonaten von 16.00 bis 19.00 Uhr.

Die angesagten Sonntagszeiten für Spaziergänge im Park sind sowohl im Winter als auch im Sommer von 13 bis 14 Uhr; und in den Sommermonaten von 17 bis 19 Uhr.

Verheiratete Damen können, wenn sie möchten, ohne Begleitung oder unbeaufsichtigt an öffentlichen Orten in der Stadt oder auf den Paraden modischer Badeorte spazieren gehen; aber verheiratete Damen, besonders wenn sie jung sind, bevorzugen gewöhnlich die Gesellschaft einer anderen Dame, vielleicht nicht so sehr aus Anstandsgründen, sondern aus Gesellschaftsgründen, denn allein zu gehen, sei es in der Stadt oder an modischen Badeorten, macht eine Dame mehr oder weniger attraktiv weniger auffällig, besonders wenn sie attraktiv und gut gekleidet ist.

Eine junge Dame kann jetzt auch alleine im Park spazieren gehen, um sich mit ihren Freunden und Bekannten zu treffen, sowohl morgens als auch nachmittags, sie sollte jedoch nicht alleine sitzen.

Auch hier können junge Damen alleine durch die modischen Straßen gehen, aber sie sollten nicht allein an den Schaufenstern herumlungern, wenn sie vorbeigehen, sondern in schnellem Tempo von Geschäft zu Geschäft oder von Straße zu Straße gehen.

In den ruhigen Vierteln von Städten, Vorstädten und Badeorten gehen junge Damen unbegleitet und unbeaufsichtigt umher, um ihre Freunde zu besuchen, die in der Nähe ihres Zuhauses wohnen, oder um an Kursen teilzunehmen, einzukaufen usw. Tatsächlich Im Allgemeinen wird in dieser Hinsicht große Unabhängigkeit gewährt, wobei die Grenze in den Abendstunden gezogen wird, das heißt beim alleinigen Gehen nach Einbruch der Dunkelheit.

An Badeplätzen und auf allen öffentlichen Promenaden ist es üblich, dass Herren sich den Damen anschließen, die sie kennen, und für kurze Zeit mit ihnen spazieren gehen, wenn sich herausstellt, dass ihre Gesellschaft erwünscht ist, ansonsten aber nicht.

Damen und Herren, ob verwandt oder nicht, sollten niemals Arm in Arm gehen, es sei denn, die Dame ist eine ältere Dame oder eine Invalide und benötigt diese Unterstützung.

Fahren. —Im Sommer sind die Stunden für die Nachmittagsfahrt zwischen 15 und 6.30 Uhr, im Winter zwischen 14.30 und 16.30 Uhr.

Die folgenden Regeln für das Betreten und Verlassen eines Wagens gelten für ein Kraftfahrzeug oder einen elektrischen Brougham, soweit die Konstruktion, das Fabrikat und die Größe desselben dies ermöglichen.

Beim Fahren in einer offenen oder geschlossenen Kutsche oder einem Motorwagen ist es völlig unerheblich, ob der Besitzer den rechten oder den linken Sitz einnimmt. Der Platz, den sie einnimmt, hängt davon ab, auf welcher Seite sie einsteigt, da die Dame, die mit ihr fährt, vor ihr einsteigen und sich auf den am weitesten entfernten Platz setzen sollte.

Ein Besucher sollte immer vor der Gastgeberin in das Auto oder die Kutsche einsteigen.

Wenn drei Damen in ein Auto oder eine Kutsche einsteigen, sollte die junge unverheiratete Dame den Rücksitz einnehmen und die beiden verheirateten Damen sollten den Vordersitz einnehmen; Dies ist eine Frage der Höflichkeit einer jungen Dame gegenüber verheirateten Damen und wird nicht unbedingt von der Etikette verlangt.

Wenn eine Dame mit seiner Frau fährt, sollte der Ehemann mit dem Rücken zu den Pferden oder, wenn er ein Auto fährt, neben dem Chauffeur sitzen.

Ein Herr sollte als erster aus einem Auto oder einer Kutsche aussteigen, um den Damen dabei zu helfen.

In der Regel sollte die Gastgeberin die Kutsche oder das Auto hinter ihrem Gast verlassen und nicht vor ihm, es sei denn, es ist bequemer, etwas anderes zu tun.

Wenn eine Dame lediglich einen Bekannten zu einer Autofahrt ruft, sollte sie nicht aus ihrem Auto oder ihrer Kutsche absteigen, um ihr den Einstieg zu ermöglichen.

Nachmittags dürfen junge Damen ohne Begleitung verheirateter Damen allein durch die öffentlichen Straßen fahren. Es ist einer jungen Dame gestattet, alleine im Park oder auf der Straße zu fahren. Eine verheiratete Dame kann selbstverständlich ohne Begleitung Auto fahren.

Es wäre unkonventionell, wenn eine Dame allein mit einem Herrn in seinem Auto fahren würde, es sei denn, er wäre nahe mit ihr verwandt oder sie wäre mit ihm verlobt.

Es ist üblich, dass die Besitzerin einer Kutsche mit dem Gesicht zu den Pferden sitzt; Wenn eine verheiratete Dame mitfährt, sollte sie neben ihr sitzen. Wenn neben der verheirateten Dame auch junge Damen mitfahren, sollten sie mit dem Rücken zu den Pferden sitzen.

Wenn eine Dame mit ihrem Ehemann fährt und eine junge Dame sie begleitet, sollte sie der jungen Dame den Vordersitz nicht anbieten, sondern ihn selbst behalten, und selbst wenn das Angebot gemacht wird, sollte eine junge Dame diesen nicht in Anspruch nehmen Es.

Reiten. —Was das Reiten in der Stadt betrifft, so sind die Trainingszeiten im Row für unerfahrene Reiter und Anfänger von 8 bis 10 Uhr im Sommer und von 9 bis 11 Uhr im Winter; junge Damen reiten mit einem Reitmeister oder einer Reitmeisterin bzw. mit einem Verwandten, je nachdem.

Die Öffnungszeiten für Ausritte im Park liegen zwischen 9.30 und 10.30 Uhr

Es versteht sich von selbst, dass eine Dame allein – also ohne Begleitung oder unbeaufsichtigt – im Park reiten darf, um sich ihren Freunden anzuschließen. In Zeiten der Emanzipation der Frau wird argumentiert, dass die Tatsache, dass eine Dame unbeaufsichtigt reitet, keinen möglichen Schaden oder Ärger hervorrufen kann, abgesehen von der immer möglichen Möglichkeit eines Unfalls.

Obwohl jungen Damen inzwischen große Freiheit eingeräumt wird, allein zu reiten, bevorzugen viele Eltern immer noch, dass ihre Töchter von ihren Bräutigamen begleitet werden.

Häufig reiten zwei Damen gemeinsam, ohne Begleitung eines Herrn und ohne Aufsicht eines Bräutigams.

KAPITEL XXXIII

VERbeugung

WAS die Anerkennung von Freunden oder Bekannten angeht, ist es das Privileg einer Dame, die Initiative zu ergreifen, indem sie sich als Erste verbeugt. Ein Gentleman sollte seinen Hut vor einer Dame nicht heben, bis sie ihm dieses Zeichen der Anerkennung verliehen hat, obwohl die Verbeugung eine gleichzeitige Handlung von Dame und Gentleman ist, da eine Dame einem Gentleman, der dies nicht getan hat, kaum eine Verbeugung erteilen würde bereit, es zurückzugeben.

Die Verbeugung zwischen innigen Bekannten hat, wenn sie von einer Dame ausgesprochen wird, den Charakter eines vertrauten Nickens anstelle einer steifen Verbeugung.

Wenn ein Herr die Verbeugung einer Dame erwidert, sollte er dies tun, indem er seinen Hut deutlich abnimmt und so schnell wieder aufsetzt, und ihn nicht nur leicht anhebt, wie früher, und wenn er ein enger Bekannter oder Freund ist, sollte er sich ähnlich verhalten Benehmen.

In Frankreich und auf dem Kontinent im Allgemeinen ist die Regel der Verbeugung umgekehrt, und der Herr ist der erste, der sich vor der Dame verbeugt, und nicht die Dame vor dem Herrn.

Unter Damen, die sich nur wenig kennen, sollte diejenige mit dem höchsten Rang die erste sein, die sich vor der anderen verbeugt; Bei gleichrangigen Damen ist es gleichgültig, welche der beiden sich zuerst verbeugt.

Eine Dame sollte sich nicht vor Personen verneigen, die ihr nur vom Sehen bekannt sind, auch wenn sie diese oft in Gesellschaft ihrer Freunde gesehen hat.

Eine Dame sollte sich vor einem Herrn verbeugen, sei es ein Freund oder ein Bekannter, auch wenn er mit einer Dame oder einem Herrn geht, mit dem sie nicht vertraut ist.

Herren heben nicht ihren Hut, um sich gegenseitig anzuerkennen, sondern nicken einfach, wenn sie nicht mit Damen gehen, es sei denn, es besteht ein großer Unterschied in Rang oder Alter.

Wenn ein Herr einen anderen trifft – einen Freund von ihm – der mit einer Dame oder Damen spazieren geht, die er selbst nicht kennt, sollte er seinen Hut heben und direkt vor sich hinschauen, nicht auf die Dame oder die Damen.

Eine Dame sollte sich nicht vor einer anderen Person beugen, die, weil sie ihr fremd ist, auf einer Nachmittagsparty ein paar Bemerkungen an sie gerichtet hat, denn die Tatsache, sich im Haus eines gemeinsamen Freundes zu treffen, stellt keine Bekanntschaft dar und berechtigt nicht zu einer solchen zukünftige verbeugende Bekanntschaft.

Damen sind in der Regel nicht bereit, sich vor denen zu beugen, mit denen sie sich nur auf beiläufige Weise unterhalten haben. Erstens ist es nicht ganz sicher, dass man sich an sie erinnert, und nichts ist beunruhigender und unangenehmer, als sich vor einer Person zu beugen, die sie nicht erwidert, weil sie den Spender vergisst, kurzsichtig ist oder tatsächlich Absicht hat . Kurzsichtige Menschen sind immer beleidigt, wenn sie sich nicht verbeugen, und im Vergleich dazu beklagt sich fast jeder Dritte über mehr oder weniger Kurzsichtigkeit; Daher ist es an den Damen, selbst herauszufinden, welche Stärke und Sehweite ihre neuen Bekannten besitzen, sonst besteht die Möglichkeit, dass ihr Bogen nie zurückgegeben wird oder sie weiterhin unter dem Eindruck arbeiten, sie hätten direkt einen Schnitt erlitten; So gehen durch dieses Missverständnis viele angenehme Bekanntschaften verloren und es entstehen viele falsche Eindrücke.

, eine verbeugende Bekanntschaft über einen längeren Zeitraum aufrechtzuerhalten, wenn sich keine Gelegenheiten ergeben, sie zu vertiefen. Wie lästig es ist, dies aufrechtzuerhalten, wird vor allem von Personen empfunden, die sich Tag für Tag im Park oder auf öffentlichen Promenaden beim Reiten, Autofahren oder Spazierengehen treffen, insbesondere wenn stillschweigend vereinbart wird, dass sich die Bekanntschaft nicht zu einer weiteren Bekanntschaft entwickeln sollte.

Es würde als unhöflich angesehen werden, eine einmal begonnene Verbeugungsbekanntschaft abzubrechen.

Einen Herrn vom Sehen her zu kennen, weil man ihn häufig auf Bällen und Partys gesehen hat, gibt einer Dame nicht das Recht, sich vor ihm zu verneigen, auch wenn sie vielleicht etwa zwanzig Minuten lang neben ihm auf einer überfüllten Treppe gestanden hat und dies auch getan hat erhielt eine leichte Höflichkeit von ihm.

Eine Dame, die von einem Fremden eine kleine Gefälligkeit erhalten hat, würde dies bei jedem späteren Treffen gern mit einer freundlichen Verbeugung anerkennen, aber wie eine Verbeugung vor einem Herrn eine Bekanntschaft mit ihm darstellt, und da es in solchen Fällen wie diesen keine Bekanntschaft gibt, gilt die Etikette bietet in dieser Angelegenheit keine Kompromisse. Wenn also eine junge Dame ihren eigenen Standpunkt vertritt und sich vor einem Herrn, der ihr weder direkt noch indirekt vorgestellt wurde, unhöflich verbeugt, verstößt sie gegen die Etikette; Und da es nicht wünschenswert ist, etwas Unkonventionelles zu tun, werden die unzähligen kleinen Dienste, die Damen in der allgemeinen Gesellschaft erhalten, nicht weiter gewürdigt als der Dank, der im Moment ihrer Entgegennahme zum Ausdruck gebracht wird.

Verbeugungen variieren materiell : Es gibt die freundliche Verbeugung, die entfernte Verbeugung, die feierliche Verbeugung, die ehrerbietige Verbeugung, die vertraute Verbeugung, die widerwillige Verbeugung und so weiter, je nach den Gefühlen, die die einzelnen Menschen im Umgang miteinander antreiben.

Wenn eine Verbeugungsbekanntschaft nur zwischen Damen und Herren besteht und sie sich vielleicht zwei- oder dreimal am Tag treffen und nicht vertraut genug sind, um zu sprechen, verbeugen sie sich normalerweise nicht mehr als einmal, wenn sie sich auf diese Weise im Park oder auf der Promenade treffen.

KAPITEL XXXIV

DIE KOKADE

Kokarden werden von Bediensteten in Livree von Offizieren der Armee und der Marine sowie von allen Personen getragen, die das Amt Seiner Majestät innehaben. auch von Oberleutnants und Vizeleutnants.

Gefolgsleute der Krone haben Anspruch auf die Verwendung der Kokarde als Abzeichen der regierenden Dynastie.

Die Tatsache, dass Kokarden heutzutage so häufig von männlichen Dienern getragen werden, kann folgendermaßen erklärt werden:

Unterleutnants gibt es heute weitaus zahlreicher als früher; Fast jeder Landedelmann ist stellvertretender Leutnant, und daher haben seine Diener Anspruch auf den Gebrauch der Kokarde. Das Privileg, bei Levées in Uniform statt in Hofkleidung zu erscheinen, war und ist für viele ein Anreiz, die Ernennung zum stellvertretenden Leutnant anzustreben und zu erhalten. Auch hier behaupten alle Friedensrichter, dass die Verwendung der Kokarde „zivile Gefolgsleute der Krone" seien; und obwohl es diesbezüglich keine klar definierte Regel gibt, wurde ihnen diese laut dem verstorbenen Hosenbandkönig Sir Albert Woods schon lange stillschweigend zugestanden.

Der Brauch, dass Livreediener Kokarden trugen, geht auf den Beginn des 18. Jahrhunderts zurück und war zunächst eine rein militärische Auszeichnung.

Die Kokarde, die von den Bediensteten der Mitglieder der königlichen Familie und von allen, die behaupten, königlicher Abstammung zu sein, getragen wird, unterscheidet sich in ihrer Form geringfügig von dem Abzeichen der regierenden Dynastie, dem Hannoveraner Abzeichen, und *ist* rund Form und ohne Ventilator. Die Militärkokarde hat eine ovale Form und endet in einem Fächer. Die Zivilkokarde hat ebenfalls eine ovale Form, jedoch ohne Fächer. Die Marinekokarde ist identisch mit der Zivilkokarde.

Die weiße Kokarde ist das Abzeichen des Hauses Stuart. Die schwarze Kokarde ist die des Hauses Hannover. Die Bediensteten ausländischer Botschafter tragen entsprechend ihrer Nationalität farbige Kokarden. Schwarz-Weiß für Deutschland; Schwarz-Gelb für Österreich; die Trikolore für Frankreich; Scharlachrot für Spanien; blau und weiß für Portugal; und Schwarz-Gelb für Belgien.

Das Wort „Kokarde" wurde einer bekannten Autorität zufolge aus dem Französischen „ *cocarde" entlehnt* und ursprünglich für die Hahnenfedern verwendet, die kroatische Soldaten trugen, die in der französischen Armee dienten. Eine solche Feder oder an ihrer Stelle ein Bündel Bänder wurde später verwendet, um die Hutklappen in einer gespannten Position festzustecken , und so wurde das Wort nach und nach als Bezeichnung für den „gespannten" Hut selbst verwendet.

KAPITEL XXXV

BESICHTIGUNGEN AUF LANDHÄUSERN

DER SEPTEMBER ist eigentlich der Beginn der Landbesuchssaison. Die wenigen Besuche, die im August stattfinden, sind nur ein Auftakt für das Programm, das in den folgenden fünf Monaten folgen soll.

Bei den im August empfangenen Besuchern handelt es sich überwiegend um Verwandte. Eine Ausnahme von den August-Familienfesten bilden die August-Cricket-Partys in den Landkreisen, in denen Cricket in diesem Monat eine große Rolle spielt, wo die Cricket-Wochen und die daraus resultierenden großen Landhauspartys jährlich wiederkehren und wo Bälle und private Theateraufführungen eine Rolle spielen der Unterhaltung der Woche. Daraus folgt oft, dass Menschen Jahr für Jahr dieselben Häuser besuchen und ihre Besuchsrunden im Hinblick auf die Einladungen organisieren, die sie jährlich erhalten; Neue Bekanntschaften und neue Häuser, die man besuchen kann, werden von Zeit zu Zeit der Liste hinzugefügt und ersetzen diejenigen, die ganz selbstverständlich aus ihr herausfallen. Manchmal passen die Einladungen wunderbar ineinander, wie die Teile eines Puzzles; in anderen Fällen muss zwischen dem Verlassen eines Hauses und der Ankunft in einem anderen eine unangenehme Zeitspanne von einem oder zwei oder drei Tagen verstrichen werden. Wenn die Gastgeberin in beiden Fällen eine Verwandte oder eine enge Freundin ist, kann diese Schwierigkeit leicht dadurch überwunden werden, dass man in einem Haus bis zu dem Tag bleibt, der für die Ankunft in einem anderen festgelegt wurde, oder *umgekehrt* ; Aber wenn ein Gast mit seiner Gastgeberin eine Zeremonie abhält oder, was oft der Fall ist, für die nächste Woche Neuankömmlinge erwartet werden, besteht die Alternative darin, ein paar Tage in der Stadt zu verbringen, als ob das Haus wäre, in dem der nächste Besuch stattfinden würde Wenn die bezahlte Gebühr weniger als zwanzig oder dreißig Meilen von dem Haus entfernt liegt, das der Besucher verlassen möchte, wäre es ungewöhnlich, die Zeit in einem Hotel in der angrenzenden Stadt zu verbringen, da dies die Gastfreundschaft der Gastgeberin beeinträchtigen könnte. Andererseits werden Einladungen manchmal unabhängig vom Datum ausgesprochen, aber dieser freundliche Einladungsstil kommt nicht vor, wenn eine große Gesellschaft eingeladen wird, sondern bedeutet, dass die Gastgeberin möglicherweise ganz allein ist oder Gäste bei sich hat , je nachdem. Aufgrund der großen Entfernung zur Stadt wird diese Form der Einladung häufig an Besucher in Schottland verschickt.

Es ist ein sehr allgemeiner Brauch, in der dritten Septemberwoche Jagdpartys zu veranstalten, sofern die Ernte es zulässt. Wenn sich die Ernte aufgrund ungünstiger Witterung verspätet, werden die Schießpartys auf die erste Woche des Folgemonats verschoben. Die Gäste, oder zumindest die Crack-Guns, werden normalerweise zum Rebhuhntreiben eingeladen, was heute eigentlich dem Rebhuhnschießen gleichkommt.

Es gibt große und kleine Schießpartys, Schießpartys, zu denen das Königshaus eingeladen ist, und Schießpartys, die auf enge Freunde oder Verwandte beschränkt sind, aber in beiden Fällen ist der Zeitraum derselbe, nämlich drei Drehtage.

Wenn eine Gruppe auf fünf Kanonen begrenzt ist, sind im Durchschnitt sieben Damen eingeladen, und die Gastgeberin verlässt sich auf einen Nachbarn oder den Sohn eines Nachbarn, um das Gleichgewicht am Esstisch auszugleichen. Der Erfolg von Hauspartys hängt vor allem davon ab, dass sich die Leute kennen oder sich verbrüdern, wenn sie einander vorgestellt werden oder Bekanntschaft gemacht haben. Von den Damen einer Landhausparty wird in der Regel erwartet, dass sie sich tagsüber mehr oder weniger amüsieren. Nach dem Mittagessen gibt es normalerweise eine Fahrt in eine Nachbarstadt, um dort ein paar Einkäufe zu erledigen, oder einen Besuch in der Nachbarschaft, den einige der Gäste, insbesondere die verheirateten Damen, bezahlen müssen, während die jungen Damen sich selbst überlassen bleiben.

Am Ende eines Besuchs wird den Schützen ein Spiel angeboten, von dem sie wissen, dass es akzeptabel sein wird.

Normalerweise wird der Oberwildhüter angewiesen, ein Paar Fasane und einen Hasen aufzustellen. Aber in manchen Häusern wird selbst dieser Brauch nicht befolgt, und das gesamte erlegte Wild, mit Ausnahme dessen, was für das Haus benötigt wird, gelangt auf den Markt, sowohl auf den örtlichen als auch auf den Londoner Markt.

Jagdpartys bereiten einer Gastgeberin in der Regel wenig Sorgen, wenn es darum geht, den Damen der Party Unterhaltung zu bieten, da ihr zu dieser Jahreszeit so viele Hilfsmittel im Freien zur Verfügung stehen. Dies ist ein großer Vorteil, denn obwohl einige wenige Damen mit großer Nervenstärke das Schießen als Vergnügen und Zeitvertreib aufgenommen haben und sich in diesem Männersport überraschend gut schlagen, sind Damen im Allgemeinen nicht geneigt, ein so gefährliches Spiel zu spielen, und das sogar Diesen unerschrockenen Damen, die gelernt haben, mit ihrer kleinen Waffe umzugehen, wäre es niemals gestattet, ein oder zwei Mal an einer großen Schießerei teilzunehmen, selbst wenn sie dazu geneigt wären.

Die Gastgeberin und die Damen der Gruppe gesellen sich beim Mittagessen immer zu den Schützen, und einige der Damen gehen morgens mit den

Schützen hinaus, um sich deren Heldentaten auf dem Feld anzusehen. Beim Rebhuhnschießen muss man aber viel laufen, was etwas ganz anderes ist als das verdeckte Schießen im November und Dezember.

Eine gute Gastgeberin hat großartige Möglichkeiten , sich bei der Bewirtung einer Landhausparty hervorzuheben, von der Ankunft des ersten Autos bis zur Abfahrt des letzten. Ihre Rücksichtnahme und ihr Taktgefühl sind so erfolgreich, dass ihre Gäste irgendwie immer genau das tun, was ihnen am besten gefällt, und zwar in Gesellschaft derer, die ihnen am sympathischsten sind, ganz zu schweigen von der Bequemlichkeit der allgemeinen häuslichen Vorkehrungen, die es zu geben scheint ausschließlich für ihre Bequemlichkeit arrangiert. Wenn sie fahren möchten, steht ihnen eine Kutsche oder ein Auto zur Verfügung; Wenn sie eine Verfassung bevorzugen, gibt es jemanden, der sehr angenehm ist und mit ihnen gehen möchte. Die Tageszeitungen sind immer verfügbar, die Post wird durch einen besonderen Boten zur günstigsten Stunde ausgegeben, das Abendessen ist vom Feinsten und der Abend vom Fröhlichsten. Bridge wird in der Regel in den meisten Häusern gespielt, und im Salon sind mehrere Tische aufgestellt, um die angehenden Spieler unterzubringen.

Gelegentlich, wenn die Vögel wild sind und der Sport stagniert, findet in der Nähe der Hütte eines Tierpflegers im Schatten einiger weitläufiger Bäume eine Art Picknick-Mittagessen statt, zu dem auch die Damen mitmachen; aber im September verachten begeisterte Sportler dieses Schießspiel eher und ärgern sich über die Unterbrechung, die durch die Gesellschaft der Damen beim Mittagessen verursacht wird, und ziehen es vor, es im Freien zu spielen und dabei zu rauchen. Somit ist nicht jeder Tag der Woche dem Schießen gewidmet, und es gibt nur wenige Gutsbesitzer, die sich darum kümmern würden, ihren Gästen fünf Tage hintereinander Sport zu bieten, und auf zwei Tage intensiven Schießens folgt wahrscheinlich ein sogenannter Ruhetag . An diesen freien Tagen im September veranstaltet die Gastgeberin oft eine Gartenparty oder nimmt ihre Gäste mit zu einer Party, die ein paar Meilen entfernt bei einem Nachbarn veranstaltet wird. oder sie betreibt einen Stand auf einem Basar und überredet ihre Gäste, ihr bei der Entsorgung ihrer Vorräte zu helfen; oder sie überredet ihre Gruppe, sie zu einer Blumenschau zu begleiten, an der sie ein lokales Interesse zeigt; oder der Gastgeber und ein oder zwei der besten Fotografen beginnen früh nach dem Frühstück, um mit einem Nachbarn zu fotografieren, und der Rest der Gäste fährt zu einer malerischen Ruine, wo sie picknicken, und kehrt pünktlich um acht Uhr nach Hause zurück Abendessen. Wenn der Eigentümer eines Herrenhauses über eine Kutsche verfügt, wird die ganze Gesellschaft damit befördert, andernfalls werden die Automobile in Beschlag genommen, während für diejenigen, die gerne reiten möchten, Reitpferde bereitgestellt werden. Eine Landhausparty zerfällt gelegentlich in zwei oder mehr Cliquen, was die

Damen betrifft; Meine Herren sind in der Regel nicht besonders angetan von solchen Dingen. Am ersten Abend, sobald die Damen das Esszimmer verlassen und in den Salon gegangen sind, bilden sich diese kleinen Cliquen stillschweigend und bestehen bis zum Ende des Besuchs ununterbrochen fort. Es gibt viele Gründe, die diese Cliquen ins Leben rufen – alte Vertrautheiten wieder aufleben lassen, neue Bekanntschaften stärken, unwillkommene Bekanntschaften vermeiden und so weiter. Diese Cliquen sind für die Gastgeberin keineswegs angenehm, ganz im Gegenteil – aber sie ist machtlos, ihre Bildung zu verhindern, und sie selbst wird manchmal in die eine oder andere von ihnen hineingezogen und manchmal ganz von ihnen ausgeschlossen. Jeder, der mit Besuchen auf dem Lande einigermaßen vertraut ist, weiß, wie tief der Einfluss der Clique die Atmosphäre des Salons durchdringt; Und doch werden auf Landhauspartys vielleicht mehr Freundschaften geschlossen und Intimitäten gefestigt als auf anderen Zusammenkünften.

Die abendlichen Vergnügungen auf Landhausfesten variieren sehr stark je nach den Neigungen der Gastgeberin oder ihrer Töchter. In manchen Häusern ist Tanzen für ein paar Stunden oder so nach dem Abendessen angesagt, aber diese Art, den Abend zu verbringen, empfiehlt sich nicht immer für die Herren, die nach einem langen Tag durch nasse Rüben und über schweres, gepflügtes Land marschieren oder einen anstrengenden Tagesritt über steife Zäune, neigen eher zum *dolce far niente* eines luxuriösen Sessels als zu den Freuden des labyrinthischen Valse und sind einer Gastgeberin verhältnismäßig dankbar, die sie nicht dazu auffordert, sich mehr als dem zu leisten, was sie tun Sie haben es bereits zu ihrem eigenen Vergnügen durchgemacht.

Bei den meisten Landhauspartys ist Bridge das wichtigste, wenn nicht sogar das einzige Vergnügen und wird nicht nur nach dem Abendessen, sondern auch am Nachmittag gespielt. Amateurtheateraufführungen und *Tableaux vivants* , spontane Scharaden, Gedankenlesen, Beschwörungen usw. sind modische Vergnügungen und leicht durchzuführen: Die erstgenannten davon erfordern umfangreiches Lernen und viel Zeit für die Proben, daher werden Theateraufführungen im Allgemeinen während der Party durchgeführt sich eher aus Verwandten als aus Bekannten zusammensetzt und der Besuch vielleicht auf zehn Tage oder zwei Wochen verlängert wird.

Manche Hostessen ziehen es vor, die späten Stunden den frühen Stunden vorzuziehen und gehen erst nach zwölf in den Ruhestand. Für die Herren empfiehlt sich dies nicht, da sie sich erst dann ins Rauchzimmer begeben sollen, wenn die Damen den Salon verlassen haben, und die Herren gerne nach dem Abendessen ein paar Stunden im Rauchzimmer verbringen.

In Jagdrevieren findet das Frühstück normalerweise früh statt und variiert von neun Uhr bis halb zehn, je nachdem, ob der Ritt ins Versteck wahrscheinlich lang oder kurz sein wird; aber in der Regel ist die nominelle Frühstückszeit 9.30 Uhr. Den Gästen wird ein gewisser Spielraum eingeräumt, wenn es darum geht, zum Frühstück herunterzukommen. Sie versammeln sich nicht im Morgenzimmer, sondern begeben sich alle in den Frühstücksraum und setzen sich gleichzeitig an den Tisch, während viele Damen in ihren eigenen Zimmern frühstücken.

In Schottland bedeutet eine Einladung zum Shooting oft einen dreiwöchigen Besuch. Die Unterbringung in der Schießhütte oder Hütte kann begrenzt oder primitiv sein, und sehr oft ist beides der Fall; Aber für den Sportler spielt es kaum eine Rolle, auf welcher Art von Bett er schläft oder wie er es aufrauen muss, vorausgesetzt, es gibt reichlich Moorhühner. Auf einigen Mooren gibt es nur Hütten und Bauernhäuser für die Beschäftigung der Sportler, auf anderen hingegen sind die Häuser ausgezeichnet und vermieten mit den Mooren, da viele Saison für Saison ein Moor machen und ihre Freunde zwischen dem 12. und dem 12. zum Schießen einladen August und Oktober. Die großen Jagdpartys, die jedes Jahr in Schottland von Besitzern großer Anwesen und feiner Jagden veranstaltet werden, erstrecken sich über die gesamte Jagdsaison, und die Gäste kommen und gehen ohne Pause; Wenn einer geht, kommt ein anderer. Gewisse Häuser oder Schlösser sind viel fröhlicher als andere; zu einigen werden nur sehr wenige Damen gebeten, die Mehrheit der Gäste sind Herren – wahrscheinlich die Gastgeberin und zwei Damen und acht Männer – in anderen ist die Anzahl gleicher; in anderen wiederum besteht die Gruppe manchmal ausschließlich aus Männern mit einem Gastgeber und keiner Gastgeberin. Damen laden im Allgemeinen eher ihre engsten Freunde als Bekannte nach Schottland ein, da sie den ganzen Tag sich selbst überlassen sind und das Abendessen wegen der späten Rückkehr der Sportler oft auf neun Uhr verschoben wird.

Südlich des Tweed werden Einladungen im September normalerweise für drei oder vier Tage verschickt, von Dienstag bis Samstag; Verheiratete Paare, junge Damen und junge Männer sind alle gefragt, und die Damen vergnügen sich beim Rasentennis oder beim Besuch oder bei der Mitarbeit auf einem benachbarten Basar oder einem schicken Jahrmarkt, denn in diesem Monat sind Kreisbasare sehr beliebt, und die Besucher in einem Haus bieten sie gemeinsam mit den Besuchern eines anderen ihre Dienste an, um Stände auf einem Basar zu unterhalten, der von einer dritten einflussreichen Dame errichtet wurde; und so sind die Stände gut gefüllt, und die modischen Standbesitzer geben der ganzen Angelegenheit Schwung.

Zwischen Frühstück und Abendessen sehen die Damen kaum etwas von den Herren. Die Schützen beginnen gegen elf Uhr und kehren selten vor sieben zurück.

Wenn es um vier Uhr dunkel ist, machen sich diejenigen, die Damengesellschaft und Tee dem Raucherzimmer und Billard vorziehen, vorzeigbar und gesellen sich zu den Damen.

Bezüglich der Verhaltensregeln bei Besuchen in Junggesellenhäusern.
„Es versteht sich von selbst, dass Damen von ihren Ehemännern und junge Damen von ihrem Vater und ihrer Mutter oder von einem verheirateten Paar begleitet werden sollten, mit dem sie eine sehr vertraute Beziehung pflegen. In diesem Fall fungiert die verheiratete Dame als Begleitperson für die Jungen Damen. Junge Damen dürfen nicht im Haus eines Junggesellen übernachten, es sei denn, sie werden von einer verheirateten Dame oder einer Verwandten ihres Gastgebers begleitet. Eine Witwe und ihre Tochter könnten sich natürlich einer Gruppe von Damen anschließen, die im Haus eines Junggesellen wohnen, oder ihn besuchen, wenn er allein ist, oder Junggesellenfreunde unterhalten.

Wenn ein Junggeselle eine Landhausparty gibt und dem Namen nach selbst die Ehre gibt, übernimmt gelegentlich stillschweigend eine der verheirateten Damen der Party die Führung.

Die Stellung eines jungen Witwers ähnelt in der Gesellschaft der eines Junggesellen. Später im Leben ist das Gegenteil der Fall; Ein Witwer mit erwachsenen Töchtern veranstaltet die Bewirtung für sie, und die älteste Tochter übernimmt die Ehre, wodurch die Position wieder auf die des Gastgebers und der Gastgeberin reduziert wird.

KAPITEL XXXVI

JAGD UND SCHIEßEN

Damen im Jagdgebiet. – Es gibt keine Arena, die besser dazu geeignet ist, gutes Reiten von Frauen zu zeigen, als das Jagdrevier, und keine bessere Gelegenheit, diese entzückende Leistung zu üben und gründlich zu genießen. Es wird jedoch darauf hingewiesen, dass es eine Grausamkeit des Gemüts und ein unweibliches Gefühl darstellt, wenn man sich der Verfolgung eines armen, elenden, gejagten Fuchses anschließt, und noch schlimmer, bei dessen Tod dabei zu sein, und dass Frauen dazu neigen, von diesem mitgerissen zu werden Begeisterung der Stunde, zu applaudieren und mitzuerleben, wovor sie sonst zurückschrecken würden. Dieses Argument hat ein gewisses Gewicht und schreckt viele davon ab, tatsächlich zu jagen, die sonst diesem Sport nachgehen würden, und sie gehen einen Kompromiss ein, indem sie regelmäßig an den Treffen teilnehmen und sogar Zeuge eines Abwurfs eines Fox-Break-Coverts werden. Jede Stärke, die ein Fahrer besitzt, wird im Feld zum Vorschein gebracht. Der Galopp beim Rudern, der Trab durch die Feldwege oder der lange Ausritt über Land sind nur ein schwacher Ersatz für das intensive Vergnügen, das man bei einem guten Lauf empfindet; Die Aufregung, die das gesamte Feld verspürt und teilt, beflügelt und stimuliert und macht Müdigkeit zu einem Ding, an das man erst denken kann, wenn die Heimfahrt längst vorbei ist.

Angesichts der Anzahl der Damen, die jagen, kommt es überraschend selten zu Unfällen, und zwar aus dem offensichtlichen Grund, dass Damen nicht versuchen, zu jagen, es sei denn, ihre Fähigkeiten als gute Reiterinnen stehen außer Frage. Ihre Ehemänner, ihre Väter und ihre Brüder würden nicht zulassen, dass sie ihr Leben aufs Spiel setzten, es sei denn, ihr Reiten und ihre Erfahrung, ihr Mut, ihre Nerven und ihre Ausbildung rechtfertigten den Versuch.

Für den Erfolg sind außerdem zwei weitere wichtige Überlegungen erforderlich: ein gutes Reittier und ein guter Vorsprung. Der Vater oder Ehemann wählt ausnahmslos diejenige aus, und der Freund – entweder der schönen Reiterin oder des Ehemanns oder Bruders – gibt die alles entscheidende Führung, ohne die sich nur wenige Damen auf die Jagd wagen, außer den wenigen, die unabhängig genug sind, um auszusteigen ihre eigene Arbeit.

Damen, die von Natur aus gern reiten, können sich beispielsweise aus Kostengründen nicht immer dem Vergnügen der Jagd hingeben. Eine Dame besitzt vielleicht ein ziemlich gutes Pferd für gewöhnliche Zwecke, zum Ausreiten oder für Feldübungen, aber nur sehr wenige Herren mit mäßigen

Mitteln können es sich leisten, Jäger sowohl für die Damen ihrer Familien als auch für sich selbst zu halten, wenn auch in Fiktion, das geschieht frei. Wenn eine Dame selbst einen guten Jäger hat, kann sie mit zwei Jagdtagen pro Woche rechnen, vorausgesetzt, das Land ist nicht zu steif und die Treffen sind recht günstig. Gelegentlich erhält man ein Reittier von einem gutmütigen Freund, dessen Hengst größer ist, als er braucht; aber darauf kann man sich im täglichen Leben nicht verlassen, und beliebte Damen und erstklassige Reiter sind in der Lage, diese Aufmerksamkeit eher zu erhalten als die allgemeine Damenwelt.

Was die Anwesenheit junger Damen auf dem Jagdgebiet betrifft, gibt es zwei Meinungen hinsichtlich ihrer Zweckmäßigkeit, abgesehen von der Frage, ob es sich um eine weibliche Beschäftigung handelt oder nicht. Die lange Heimfahrt in der November- und Dezemberdämmerung in Begleitung eines Jägers, der vorerst zum Kavalier der jungen Dame geworden ist, gefällt vielen Eltern nicht; Auf die Aufsicht muss auf dem Jagdgebiet zwangsläufig weitgehend verzichtet werden, und das ist ein Einwand, den viele Väter gegen die Jagd ihrer Töchter erheben.

Einige Ehemänner vertreten diesbezüglich ebenso strenge Ansichten und sind der Meinung, dass der kühnste Reiter und der beste Vorreiter im Feld nicht immer der Gast ist, den sie am liebsten an ihrem eigenen Kamin sehen würden.

Jagdfrühstück. – Eine Dame sollte nicht zu einem Jagdfrühstück im Haus eines Landherrn gehen, wenn sie ihn oder ein Mitglied seiner Familie nicht kennt, es sei denn, sie wird von einem gemeinsamen Bekannten dazu aufgefordert. Alle Herren, die auf Jagdhunden reiten, ob sie dem Gastgeber fremd sind oder nicht, haben das Privileg, jedes Haus zu betreten, in dem ein Jagdfrühstück serviert wird, und die angebotene Gastfreundschaft anzunehmen. Das Frühstück, das in Wirklichkeit eine kalte Zusammenstellung mit der Zugabe von Wein, Likören, Bier usw. ist, wird normalerweise im Speisesaal serviert, und es findet keinerlei Zeremonie statt; Die Herren kommen und gehen, wann sie wollen.

Die Hausherrin sollte entweder bei einem Jagdfrühstück anwesend sein und die eintreffenden Damen im Flur oder Speisezimmer empfangen, oder sie sollte sie im Salon empfangen, wo ihnen Erfrischungen gebracht werden sollten.

Wenn eine Gastgeberin vorhat, auf Jagdhunde zu reiten, wird sie häufig vor der Ankunft ihrer Nachbarn bestiegen. In diesem Fall lädt sie sie ein, ins Haus zu gehen und sich zu erfrischen, wenn sie Lust dazu haben.

für ein paar Tage auf die Jagd **in eine Grafschaft gehen, tragen nur selten „Rosa" und reiten lieber in schwarzen Mänteln als auf Jagdhunden.**

Die Mitglieder der Jagd tragen selbstverständlich Rosa, aber es gilt als geschmackvoller, wenn ein Fremder einen schwarzen Mantel trägt, als in einem *neuen*, *ganz neuen*, makellosen roten Mantel zu erscheinen.

Sportbegriffe. – Personen, die sich in den Angelegenheiten des „Landlebens" und des „Landsports" nicht auskennen, in der Stadt aufgewachsen sind und kaum oder gar keine Gelegenheit hatten, sich aus eigener Erfahrung Wissen über das Thema anzueignen, werden kaum umhin können, viele und verschiedene Fehler zu begehen, wenn sie dazu gebracht werden in Kontakt mit Sportlern und ihren Sportarten.

Ein Wissen über sportliche Angelegenheiten und Sportbegriffe sowie über die von Sportlern einzuhaltende Etikette erlangt man nur durch den Umgang mit Personen, die mit dem Thema bestens vertraut sind und bei denen „Sport" sozusagen Teil ihrer Ausbildung ist.

Die Jagdsaison beginnt am 12. August mit der Jagd auf Schneehühner im Norden Englands, Schottlands und Irlands. Die Rebhuhnjagd beginnt am 1. September und endet am 1. Februar.

Die beste Rebhuhnjagd ist mit allgemeiner Zustimmung in den östlichen Landkreisen gestattet.

Der Rebhuhntrieb findet erst im Januar in größerem Umfang statt.

Das Fasanenschießen beginnt am 1. Oktober und endet am 1. Februar.

Hasen dürfen bis zum 1. März geschossen werden.

Kaninchen dürfen das ganze Jahr über geschossen werden.

Krähen werden im Frühling und Sommer geschossen.

Es ist schwierig, einem angehenden Sportler die strenge Etikette, die zwischen den Besitzern von Herrenhäusern herrscht, verständlich zu machen; das heißt, er würde sich nichts dabei denken, die Grenze des Anwesens seines Gastgebers mit der Waffe in der Hand zu überschreiten, wenn er Lust verspürte, einem Vogel oder Hasen zu folgen, den er verwundet hatte, ohne sich der Tatsache bewusst zu sein, dass der Die größte Pünktlichkeit wird zwischen den Herren beobachtet, wenn es darum geht, beim Schießen das Land des anderen zu betreten. und dass ein Jäger es kaum wagen würde, seinen toten Vogel aufzuheben, wenn er auf das Anwesen eines Nachbarn gefallen wäre, wenn nicht die größte Intimität bestand, und dass er auf keinen Fall nach einem verwundeten Vogel Ausschau halten würde, sondern nur nach einem toten. Zweitens würde er die Regel, seine Waffe auf der eigenen Seite der Grenze zu lassen, sorgfältig beachten und sie auf keinen Fall mit auf das Land seines Nachbarn nehmen. Dies sind Punkte, mit denen Fremde, die zu ein paar Tagen zum Shooting eingeladen werden, sehr oft in Konflikt geraten und dadurch durch ihre Unwissenheit und Unerfahrenheit ihrem Gastgeber viel Unannehmlichkeiten bereiten.

Wenn ein Herr zu einer Schießerei eingeladen wird, ist es für ihn nicht notwendig, einen Ladeschützen mitzunehmen, da sein Gastgeber einen Mann finden würde, der dieses Amt für ihn ausführt, es sei denn, er hat einen Diener bei sich, der dazu in der Lage **ist** diese Pflicht; aber wenn er in der Nachbarschaft wohnte, würde er selbstverständlich seinen Lader mitnehmen, wenn er gebeten würde, sich einer Schießerei anzuschließen, und in beiden Fällen würde er mit zwei Gewehren schießen, da das Schießen mit einer Waffe nur einen Zweck erfüllt eine ärgerliche Verzögerung.

Ein häufiger Anstoß bei Sportlern besteht darin, dass ein Gentleman beim Schießen laut ist, das heißt, dass er „lautstark gesprächig" oder „ausgelassen fröhlich" ist oder sich in Ausrufe ergehen lässt, wenn ein Vogel aufsteigt oder wenn ein Vogel wird vermisst; Ihr wahrer Sportler schweigt streng.

Es gibt zahllose andere Punkte im Zusammenhang mit Feldsportarten, bei denen der „unerfahrene Sportler" leicht Anstoß erregen kann, die aber in einem Werk dieser Beschreibung zu viel Platz einnehmen würden.

Die Gebühren oder Trinkgelder für die Wildhüter variieren zwischen 10 und 10 *s*. bis zu 5 £, abhängig von der Anzahl der genossenen Drehtage oder dem Umfang der Tasche.

Für die Rebhuhnjagd an einem Tag wäre das Trinkgeld für den Oberwildhüter ein Souverän; für einen guten Tag zum Fasanenschießen würden wahrscheinlich bis zu zwei Sovereigns gegeben werden. Ein Gentleman, der dieses Trinkgeld oder Honorar nicht bis zu dieser Grenze zahlt, wird sich wahrscheinlich nicht allzu gut in einer Battue wiederfinden.

Die Kosten für eine Spiellizenz betragen 3 £ und gelten für zwölf Monate, vom 1. August bis zum 31. Juli des folgenden Jahres, oder 2 £ vom 1. August bis zum 31. Oktober oder 2 £ vom 1. November bis zum 31. Oktober des Folgejahres am 31. Juli des folgenden Jahres oder 1 £ für vierzehn Tage.

KAPITEL XXXVII

HÄNDE SCHÜTTELN

DIE Etikette in Bezug auf das Händeschütteln ist keine offene Frage, sie ist deutlich genug und einfach genug für alle Anforderungen, aber dennoch ist das individuelle Temperament zu berücksichtigen, das in vielen Fällen die Etikette aus dem Feld verdrängt, wenn man sie unter Etikette versteht nicht nur steifes Anstandsverhalten, sondern Höflichkeit im wahrsten Sinne des Wortes und das tun, was genau das Richtige ist. Die Etikette regelt, wann man sich die Hand schüttelt und wann nicht, wann man sich verbeugt und wann nicht; Aber trotz dieses Wissens, das jedem zugänglich ist, werden in diesem Bereich viele Fehler gemacht.

Man bietet zum Beispiel nicht an, einem die Hand zu schütteln, wenn man es erwartet; ein anderer bietet an, dreimal die Hand zu schütteln; man zeigt beim Händeschütteln ungerechtfertigte Wärme; ein anderer streckt nur zwei Finger aus; man schüttelt schlaff und unbehaglich die Hand und nimmt die ausgestreckte Hand, nur um sie fallen zu lassen; ein anderer pumpt buchstäblich mit der ausgestreckten Hand oder drückt einer Dame beim Händeschütteln die Ringe in die Finger.

Eine Dame, die nicht die Hand schüttelt, wenn man es erwartet, hat einen der folgenden Gründe: Sie wollte einem bestimmten Bekannten nicht die Hand schütteln und zog es vor, sich nur zu verbeugen, oder sie wusste nicht, ob sie das tun sollte Händeschütteln oder nicht.

Die Herren, die sich mit großer Wärme und *Empathie die Hand schütteln* , sind zwei unterschiedliche Individuen; Der eine ist herzlich und großherzig und hat für jeden ein freundliches Gespür – ein Gespür, das Freundlichkeit, Herzlichkeit und gute Kameradschaft ausdrückt – der andere möchte sich in bestimmten Kreisen einschmeicheln und lässt keine Gelegenheit aus, demonstrativ die Hand zu schütteln Niemand lässt sich durch diese falsche Nachahmung der Realität täuschen.

Menschen, die ihr egal sind, **auch nur zwei Finger gibt , ist sie immer eine Person, die sich selbst einbildet und sich sehr wohl fühlt;** Das ist sie zweifellos, aber ihre gute Erziehung und ihr gutes Gefühl stehen beide in Frage, wenn sie diese Methode anwendet, um die Überlegenheit ihrer selbst und ihrer Stellung gegenüber anderen Menschen zu zeigen.

Es gibt andere Exzentrizitäten, denen sich verschiedene Menschen hingeben, die sich die Hand geben, wenn sie es nicht sollten, und Menschen, die sich nicht die Hand geben, wenn sie es sollten.

Es hängt davon ab, wem eine Dame vorgestellt wird, bzw. davon, wer ihr vorgestellt wird, ob sie sich die Hand geben soll oder nicht. Sie sollte nicht die Hand geben, wenn man sie einer Person, die ihr völlig fremd ist, beiläufig vorstellt; Dennoch gibt es so viele Gelegenheiten, bei denen es angemessen und richtig ist, sich bei der Vorstellung die Hand zu geben, dass die Regel in dieser Hinsicht sehr dehnbar ist.

Beispielsweise sollten ein Gastgeber und eine Gastgeberin jedem Fremden, der ihnen in ihrem Haus vorgestellt wird, die Hand schütteln.

Eine Frau sollte sich die Hand reichen, wenn sie mit den Verwandten ihres künftigen Ehemanns bekannt gemacht wird.

Eine Dame sollte dem Freund eines intimen Freundes die Hand geben, wenn sie ihm vorgestellt wird.

Wenn eine Dame mit jemandem, dem sie vorgestellt wurde, in irgendeiner Weise ein Gespräch begonnen hat und feststellt, dass sie viel mit ihr gemeinsam hat, sollte sie beim Abschied die Hand schütteln; aber wenn sie nur ein paar alltägliche Sätze gewechselt hat, genügt eine Verbeugung.

Eine Dame ergreift in der Regel die Initiative beim Händeschütteln wie bei der Verbeugung; aber in Wirklichkeit handelt es sich um eine spontane Bewegung, die sowohl von der Dame als auch vom Herrn gleichzeitig ausgeführt wird, da die Hand nicht ausgestreckt oder die Verbeugung ausgeführt werden sollte, es sei denn, dies wird erwartet und sofort erwidert.

Eine junge Dame sollte jemandem, der diese Ehre nicht erwartet, nicht die Hand schütteln.

Das Händeschütteln beim Abschied ist für einige wenige Menschen eine anmutige und angenehme Art, sich zu verabschieden; Intime Freunde halten die Hand, während die letzten Worte gesprochen werden. Frauen halten einander beim Abschied die Hände, und einige wenige Männer nehmen einander die Hände; aber bei ihnen ist es eher eine fremde Mode und wird hauptsächlich von denen übernommen, die viel auf dem Kontinent gelebt haben; Denn in der Regel bevorzugt ein Engländer den herzlichen englischen Handschlag.

Eine Dame, die einmal einer anderen Person die Hand geschüttelt hat, sollte dies auch bei späteren Treffen tun, es sei denn, ihr kühles Benehmen weist sie darauf hin, dass eine Verbeugung akzeptabler wäre.

Was das Händeschütteln bei einer Dinnerparty mit Bekannten betrifft: Wenn die Dinnerparty klein ist und man Zeit zum Händeschütteln hat, ist es richtig, dies zu tun; Wenn jedoch bis zum Abendessen nur wenig Zeit bleibt und keine gute Gelegenheit zum Händeschütteln besteht, sind Verbeugungen vor

Bekannten in entfernten Teilen des Raumes oder beim Sitzen am Esstisch vorerst ausreichende Anerkennung.

Bei einer Abendparty hängt es von der Gelegenheit ab, ob sich Bekannte die Hand geben oder nicht.

Die Art und Weise, beim Händeschütteln den Arm zu heben, wird von nur sehr wenigen in der übertriebenen Form übernommen, in der sie erstmals eingeführt wurde, aber eine Abwandlung davon ist in der allgemeinen Gesellschaft deutlich zur Mode geworden.

Die Hand wird nun nicht gerade ausgestreckt, sondern auf einer Linie oder parallel zur Brust dargeboten, etwas höher als beim altmodischen Stil, und die Finger der Hand werden gehalten und sanft geschüttelt, aber die Handfläche wird nicht ergriffen oder sogar berührt.

KAPITEL XXXVIII

CHAPERONS UND DEBUTANTEN

EINE unverheiratete Dame kann nicht als orthodoxe Aufsichtsperson fungieren, es sei denn, sie ist eine Jungfrau in einem anerkannten Alter und Stand; aber andererseits konnte eine junge verheiratete Dame dies mit größtem Anstand tun, ebenso wie ein Bruder ab dem Alter von achtzehn Jahren; Von anderen Verwandten ist es nicht nötig, zu sprechen.

Heutzutage werden junge Damen häufig ohne Begleitperson zu Dinnerpartys eingeladen, wobei sich eine Gastgeberin für diesen Anlass selbst als Begleitperson ausgibt. Es werden auch Tänze aufgeführt, zu denen selbstverständlich *keine Begleitpersonen* eingeladen sind, sondern die Gastgeberin wiederum in dieser Funktion fungiert. Bei großen Bällen und Tänzen gilt die Begleitung jedoch als unverzichtbar für junge Damen. Bei Theateraufführungen und Abendkonzerten ist eine Begleitung unbedingt erforderlich; aber bei Morgenkonzerten und *Matinées* ist eher Kameradschaft als Begleitung gefragt.

Was die Morgenstunden betrifft. Junge Damen können jetzt gemeinsam im Park und anderswo spazieren gehen; Fahren Sie zusammen, besuchen Sie Kurse zusammen oder alleine, gehen Sie alleine oder zusammen zum Mittagessen oder Nachmittagstee bei Freunden und Bekannten, ganz ohne Begleitung einer Begleitperson. Sie können Landhäuser auch ohne Begleitperson besuchen, wobei die Gastgeberin diese Aufgabe wahrnimmt.

Bei allen Zusammenkünften im Freien, wie Gartenpartys, Tennispartys, Cricket-Spielen, Golftreffen usw., ist die erforderliche Begleitperson minimal und kann für diese zur Verfügung gestellt werden.

KAPITEL XXXIX

PRÄSENTATIONEN VOR DEM VICEREGAL COURT, DUBLIN CASTLE

DIE Salons im Dublin Castle werden vom Lord-Lieutenant of Ireland und seiner Frau um 22.15 Uhr in der St. Patrick's Hall abgehalten

Eine Dame, die eine Vorstellung am Vizekönigsgericht wünscht, muss von einer Dame vorgestellt werden, die selbst dort vorgestellt wurde, und es ist notwendig, dass sie selbst bei der Gelegenheit anwesend ist, außer in Ausnahmefällen. Einer Dame ist es nicht gestattet, mehr als *zwei* Damen zu präsentieren, außer in besonderen Fällen, die von Seiner Exzellenz genehmigt werden.

Eine Dame, die vorschlägt, in einem vizeköniglichen Salon vorgestellt zu werden , muss drei Tage vor dem Salon um fünf Uhr eine Karte mit ihrem Namen und ihrer Adresse sowohl in der Stadt als auch im Land sowie dem Namen und Namen an das Büro des Kammerherrn schicken Adresse der Dame, von der sie vorgestellt werden soll, ist darauf deutlich geschrieben und gibt an, in welchen Salon sie gehen möchte, um sie dem Oberleutnant und seiner Frau zur Genehmigung durch ihre Exzellenzen vorzulegen. Außerdem müssen zwei Präsentationskarten zwei Tage vor der Ziehung im Büro des Kammerherrn erworben werden – sofern sie nicht zuvor per Post verschickt wurden –, mit den erforderlichen Angaben ausgefüllt und am Abend der Ziehung ins Schloss gebracht werden -Raum, von dem einer dem im Korridor stationierten Beamten übergeben wird und der andere dem Kammerherrn übergeben wird, der den Namen bekannt gibt. Es wird darum gebeten, dass die Namen sehr deutlich auf die Karten geschrieben werden, damit es keine Schwierigkeiten gibt, sie bekannt zu geben.

Eine Dame , die einen vizeköniglichen Salon besucht und bereits beim vizeköniglichen Gericht vorgestellt wurde, muss drei Tage vor dem Salon im Büro des Kammerherrn eine Karte mit ihrem Namen und ihrer Adresse, sowohl in der Stadt als auch auf dem Land, deutlich hinterlassen darauf geschrieben steht und angibt, in welchen Salon sie gehen möchte. Sie muss am Abend des Salons zwei ähnliche Karten mitbringen, eine für den Beamten im Korridor und die andere für den Kammerherrn, der den Namen bekannt gibt.

Als eine Dame am Abend eines Salons gegen zehn Uhr das Schloss betritt, findet sie den Saal voller Soldaten vor und begibt sich sofort in die Garderobe, um Umhänge usw. abzulegen und ihre Schleppe geschickt arrangieren zu lassen über einen Arm von einer weiblichen Begleiterin. Dann geht sie die große Treppe hinauf, gesäumt von Dienern in prächtigen Livreen, und betritt den Korridor, wo dem anwesenden Beamten eine der Präsentationskarten übergeben wird, und sie geht den Korridor hinunter in den langen Salon, wo a Am Ende wird eine Barriere aus Holz errichtet, die einen Raum umschließt. Einer der Herren des Haushalts hebt diese Barriere in regelmäßigen Abständen auf, um einer bestimmten Anzahl den Durchgang zum Thronsaal zu ermöglichen, an dessen Tür ihre Schleppe heruntergelassen und von männlichen Dienern arrangiert wird. Wenn sie „vorgestellt" werden soll, fordert der Kammerherr sie auf, ihren rechten Handschuh auszuziehen, und wenn ein König anwesend ist, teilt er ihr mit, dass sie drei Verbeugungen machen muss, und sagt: „Drei Verbeugungen, bitte." Sie gibt ihm ihre zweite Präsentationskarte, und er ruft ihren Namen, und sie wird von den Herren des Hauses an Seine Exzellenz weitergegeben. Der Lord-Lieutenant und seine Frau stehen auf einem Podest, er steht vor dem Thron, der ein großer Staatsstuhl ist, und auf beiden Seiten – in den sogenannten „Pens" – sind die Besucher gruppiert, die sich dort aufhalten Castle, diejenigen, die den privaten *Zutritt haben* , und die Mitglieder des Haushalts. Außerdem wird der Name der Dame genannt, die den Vortrag hält. Die Dame macht Annäherungsversuche, der Oberleutnant schüttelt ihr die Hand, küsst sie aber jetzt nicht mehr auf die Wange; Dann macht sie ihm eine Verbeugung und verneigt sich vor seiner Frau, die sich ebenfalls verneigt. Dann zieht sie sich zur Tür zurück, die in den langen Salon führt, wo ihre Schleppe wieder über ihren Arm gehängt wird. Anschließend geht sie zur St. Patrick's Hall oder zur Bildergalerie.

Damen, die den Salon besuchen, verneigen sich nur vor dem Oberleutnant und seiner Frau; er verneigt sich vor ihnen, aber er schüttelt ihnen nicht die Hand und küsst sie nicht. In Irland begleiten Männer ihre Frauen ausnahmslos in den Salon, nachdem sie zuvor die Levée besucht haben; Sie gehen an der Basis des Halbkreises entlang und verneigen sich gleichzeitig mit den Damen.

Wenn alle empfangen und in der St. Patrick's Hall versammelt sind, wird eine Prozession gebildet, wobei der Oberleutnant zuerst geht, gefolgt von seiner Frau, deren Schleppe von Pagen getragen wird. Als nächstes folgen die Besucher, die im Schloss übernachten, und dann die Mitglieder des Haushalts, während die auf der Galerie stationierte Band „God Save the King" spielt. Alle Anwesenden stellen sich in zwei Reihen auf, um einen Durchgang für die Prozession zu schaffen, und verneigen sich tief vor Seiner Exzellenz und seiner Frau, wenn sie vorbeikommen.

Ein Abendessen wird nicht angeboten, nur leichte Erfrischungen aller Art. Diese Erfrischungen sind auf langen Tischen auf einer Seite der St. Patrick's Hall angeordnet, und am unteren Ende, unter der Galerie, stehen Tische für Tee, Kaffee, Wein usw. Auf der gegenüberliegenden Seite der Halle gibt es rot gepolsterte Sitze platziert, und die Firmenpromenade in und um die Bildergalerie und St. Patrick's Hall während des restlichen Abends.

Damen tragen die volle Hofkleidung wie im Buckingham Palace und die Herren Uniform oder Hofkleidung.

Levées. – Jeder Edelmann oder Herr, der vorschlägt, einer Levée beizuwohnen, und der noch nicht am vizeköniglichen Hof empfangen wurde, muss von einem Edelmann oder Herrn vorgestellt werden, der zuvor selbst dort vorgestellt wurde.

Ein Gentleman, der sich vorstellen möchte, muss bis fünf Uhr, zwei oder drei Tage vor der Levée, eine Karte mit seinem Namen und seiner Adresse in Stadt und Land sowie dem Namen und der Adresse des Gentleman Usher an das Büro des Gentleman Usher schicken Von wem er vorgestellt werden soll, ist darauf deutlich zu vermerken und dem Oberleutnant zur Genehmigung vorzulegen. Er muss außerdem zwei Präsentationskarten im Büro des Gentleman Usher besorgen und diese am Tag der Levée zum Schloss mitnehmen, wobei die eine dem Beamten im Korridor ausgehändigt wird und die andere dem Gentleman Usher ausgehändigt wird. Wer wird den Namen dem Oberleutnant bekannt geben?

Jeder Herr, der vorschlägt, an einer Levée teilzunehmen, muss nach vorheriger Vorlage außerdem am Tag der Levée zwei Karten zum Schloss mitnehmen, auf denen sein Name und seine Adresse in Stadt und Land deutlich vermerkt sind wie zuvor erwähnt. Wiederum wird ein Herr, der zuvor an der Levée teilgenommen hat, vorschlägt, in den Salon zu gehen, gebeten, *eine Karte* mitzubringen, auf der deutlich sein Name steht, und die er im Korridor zurücklässt. Alle Personen, die Anspruch auf den privaten *Zutritt* zum Dublin Castle haben und dieses Privileg in Anspruch nehmen, dürfen nur von ihren Frauen und unverheirateten Töchtern begleitet werden.

Herren tragen Hofkleidung oder Marine- und Militäruniformen oder die Uniformen von Lords-Lieutenants of Counties oder der Royal Irish Constabulary usw. Das akademische Habit kann nur getragen werden, wenn eine Universitätsadresse vorgelegt wird. Ausländische Orden und Auszeichnungen dürfen am Hof von Dublin von britischen Untertanen nicht ohne besondere Befugnis im Rahmen der königlichen Lizenz Seiner Majestät getragen werden.

Der rechte Handschuh sollte vor der Präsentation ausgezogen werden.

Herren, die zuvor an der Levée teilgenommen haben und die Damen ihrer Familien in den Salon begleiten möchten, werden gebeten, im Büro des Kammerherrn eine Anwesenheitskarte zu beantragen, die am Abend der Ziehung ins Schloss gebracht werden sollte -Raum und im Korridor aufgegeben.

Präsentationen in London gelten nicht als Präsentationen vor dem Vizekönigsgericht.

KAPITEL XL

HOSTESSEN

Die Kunst, Gäste zu empfangen, ist sehr subtil und schwer zu erlernen. aber wenn man es sich aneignet und gründlich beherrscht, verleiht es einer Hausherrin den beneidenswerten Ruf, eine perfekte Gastgeberin zu sein.

Bei einigen ist dies angeboren, und Anmut und Gelassenheit sowie alle damit verbundenen Eigenschaften, die bei dieser Art von Gastgeberin zu finden sind, liegen ihnen ganz natürlich inne; aber die so begabten Individuen repräsentieren eher die Wenigen als die Vielen. Ein weitaus größerer Teil der Gesellschaft ist auf die Erfahrung angewiesen, um diese nützliche Fähigkeit zu erlernen, während bei anderen die Zeit allein dabei helfen kann, natürliche Zurückhaltung und mangelndes Selbstvertrauen zu überwinden, die ihnen im Weg stehen, diesen Charakter bei irgendetwas anzunehmen wie Erfolg. Diese Damen, die in dieser Hinsicht von Natur aus rücksichtslos und nachlässig sind, können weder durch Zeit noch durch Erfahrung geformt werden, und was sie am Anfang ihrer Karriere sind, bleiben sie bis zum Ende des Kapitels – sehr gleichgültige Gastgeberinnen. Je nach individuellen Fähigkeiten gibt es verschiedene Hostessen, die unter ihren Freunden unter folgenden Bezeichnungen bekannt sind: An erster Stelle steht die perfekte oder „charmante Gastgeberin", wobei beide Titel gleichermaßen gut zu ihr passen; neben ihr steht die „gute Gastgeberin", ihr folgt diejenige, die „keine gute Gastgeberin" ist; und die Nachhut wird von der Person gebildet, die entschieden „eine schlechte Gastgeberin" ist. Zu den hervorstechenden Merkmalen, die eine perfekte oder charmante Gastgeberin auszeichnen, gehört vielleicht vor allem die Fähigkeit, jeden einzelnen Gast zu beruhigen und zu vermitteln, dass der Empfang, den sie bereitet, persönlich, wenn nicht sogar besonders ist. Gleichzeitig mit diesen angenehmen Eindrücken wird ein Gefühl für die Freundlichkeit der Gastgeberin vermittelt; Ihr Charme im Benehmen, ihre Anmut und ihr höfliches Benehmen zeigen so deutlich, dass sie die Situation völlig beherrscht: Diese Eigenschaften wirken unmerklich auf die Gäste ein und rufen bei ihnen ein entsprechendes Verlangen nach Gefälligkeit hervor.

Die perfekte Gastgeberin besitzt noch einen weiteren Vorteil, nämlich. eine Bereitschaft zum Sprechen, die Fähigkeit, im richtigen Moment und zur richtigen Person das Richtige zu sagen und sich sozusagen mit den Empfänglichkeiten jedes einzelnen ihrer Gäste zu identifizieren.

Eine gute Gastgeberin ist im Wesentlichen eine rücksichtsvolle Gastgeberin. Sie gleicht die fehlenden besseren Qualitäten durch ihre äußerste Rücksichtnahme auf ihre Gäste aus. Bei der charmanten

Gastgeberin wird diese Überlegung durch ihre brillantere Fähigkeit, zu gefallen, in den Schatten gestellt, sie durchdringt alles, was sie tut, während es bei der guten Gastgeberin ihre stärkste Seite ist und auf ihr Anspruch auf den Namen beruht. Die Dame, die den unerwünschten Ruf trägt, „keine gute Gastgeberin" zu sein, ist in vielerlei Hinsicht nicht „gut"; Sie meint es gut und tut ihr Möglichstes, um erfolgreich zu sein, aber aufgrund eines Widerspruchs zu den Gesetzen, die häusliche und soziale Angelegenheiten regeln, sind die Ergebnisse ihrer Bemühungen immer das Gegenteil von dem, was sie sich gewünscht hätte. Die Dame, die keine gute Gastgeberin ist, leidet manchmal unter Schüchternheit und Zurückhaltung, die ihr Verhalten steif macht, wenn sie am liebsten herzlich sein möchte, schweigsam, wenn sie am redseligsten wäre, und unbeholfen, wenn sie entspannt sein möchte.

So wie es viele Gründe gibt, warum sich Damen als gute Hostessen erweisen, so gibt es auch viele Gründe, warum sie sich als schlechte Hostessen erweisen: Egoismus und mangelnde Rücksichtnahme auf andere tragen dazu bei, ebenso wie Aufschub und eine vage Vorstellung vom Wert der Zeit. Damen mit solchen Fehlern und Schwächen machen bei ihren Gästen einen ziemlich ähnlichen Eindruck, obwohl die eine vielleicht etwas weniger schuldig ist als die andere.

Die selbstsüchtige Gastgeberin ist eine schlechte Gastgeberin , denn solange sie amüsiert ist, ist es ihr völlig gleichgültig, ob ihre Gäste amüsiert sind oder nicht, da ihr eigenes Vergnügen und ihre eigene Befriedigung von größter Bedeutung sind. Anstatt bereit zu sein, ihre Gäste zu empfangen, geht sie spät in den Salon, um sie zu begrüßen, und ist gleichgültig, ob jemand da ist, der sie begrüßt oder nicht.

Die zögerliche Gastgeberin ist zwar gleichermaßen schuldig, doch da sie sich beeilt, sich zu entschuldigen, wenn es ihr an Höflichkeit oder Rücksichtnahme gegenüber ihren Gästen mangelt, werden ihre Ausreden manchmal zugelassen; Aber wenn die selbstsüchtige Gastgeberin sich dazu herablässt, sich zu entschuldigen, tut sie dies mit einem so offensichtlichen Zeichen der Gleichgültigkeit gegenüber der Meinung ihrer Gäste über ihre Taten, dass die Entschuldigung oft nur eine Verschärfung des Vergehens darstellt. Eine Dame, die keine Rücksicht auf die Zeit nimmt, geht in dem Moment in ihr Zimmer, um sich anzuziehen, in dem sie in den Salon gehen sollte; oder sie fährt nicht weiter, obwohl sie zurückkommen sollte; oder sie schiebt eine sehr wichtige Vorkehrung für den Komfort oder die Unterhaltung ihrer Gäste auf, bis es zu spät ist, an etwas anderes als eine provisorische Lösung zu denken, wenn nicht sogar ganz darauf verzichtet werden muss. Alles, was sie tut oder plant, ist auf der gleichen Skala des Aufschiebens; Ihre Einladungen, ihre Befehle und Verpflichtungen erfolgen alle gegen die Zeit, und weder sie selbst noch ihre Gäste erlangen den Wert oder die Befriedigung der gebotenen Gastfreundschaft. Die schlechte

Gastgeberin betritt ihr Wohnzimmer, wenn viele ihrer Gäste versammelt sind, entweder zu einer Dinnerparty oder zum Nachmittagstee, und schüttelt ihr auf unbeholfene, beschämte Weise die Hand, fast so, als wäre sie ein unerwarteter Gast und nicht die Gastgeberin von das Haus.

Der Gastgeber fühlt sich nicht wohl; Er ist provoziert, weil er sich für seine Frau entschuldigen muss, und die Gäste sind gleichermaßen eingeschränkt.

Wenn der Gastgeber eine sarkastische Gesinnung hat, scheut er sich nie, der Gastgeberin bei ihrem Eintreten etwas zu sagen, das nicht gerade freundlich ist. „Meine Liebe", wird er vielleicht bemerken, „Sie wissen zweifellos nicht, dass wir heute Abend Freunde zum Essen haben." Diese Bemerkung macht die Gäste noch unruhiger und die Gastgeberin weniger selbstbeherrscht, und dies ist oft der Auftakt zu einem unharmonischen Abend mit einem Gastgeber, dessen Stirn getrübt ist, und einer Gastgeberin, deren Verhalten beschämt ist.

Die Art des Gästeempfangs richtet sich nach der Art der Unterhaltung. Die Begrüßung von etwa zwei- bis dreihundert Gästen kann nicht so persönlich sein wie die von etwa zehn bis dreißig Gästen.

Welche Enttäuschung eine Gastgeberin auch immer empfinden mag, sie sollte nicht zulassen, dass sie an die Oberfläche kommt, und sich nicht *verunsichern lassen*, wenn sie ihren Gästen die Hand schüttelt. Bei großen oder kleinen Zusammenkünften kommt es im Laufe der Zeit zu Enttäuschungen, und nur sehr wenige Hostessen können sagen, dass sie dies nicht bei jeder ihrer Veranstaltungen in größerem oder geringerem Maße erlebt haben.

Bei einem Ball oder einer Abendparty sollte eine Gastgeberin ihre Gäste am oberen Ende der Treppe empfangen und dort bleiben, bis die Mehrheit, wenn nicht alle Gäste angekommen sind.

Wenn die Namen der Gäste bekannt gegeben werden, sollte die Gastgeberin jedem die Hand geben und dabei eine höfliche Bemerkung machen, nicht um sie zum Verweilen auf der Treppe zu verleiten, sondern um sie vielmehr einzuladen, den Ballsaal zu betreten, um Platz zu machen für andere Gäste.

Bei einem Ball in einem Landhaus sollte die Gastgeberin an der Tür des Ballsaals stehen und ihre Gäste empfangen. Wenn die Gäste pünktlich eingetroffen sind, sollte sich die Gastgeberin eines Landhausballs oder einer Landhaustheateraufführung bemühen, dafür zu sorgen, dass alle ihre Gäste amüsiert sind. Wenn sie sieht, dass die jungen Damen nicht tanzen, sollte sie sich bemühen, Partner für sie zu finden. In der Stadt ist sie dazu nicht verpflichtet. Wenn die Aufsichtspersonen offensichtlich niemanden haben, mit dem sie reden kann, sollte sie einen ihrer eigenen Verwandten vorstellen, wenn sie ihnen nicht viel Aufmerksamkeit widmen kann, und sie sollte dafür sorgen, dass alle ihre Gäste zum Abendessen eingeladen werden.

An großen „Zuhause"-Nachmittagen empfängt die Gastgeberin ihre Gäste an der offenen Tür des Salons und hat für jeden kaum mehr Zeit als bei einem Ball oder einem „Zuhause". An kleinen Nachmittagen „zu Hause" sollte sie sie im Salon empfangen und bei jeder Ankunft aufstehen und ihnen die Hand schütteln.

Eine Gastgeberin sollte ihre Gäste beim Abendessen im Salon empfangen und ihnen in der Reihenfolge ihres Eintreffens die Hand schütteln. Gelegentlich empfindet sie es als anstrengend, die Unterhaltung zwischen der Ankunft der Gäste und dem Servieren des Abendessens aufrechtzuerhalten; manchmal verlängert sich die Dauer um eine Dreiviertelstunde, weil ein Gast, auf den man warten muss, nicht erscheint. Eine Gastgeberin sollte, auch wenn sie weiß, dass ihr Abendessen dadurch verdorben wird, dass sie auf diese Weise zurückgehalten wird, sich bemühen, die Zeit so angenehm wie möglich zu verstreichen, indem sie das Gespräch allgemeiner gestaltet und die Gäste miteinander bekannt macht. Die Gastgeberin, die diese unangenehmen Ereignisse so überbrücken kann, dass die Verschiebung des Abendessens von einer halben auf eine dreiviertel Stunde kaum noch wahrgenommen wird, erweist sich als berechtigt, als gute Gastgeberin angesehen zu werden.

KAPITEL XLI

DIE VERANTWORTLICHKEITEN DER Gönnerinnen
öffentlicher Bälle

Damen werden häufig gebeten , ihre Namen in die Liste der Schirmherrinnen von Wohltätigkeitsbällen aufnehmen zu lassen. Ein Ballkomitee ist bestrebt, eine Liste einflussreicher Namen zu erhalten, um dem Ball *Glanz* und Prestige zu verleihen, und bei einem Wohltätigkeitsball zählen unter seinen Schirmherrinnen oft die Namen vieler führender Mitglieder des Adels, gefolgt von denen der Ehefrauen von der führende Kreisadel oder die Hauptbewohner einer Wasserstelle oder Kreisstadt; Es besteht jedoch Einvernehmen darüber, dass die Aufgabe, Gutscheine oder Eintrittskarten für einen Wohltätigkeitsball zu verteilen, in der Regel von jenen Damen übernommen wird, die ein direkteres Interesse daran haben, deren Ehemänner dem Komitee angehören und die Wert darauf legen, jedes Jahr daran teilzunehmen. und sind daher hauptsächlich darauf bedacht, die Auswahl zu wahren; Und obwohl in vielen Landkreisen und in vielen Städten auch Gönnerinnen, Mitglieder des Adels, anwesend sind, kommt es doch nicht selten vor, dass von einer langen Liste großartiger Damen nur drei oder vier auf einem Ball anwesend sind.

Die Mitglieder des führenden Adels und Adels eines Viertels verleihen ausnahmslos ihren Namen für örtliche Wohltätigkeitsbälle und stehen an der Spitze der Liste der Gönner und Mäzene, geben aber nicht nur ihren Namen bekannt, sondern überweisen in manchen Fällen auch einen Geldbeitrag für die Wohltätigkeitsfonds , oder ein Wildgeschenk zum Abendessen, sie haben sehr wenig mit dem Ball selbst zu tun, der praktisch in den Händen der örtlichen Ordner liegt. Eine Ausnahme von dieser Regel bilden die Wohltätigkeitsbälle, die während der Saison in der Stadt stattfinden, wie der Royal Caledonian Ball, der Yorkshire, der Wiltshire und der Somersetshire Societies' Balls. Zu diesen Anlässen verschenken viele der tollen Damen Gutscheine und besuchen die Bälle.

Wenn Damen zustimmen, Schirmherrinnen eines Balls zu werden, teilen sie dem Komitee in der Regel mit, ob sie die Pflicht zur Ausgabe von Gutscheinen bzw. Eintrittskarten übernehmen oder nicht. Einige Ballkomitees sehen vor, dass die Gutscheine von den Patroninnen ausgehändigt werden, die anschließend gegen Eintrittskarten eingetauscht, unterschrieben und mit dem Namen der Person ausgefüllt werden, der die Eintrittskarte ausgehändigt wird. Die Patroninnen erhalten in diesem Fall das für die Karten berechnete Geld und leiten es nach dem Ball zusammen mit den Karten, über die sie möglicherweise nicht verfügt haben, an das Komitee weiter.

Die Damen, die sich die Mühe machen, Eintrittskarten zu verkaufen, sind im Allgemeinen solche, die einen großen Bekanntenkreis haben und deren Ehemänner Mitglieder von Clubs sind; Wenn also jemand aus guten gesellschaftlichen Gründen tabuisiert werden sollte, profitieren die Gönnerinnen vom Wissen ihrer Ehemänner und sind daher in der Lage, eine höfliche Ablehnung zu erteilen, wenn Tickets für Personen beantragt werden, die nicht ganz wünschenswert sind.

Es ist zweifellos eine schwierige und heikle Aufgabe für die Damen, einen großen Ball zu betreuen, ihn sorgfältig auszuwählen, und wenn sie nicht besonders respektvoll gegenüber denjenigen sind, für die Eintrittskarten gewährt werden, wird sich ein Ball, auch wenn er voll besetzt ist, wahrscheinlich als sehr problematisch erweisen gemischte Angelegenheit, wenn nicht sogar etwas anstößig, aufgrund der Anwesenheit von Personen, denen niemals Eintrittskarten hätten gewährt werden dürfen, aus moralischen, wenn nicht aus sozialen Gründen; Und obwohl die Gelder einer Wohltätigkeitsorganisation durch die Erhöhung der Zahl erheblich zunehmen können, weil das Komitee oder die Gönnerinnen allgemein bereit sind, jedem, der sie beantragen möchte, Tickets zu gewähren, ist eine solche Politik doch sehr kurzsichtig , und wird selten von Personen praktiziert, die über praktische Kenntnisse in dieser Angelegenheit verfügen, da es für den Ruf eines Balls fatal ist, wenn Personen anwesend sind, die anstößig sind.

Wenn eine Eintrittskarte für eine Person mit zweifelhaften Vorfahren beantragt wird, besteht die beste Vorgehensweise einer Gönnerin darin, den Antragsteller für Eintrittskarten oder Gutscheine an das Ballkomitee zu verweisen.

Personen, die in der Gesellschaft nicht gut aufgenommen werden oder sich selbst geächtet haben, haben eine Vorliebe für öffentliche Bälle und bemühen sich nach Kräften um Eintrittskarten; und in einigen Fällen, wenn das Komitee einen Ball ablehnte, wurde dem Komitee mit einem Gerichtsverfahren gedroht.

Unverheiratete Damen fungieren selten oder nie als Gönnerinnen, und es wird nicht als ratsam erachtet, die Ermessensfreiheit bei der Gewährung von Eintrittskarten in ihre Hände zu legen, damit ihre Unwissenheit über die Welt nicht ausgenutzt wird.

Die Patroninnen eines Wohltätigkeitsballs , die sich verpflichten, Gutscheine zu verschenken oder Eintrittskarten zu verkaufen, geben sich meist alle Mühe, möglichst viele ihrer Freundinnen zum Ballbesuch zu bewegen.

Es hängt vom Komitee eines Wohltätigkeitsballs ab, ob den Damen, den Gönnerinnen und den Stewards Eintrittskarten vorgelegt werden oder nicht; Wenn die Mittel der Wohltätigkeitsorganisation jedoch nicht auf einem sehr niedrigen Stand sind, erfolgt dies im Allgemeinen als Anerkennung ihrer Dienste.

Die Pflichten der Patroninnen auf privaten Abonnementsbällen sind im Vergleich zu denen auf öffentlichen Wohltätigkeitsbällen gering, da Personen, die an Abonnementsbällen teilnehmen, in der Regel auf der Besuchsliste der einen oder anderen Patronin stehen, bei Kreisbällen dagegen die der Patroninnen sind in der Regel nicht an der Entsorgung der Tickets beteiligt.

KAPITEL XLII

TRAUERZEITEN

Die verschiedenen Trauerzeiten für Angehörige wurden in den letzten Jahren erheblich verkürzt, und die Änderung wurde allgemein akzeptiert; Da aber einige es immer noch vorziehen, sich an die längsten durch die Sitte vorgeschriebenen Zeiträume zu halten, werden in diesem Kapitel beide Zeiträume angegeben, und es hängt ganz von den individuellen Gefühlen und Umständen ab, welcher der beiden Zeiträume eingehalten wird.

Der altehrwürdige Brauch, Krepp zu tragen, ist stark zurückgegangen, und mit Ausnahme der Witwen tragen viele ihn überhaupt nicht, während andere ihn nur als Besatz tragen.

Auch eine leichte Veränderung hat sich zugunsten der Halbtrauerfarben vollzogen, die nun in der Halbtrauerzeit häufiger getragen werden als Schwarz und Weiß.

eine Gerichtstrauer angeordnet ist, ist sie zwingend erforderlich; die entsprechenden Anordnungen werden minutiös vom Büro des Lord Chamberlain erteilt und im Amtsblatt *veröffentlicht* ; Diese Anordnungen gelten jedoch nur für Personen, die mit dem Gericht verbunden sind, oder für Personen, die Gerichte, Levées, Staatsbälle, Staatskonzerte usw. besuchen.

Wenn beim Tod eines Mitglieds der königlichen Familie eine allgemeine Traueranordnung erlassen wird, gilt die Anordnung für alle, wobei es optional ist, ob die Öffentlichkeit ihr Folge leistet oder nicht.

Die längste Trauerdauer einer Witwe beträgt zwei Jahre. Der kürzere Zeitraum beträgt achtzehn Monate. Früher wurde Krepp ein Jahr und neun Monate lang getragen; In den ersten zwölf Monaten war das Kleid vollständig mit Krepp bedeckt. Die neuere Mode bei der Witwentrauer besteht darin, Krepp nur als Besatz zu tragen und das Tragen nach sechs oder acht Monaten einzustellen, während einige wenige Witwen ihn während ihrer Trauer überhaupt nicht tragen, da es sich dabei um eine optionale Kleidung handelt

Die Halbtrauer in der längeren Periode beginnt nach einem Jahr und neun Monaten und wird drei Monate lang getragen. Im kürzeren Zeitraum kann die Halbtrauer nach fünfzehn Monaten beginnen und drei Monate lang fortgesetzt werden.

Die Zeit zum Tragen der Witwenmütze und des Witwenschleiers beträgt ein Jahr und einen Tag. Der Schleier kann anstelle von Krepp auch aus *Crêpe*

Lisse oder *Chiffon bestehen*. Heutzutage ist es für junge Witwen Mode, die Mütze nur als Kopfbedeckung zu tragen, während andere sie überhaupt nicht tragen.

Rasenmanschetten und -halsbänder werden im ersten Jahr oder nur sechs Monate lang oder gar nicht getragen. Nach dem ersten Jahr dürfen weiße Nackenbänder und weiße Bänder an der Haube getragen werden. Auch Hüte statt Hauben. Weitere weiße Akzente könnten in den nächsten drei Monaten folgen.

Nach einem Jahr darf Goldschmuck getragen werden; Diamanten früher.

Witwer sollten ein Jahr lang Trauer tragen; Sie treten in der Regel nach drei Monaten in die Gesellschaft ein.

Für einen Elternteil beträgt die Trauerzeit zwölf Monate; zehn Monate in Schwarz, zwei Monate in halber Trauer oder acht Monate in Schwarz und vier Monate in halber Trauer. Das Schwarz kann nach drei Monaten durch einen Hauch von Weiß gemildert werden. Krepp ist optional; Viele tragen es lieber gar nicht, andere nur als Besatz.

Diamanten – Ohrringe, Broschen; usw. – vor Gold, am Ende von drei Monaten.

Für einen Sohn oder eine Tochter ist die Trauerzeit identisch mit der vorstehenden.

Bei sehr kleinen Kindern oder Kleinkindern verkürzt sich die Trauerzeit häufig um die Hälfte dieser Zeitspanne oder sogar auf drei Monate.

Für eine Stiefmutter. – Die Trauerzeit hängt davon ab, ob die Stieftöchter zu Hause wohnen oder nicht, ob ihr Vater schon lange verheiratet ist oder ob die zweite Frau ihres Vaters den Platz der Mutter für sie eingenommen hat; in diesem Fall würde die Trauerzeit gelten zwölf Monate, andernfalls beträgt der Zeitraum sechs Monate – vier Monate schwarz, nach zwei Monaten mit einem Hauch von Weiß aufgehellt, gefolgt von zwei Monaten halber Trauer.

Für einen Bruder oder eine Schwester beträgt die längste Trauerzeit sechs Monate, die kürzeste Zeit vier Monate.

Während des längsten Zeitraums, nämlich. Sechs Monate lang sollte Schwarz fünf Monate lang getragen werden, nach zwei Monaten etwas Weiß und einen Monat lang Halbtrauer. Nach einem Monat Diamanten, Anstecknadeln, Broschen usw.; Gold nach zwei Monaten.

Während der kürzesten Zeitspanne, d.h. Vier Monate lang sollte Schwarz zwei Monate lang getragen werden, Halbtrauer zwei Monate lang.

Für eine Schwägerin oder einen Schwager galt früher die gleiche Trauerzeit wie für einen Bruder oder eine Schwester, heute wird üblicherweise die Trauerzeit von vier Monaten gewählt.

Für einen Großelternteil beträgt die längste Trauerzeit sechs Monate, die kürzeste vier Monate.

Während der längsten Zeit sollte Schwarz drei Monate lang getragen werden, nach sechs Wochen sollte Weiß getragen werden, und drei Monate lang sollte man halb trauern; Diamanten nach einem Monat, Gold nach sechs Wochen oder zwei Monaten.

In der kürzesten Zeit sollte Schwarz zwei Monate lang getragen werden, Halbtrauer zwei Monate lang.

Man kann heute sagen, dass der Brauch, Krepp zu tragen, in Bezug auf die Etikette aus der Mode gekommen ist, da Schwarz als angemessenes Trauerkleid gilt, außer im Fall von Witwen.

Die früheren Kreppperioden betrugen für Eltern und Kinder sechs Monate, für Geschwister drei Monate und für Großeltern drei Monate.

Für einen Onkel oder eine Tante beträgt die längste Trauerzeit drei Monate, die kürzeste Frist sechs Wochen.

Während der längsten Zeit sollte Schwarz (kein Krepp) zwei Monate lang getragen werden, Halbtrauer einen Monat lang.

Während der kürzesten Zeit drei Wochen lang schwarz, drei Wochen lang halb trauernd; Diamanten nach drei Wochen.

Für einen Neffen oder eine Nichte sind die Trauerzeiten mit den oben genannten identisch.

Für einen angeheirateten Onkel oder eine angeheiratete Tante beträgt die Frist sechs Wochen Trauer oder drei Wochen Trauer und drei Wochen Halbtrauer.

Für einen Großonkel oder eine Großtante beträgt der längste Zeitraum zwei Monate, der kürzeste einen Monat.

Während der längsten Periode einen Monat lang schwarz, einen Monat lang halb trauernd.

Während der kürzesten Zeitspanne einen Monat lang schwarz.

Für einen Cousin ersten Grades beträgt der längste Zeitraum sechs Wochen, der kürzeste einen Monat.

Während der längsten Periode drei Wochen lang schwarz, drei Wochen lang halb trauernd.

Während der kürzesten Zeitspanne einen Monat lang schwarz.

Für einen Cousin zweiten Grades drei Wochen schwarz. Die Trauer um einen Cousin zweiten Grades ist nicht obligatorisch, aber durchaus optional und wird oft nicht getragen.

Für die Beziehungen eines Mannes werden immer die kürzeren Trauerzeiten gewählt.

Für eine Schwiegertochter oder einen Schwiegersohn werden die Fristen nun auf sechs Monate verkürzt; vier Monate schwarz und zwei Monate halb trauernd, oder drei Monate schwarz und drei Monate halb trauernd.

Für die Eltern eines Schwiegersohns oder einer Schwiegertochter beträgt die Frist einen Monat, schwarz.

Für die Eltern einer ersten Frau sollte eine zweite Frau einen Monat lang Trauer tragen, schwarz mit weiß abgesetzt.

Für den Bruder oder die Schwester der ersten Frau und der zweiten Frau sollte die Trauer drei Wochen lang getragen werden, dies ist jedoch nicht verpflichtend und hängt von der Vertrautheit zwischen den beiden Familien ab.

hinsichtlich der vorstehenden Trauerzeiten **viel Spielraum eingeräumt .**

Während der gesamten Zeit **sollte ein Hutband getragen werden , es ist jedoch nicht zwingend erforderlich, schwarze Anzüge länger als die Hälfte der angegebenen Zeiträume zu tragen, außer im Fall von Witwern.**

Trauer der Bediensteten. – Es ist üblich, den Bediensteten beim Tod des Oberhaupts des Hauses Trauergeschenke zu schenken, die während der Zeit getragen werden sollten, in der die Familienmitglieder trauern. Die Trauerfeier für Bedienstete beim Tod eines Sohnes oder einer Tochter ist eine völlig freiwillige Angelegenheit.

Abgeschiedenheit von der Gesellschaft. – Die Frage, wie schnell Trauernde wieder in die Gesellschaft eintreten sollen oder nicht, ist teilweise offen und wird auch von den Regeln beeinflusst, die die tatsächliche Trauerzeit regeln.

Von einer Witwe wird nicht erwartet, dass sie der Gesellschaft unter drei Monaten beitritt , und während dieser Zeit sollte sie Einladungen weder annehmen noch ausstellen. Ihr Besuch sollte sich auf ihre Verwandten und engen Freunde beschränken. Nach drei Monaten sollte sie allmählich mit der Gesellschaft beginnen, Bälle und Tänze sollten im ersten Jahr jedoch vermieden werden.

Für eine Tochter, die um einen Elternteil trauert, beträgt die Abgeschiedenheitsfrist für die allgemeine Gesellschaft sechs Wochen; Einladungen zu Bällen und Tänzen sollten jedoch erst nach sechs Monaten angenommen werden.

Für einen Elternteil, der um seinen Sohn oder seine Tochter trauert, ist die Zeit der Abgeschiedenheit die gleiche wie für eine Tochter um einen Elternteil.

Für einen Bruder oder eine Schwester beträgt die Abgeschiedenheitszeit drei Wochen.

Für Großeltern beträgt die Zeit der Abgeschiedenheit zwei Wochen bis drei Wochen.

Für einen Onkel oder eine Tante beträgt die Frist zwei Wochen bis drei Wochen.

Für alle anderen Trauerzeiten gilt die Abgeschiedenheit von der Gesellschaft nicht als erforderlich.

Wenn trauernde Personen beabsichtigen, wieder in die Gesellschaft einzutreten, sollten sie ihren Freunden und Bekannten Karten hinterlassen, um zu zeigen, dass sie in der Lage sind, zu zahlen und Anrufe entgegenzunehmen.

Wenn Anfragekarten hinterlassen wurden , d. h. Visitenkarten mit der Aufschrift „Um sich nach Frau A.

Bis diese Andeutung erfolgt ist, wagt die Gesellschaft nicht, in die Abgeschiedenheit der Trauernden einzugreifen.

Verwandte und enge Freunde sind von dieser Regel ausgenommen.

Beerdigungen. - Wenn in einer Familie ein Todesfall eintritt, sollte ein Familienmitglied, sobald der Tag und die Stunde für die Beerdigung festgelegt sind, an die Verwandten und Freunde schreiben, denen die Beerdigung folgen soll, und sie bitten, dabei zu sein, es sei denn, der Termin ist festgelegt Zeit und Ort der Beerdigung sowie der Zug, mit dem man zum Friedhof fährt, werden in der Zeitung zusammen mit der Todesanzeige erwähnt.

Es ist ein Fehler anzunehmen, dass Freunde die Teilnahme an einer Beerdigung anbieten würden, selbst wenn ihnen der festgelegte Termin bekannt ist, da sie sich natürlich nicht sicher sind, ob zu den Trauergästen nur die Familienmitglieder gehören sollen oder ob dies Freunde sind ebenfalls mit einzubeziehen.

Wenn ein Arzt auf dem Land mehrere Jahre lang eine Familie betreut, ist es üblich, ihn zur Beerdigung eines seiner Mitglieder einzuladen. In der Stadt wird dies selten getan, es sei denn, ein Arzt ist der enge Freund der Familie.

Auf dem Land liest der Geistliche der Gemeinde die Trauerfeier, aber in der Stadt, wenn die Beerdigung in Kensal Green, Brookwood Cemetery oder anderswo stattfindet, wird normalerweise ein Freund der Familie gebeten, die Trauerfeier zu halten; In diesem Fall ist eine frühzeitige Anmeldung bei der Friedhofsverwaltung für die Nutzung der Kapelle zu einer bestimmten Uhrzeit erforderlich.

Es ist üblich, dass Damen der Beerdigung eines Verwandten beiwohnen, wenn sie dazu bereit sind. In diesem Fall tragen sie ihre übliche Trauerkleidung und folgen in ihren eigenen Kutschen.

Die ärztliche Bescheinigung über die Todesursache ist von größter Bedeutung und sollte zum frühestmöglichen Zeitpunkt eingeholt werden.

Trauerkarten sollten nicht anlässlich des Todes eines Angehörigen verschickt werden, da sie in Mode und Brauchtum völlig veraltet sind.

Kränze und Kreuze aus weißen Blumen werden im Allgemeinen von Verwandten und Freunden am Tag der Beerdigung an ein Trauerhaus geschickt, es sei denn, nach der Bekanntgabe des Todes steht „Keine Blumen auf Anfrage".

Wenn die Beerdigung vor zwei Uhr stattfindet, sollten die Freunde zum Mittagessen eingeladen werden. Wenn es am Nachmittag stattfindet, sollten sie gebeten werden, zum Tee oder einer leichten Erfrischung ins Haus zurückzukehren.

KAPITEL XLIII

BESCHÄFTIGT

ES hängt stark von den Ansichten der Eltern über die Handlungsfreiheit ab, die einer Tochter während ihrer Verlobung eingeräumt wird. Einige hegen diesbezüglich die strengsten Vorstellungen und setzen sie energisch in die Tat um.

Mit „strikten Vorstellungen" ist gemeint, dass es einem verlobten Paar, außer in Anwesenheit einer Begleitperson, unter keinen Umständen und unter keinen Umständen gestattet ist, ein *Tête-à-Tête zu genießen* , zusammen zu sitzen, zusammen zu gehen, zusammen zu fahren oder sich während eines solchen Treffens zu treffen Teil des Tages.

Weisheit und gesunder Menschenverstand geben den Eltern eine mittlere Vorgehensweise vor, bei der weder zu viel gewährt noch zu viel zurückgehalten wird.

Die Länge eines Engagements bestimmt in den meisten Fällen den zulässigen Spielraum. Wenn es zwei Monate oder sogar weniger dauern soll, ist es üblich, dem Verlobten zu erlauben, viel in der Gesellschaft des anderen zu sein. Die Umstände, unter denen dies geschieht, hängen von der Stellung der Eltern ab; Wenn die junge Dame wohlhabend ist und ein Landhaus zu ihrem Besitz gehört, sollte der Vater der jungen Dame den mit seiner Tochter verlobten Herrn während der Verlobung zu einem oder zwei Besuchen einladen.

Oder die Mutter des künftigen Bräutigams sollte ihre zukünftige Schwiegertochter einladen, zehn Tage oder zwei Wochen bei ihr zu bleiben.

Die Etikette schreibt vor, dass eine junge Dame an allen öffentlichen Vergnügungsorten von einem ihrer nahen Verwandten begleitet werden muss.

Wenn ein verlobtes Paar zusammenzieht, trifft es sich häufig bei gemeinsamen Freunden; Beim Auswärtsessen werden sie zum gemeinsamen Abendessen geschickt.

Auf einem Ball miteinander zu tanzen oder mehr als drei- oder viermal hintereinander zu tanzen und, wenn man nicht tanzt, in Teestuben und Wintergärten zu sitzen, macht ein verlobtes Paar auffällig, und genau das ist es, was viele Mütter am meisten beunruhigt dass ihre Töchter dies vermeiden sollten, und es wäre ihnen lieber, dass sie übervorsichtig wären, als dass sie sich der allgemeinen Kritik stellen müssten.

Der übliche Weg für verlobte Paare besteht darin, während ihrer Verlobung so wenig wie möglich in die Gesellschaft zu gehen und die Verlobung so kurz zu halten, wie es die Umstände erlauben. Wenn es aus verschiedenen Gründen zwangsläufig eine lange Ehe sein muss, besteht die einzige Alternative für ein verlobtes Paar darin, sich in der Gesellschaft so unauffällig zu zeigen, wie es das gegenseitige Verständnis zulässt.

Wenn eine Verlobung zum ersten Mal bekannt gegeben wird und die Familien noch nicht bekannt sind, sollten der Vater, die Mutter und die Verwandten des künftigen Bräutigams frühzeitig den Vater und die Mutter der künftigen Braut aufsuchen, um die Bekanntschaft zu machen Braut und ihre Familie, und sie sollten der gewählten Braut schriftlich ihre Zustimmung zur Verlobung zum Ausdruck bringen.

Die Anrufe sollten so schnell wie möglich beantwortet und die Briefe beantwortet werden.

Die Verlobung sollte Verwandten und engen Freunden von der Mutter der verlobten jungen Dame bekannt gegeben werden, und wenn die Ankündigung in den Papieren erscheinen soll, sollte sie von ihr verschickt werden.

Die Braut sollte die Schwestern und Cousinen des Bräutigams bitten, gemeinsam mit ihren eigenen Schwestern und Cousinen als Brautjungfern zu fungieren.

Bei Auflösung einer Verlobung sollten alle Briefe und Geschenke beidseitig zurückgegeben werden.

Alle Hochzeitsgeschenke, die die zukünftige Braut erhält, sollten ebenfalls an die Spender zurückgegeben werden.

Die Mutter der Braut sollte allen Beteiligten mitteilen, dass die Verlobung beendet ist.

KAPITEL XLIV

SILBERNE HOCHZEITEN

DER deutsche Brauch, Silberhochzeiten zu feiern, hat hierzulande große Anerkennung gefunden. Es ist ein interessanter Brauch, die ersten 25 Ehejahre unter dem poetischen Titel einer Silberhochzeit zu feiern, aber diejenigen, die dies tun können, müssen aus vielen Gründen eher die Wenigen als die Vielen sein; Auch königliche Persönlichkeiten und angesehene und prominente Persönlichkeiten sowie diejenigen in bescheideneren Gesellschaftsschichten, die „weit weg von der Hektik der Masse" sind, neigen ebenfalls dazu; Aber die „Menge", die sie trennt und aus verschiedenen Klassen und Gruppen der Gesellschaft besteht, wird die Gelegenheit, diesen Abschnitt des Ehelebens zu feiern, kaum nutzen. Ehemänner mögen in der Regel die Aufregung, die Parade und die Prominenz, die damit einhergehen, nicht, und Ehefrauen sind nicht geneigt, ihren Freunden und Bekannten zu verkünden, dass sie seit fünfundzwanzig Jahren verheiratet und daher nicht mehr so jung sind wie sie.

Die angebotenen Unterhaltungsmöglichkeiten zur Feier einer Silberhochzeit sind: Ein Nachmittagsempfang und eine Dinnerparty. Eine Dinnerparty, gefolgt von einer Abendparty. Eine Dinnerparty mit anschließendem Tanz. Oder nur eine Dinnerparty mit etwa zwanzig oder dreißig Gedecken.

Die Einladungen werden etwa drei Wochen im Voraus auf „Zuhause"-Karten verschickt. Die Karten werden in Silber gedruckt und mit den Worten „Mr. und Mrs. White zu Hause, um ihre Silberhochzeit zu feiern" sowie Tag und Datum bedruckt. usw. Die Dinnerkarten sollten auch in Silber gedruckt sein, mit der Aufschrift „Mr. und Mrs. White bitten um die Gesellschaft von Mr. und Mrs. Black beim Abendessen, um ihre Silberhochzeit zu feiern" usw.

Für einen Tanz sollten die Einladungen lauten: „Mr. und Mrs. White zu Hause, um ihre Silberhochzeit zu feiern." „Dancing" ist in der Ecke der Karte aufgedruckt.

Von jeder eingeladenen Person wird erwartet, dass sie ein Geschenk in Silber schickt, sei es teuer oder unbedeutend, unabhängig davon, ob die Einladung angenommen wird oder nicht. Diese Geschenke sollten am Tag der Silberhochzeit im Salon ausgestellt werden und jeweils eine Karte mit dem Namen des Schenkenden beigefügt sein.

Beim Nachmittagsempfang nehmen das Ehepaar bei ihrer Ankunft die Glückwünsche ihrer Freunde entgegen. Fast unmittelbar danach betreten sie gemeinsam die Teestube, gefolgt von den angekommenen Gästen.

Erfrischungen werden wie bei einem Hochzeitstee am Nachmittag serviert. (Siehe Seite 143.) Eine große Hochzeitstorte wird in die Mitte des Tisches gestellt, und die Frau macht den ersten Anschnitt darin, wie es eine Braut tun würde. Anschließend wird von einem der in Champagner getrunkenen Gäste ein Antrag auf den Gesundheitszustand des Ehepaars gestellt und vom Ehemann beantwortet.

Bei der Dinnerparty gehen Mann und Frau gemeinsam zum Abendessen hinein, gefolgt von ihren Gästen, die je nach Rangfolge hereingeschickt werden. Beim Nachtisch wird die Gesundheit des Ehepaares angesprochen und besprochen. Eine Hochzeitstorte nimmt einen prominenten Platz auf dem Tisch ein und die Tischdekoration besteht aus weißen, mit Silber durchsetzten Blumen.

Beim Tanz zur Silbernen Hochzeit tanzen Mann und Frau den ersten Tanz gemeinsam und gehen anschließend Arm in Arm in den Speisesaal, und später wird ihnen vom anwesenden Hauptgast ein Antrag auf Gesundheit vorgelegt.

Die Frau sollte Weiß und Silber oder Grau und Silber tragen.

Wenn auf dem Land eine Silberhochzeit gefeiert wird, erstrecken sich die Feierlichkeiten manchmal über drei Tage, allerdings nur bei prominenten und wohlhabenden Personen; Es werden Bälle, Abendessen und Schulfestlichkeiten gegeben, an denen Nachbarn, Pächter, Dorfbewohner und Bedienstete teilnehmen.

Goldene Hochzeiten. – Die Feier einer Goldenen Hochzeit ist eher ein englischer Brauch, der aufgrund der Umstände nur selten eingehalten werden kann. Es bedeutet, dass fünfzig Jahre Eheleben über die Köpfe von Mann und Frau hinausgegangen sind, und ist eher eine feierliche als eine festliche Epoche. Geschenke werden zu diesem Anlass nicht so häufig überreicht und eher Kinder und Enkel als Bekannte bilden den Kreis der Gratulanten.

KAPITEL XLV

ABONNEMENTÄNZE

Abonnementtänze sind mittlerweile eine etablierte Tatsache, aber ob sie jemals wirklich zu einer Konkurrenz zum eigentlichen Tanz werden, bleibt abzuwarten; Da sie jedoch einen gefühlten Bedarf erfüllen und von der Gesellschaft anerkannt werden, sollten die für ihre Umsetzung erforderlichen Vorkehrungen gebührend beachtet werden.

In den Wintermonaten sind sie Bestandteil bestimmter Ensembles: Abonnementtänze, private Abonnementtänze und öffentliche Abonnementtänze, wobei letztere für wohltätige Zwecke veranstaltet werden.

Die moderaten Kosten, die durch die Bereitstellung privater Abonnementtänze entstehen, sind für viele empfehlenswert, und es gibt noch andere Gründe für ihre Beliebtheit. Sie erheben nicht den Anspruch, als smart oder exklusiv zu gelten, und sind im Wesentlichen kleine und frühe Tänze. Von modischen Ballbesuchern wird nicht erwartet, dass sie daran teilnehmen. Sie beginnen um 9 Uhr und enden um 12 Uhr, es gibt leichte Erfrischungen anstelle des Abendessens, wie an einem Nachmittag „zu Hause". (Siehe S. 153.) Eine Klavierkapelle wird für diesen Zweck als ausreichend angesehen, und Blumendekorationen werden kaum jemals versucht. Die Einladungen werden auf „at home"-Karten verschickt, auf denen in einer Ecke die Aufschrift „Subscription Dance" aufgedruckt ist.

Abonnementtänze sind manchmal Einladungstänze und manchmal nicht. Die Eintrittskarten für diese Tänze werden einzeln oder je nach Serie berechnet. Eine bestimmte Anzahl von Damen bildet ein Komitee und erklärt sich bereit, eine bestimmte Anzahl von Tänzen aufzuführen. Die Kosten werden entweder von den Damen selbst getragen oder durch den Verkauf der Eintrittskarten gedeckt. Bei Einladungstänzen wird jeder Dame eine bestimmte Anzahl an Einladungen zugeteilt. Ansonsten verteilen die Damen die Karten unter ihren Freundinnen. Diese Tänze finden normalerweise in einem zu diesem Zweck gemieteten Herrenhaus statt, und es gibt mehrere in verschiedenen Teilen des West End, wo geräumige Räume zu sehr günstigen Konditionen gemietet werden können; teilweise sind auch ein Klavier, Sitze und anderes Zubehör enthalten.

Öffentliche Abonnementtänze finden in öffentlichen Räumen oder Rathäusern statt und Gutscheine werden von den Damen des Komitees vor der Kartenvergabe ausgegeben.

Bei Abonnementtänzen gilt die gleiche Etikette wie bei anderen öffentlichen Tänzen. Die frühe Stunde, zu der diese Tänze stattfinden, empfiehlt sie einigen und macht sie für andere völlig unmöglich, insbesondere für diejenigen, die spät zu Abend essen und nicht geneigt sind, um neun Uhr oder sogar um zehn Uhr zu tanzen, und die eher die sparsame Art der angebotenen Erfrischungen ablehnen und ein Champagner-Abendessen für eine unverzichtbare Ergänzung zu einem Tanz halten.

Es sollte daran erinnert werden, dass Abonnementtänze ursprünglich zur Unterhaltung sehr junger Menschen entwickelt wurden und man nie erwartete, dass sie mit den damals modischen kleinen Tänzen konkurrieren würden; Ihre Beliebtheit war eine Überraschung, und wenn Ballbesucher dazu neigen, sie zu verachten, gibt es andere, die weniger modisch und weniger wohlhabend sind und sie sehr nach ihrem Geschmack finden.

Die große Schwierigkeit, mit der die Damen jedoch zu kämpfen haben, besteht darin, dass nur sehr wenige Männer dazu bewegt werden können, an den Veranstaltungen teilzunehmen, und dass es sich bei denen, die Einladungen annehmen oder Eintrittskarten kaufen, um sehr junge Männer handelt, die ihren Weg in die Welt finden müssen , und befinden sich noch auf den unteren Stufen der Leiter, und da junge Damen bei diesen Abonnementtänzen in der Mehrheit sind, ist es für diejenigen, die nicht mehr im Teenageralter sind, fast unvermeidlich, mit Partnern zu tanzen, die jünger sind als sie selbst.

KAPITEL XLVI

GESCHENKE GEBEN

WAS Geschenke im Allgemeinen betrifft, sollte klar sein, dass ein Geschenk immer dann einen Dankesbrief erfordert, wenn der Dank nicht mündlich ausgedrückt werden kann. Die Notizen zu unbedeutenden Bekanntschaften sollten in der dritten Person verfasst werden. An Freunde, in der ersten Person. Dies gilt gleichermaßen für Geschenke von Wild, Geflügel, Obst oder Blumen. Einige wenige Menschen hegen die irrige Vorstellung, dass Geschenke dieser Art keinen Dank erfordern. Das ist nicht nur unhöflich, sondern weckt beim Schenkenden auch Zweifel daran, ob das übersandte Geschenk ordnungsgemäß empfangen wurde.

Hochzeitsgeschenke. – Wenn eine Verlobung Verwandten und Freunden ordnungsgemäß angekündigt wurde und es sich um eine kurze Verlobung handelt, können Hochzeitsgeschenke bis zum Tag vor dem Hochzeitstag verschickt werden, und je früher sie verschickt werden, desto bequemer ist es ist für die Braut, da von ihr erwartet wird, dass sie jedem Geber einen Dankesbrief schreibt. In jedem Fall sollte dem Geschenk ein Brief mit den Glückwünschen und den besten Wünschen des Schenkers beigefügt werden, dem, wenn möglich, eine Karte mit dem Namen des Schenkenden zur Identifizierung bei der Präsentation beigefügt werden sollte.

Die Freunde des Bräutigams, die die Braut nicht kannten, sollten ihm ihre Geschenke schicken, und er sollte sie zum Haus der Mutter der Braut schicken, nachdem er Dankesnotizen an die Geber geschrieben hatte.

Taufgeschenke. —In Bezug auf Taufgeschenke wird von den Paten und Patinnen erwartet, dass sie ihrem Patenkind Geschenke machen; Diese sollten am Tag vor der Taufe verschickt werden und aus einem silbernen Becher sowie einer silbernen Gabel und einem silbernen Löffel von den Paten bestehen, während ein Spitzengewand oder ein hübscher Umhang übliche Geschenke der Paten sind. Ein Geldgeschenk ab 5 *s.* Bis zu 1 £ sollten am Tag der Taufe an die Krankenschwester gezahlt werden, wenn die Taufpaten Verwandte sind, aber in den meisten Fällen werden die Taufpaten durch einen Bevollmächtigten vertreten.

Den Bediensteten Trinkgeld geben. —Die Trinkgelder, die von Damen am Ende eines mehrtägigen Besuchs erwartet werden, sind: An das Oberhausmädchen ab 2 *s.* 6 *Tage* bis 5 *s.* je nach Dauer des Besuchs. Das Gleiche gilt für den Butler oder den Alleindiener und das Gleiche für den Chauffeur. Junge Damen geben weniger, wenn sie alleine zu Besuch sind.

Die Trinkgelder, die von Herren erwartet werden, sind: An den Butler oder Diener, der sie bedient, an den Chauffeur, wenn er sie zum und vom Bahnhof fährt, an den Bräutigam, wenn er sich um ihre Jäger kümmert, und auch an das Oberhausmädchen. Das Trinkgeld an den Butler oder Diener, der als Kammerdiener fungiert, gilt für einen längeren Besuch ab 5 *Sekunden.* bis 10 *s.* , und für einen Kurzbesuch ab 3 *s.* bis 5 *s.* Zum Chauffeur 5 *s.* im ersten Fall und ab 2 *s.* 6 *Tage* bis 5 *s.* in dieser Sekunde. An das Hausmädchen, 2 *s.* 6 *Tage* bis 5 *s.* Tipps für Wildhüter finden Sie auf S. 223 .

Die Trinkgelder, die das Hotelpersonal erhält, variieren je nach Dauer des Besuchs. Ab 5 Uhr zum Oberkellner . bis 10 *s.* Zum zweiten Kellner ab 2 *s.* 6 *Tage* bis 5 *s.* Zum Portier, 2 *s.* bis 3 *s.* Zum Gepäckträger, 1 *s.* bis 2 *s.* An das anwesende Oberhausmädchen, 2 *s.* 6 *Tage* bis 4 *s.*

KAPITEL XLVII

TAUFFEIER

bei Taufpartys ausschließlich um Familientreffen handelt, zu denen nur die nahen Verwandten der Eltern eingeladen werden.

Die Einladungen werden in freundlichen Briefen verschickt und nicht auf „Zuhause"-Karten ausgestellt. Die Kündigungsfrist beträgt je nach den Umständen und der Gesundheit und Stärke der Mutter des Säuglings durchschnittlich eine Woche bis zehn Tage.

Zwischen der Geburt des Kindes und dem Tag der Taufe dürfen **in der Regel sechs Wochen vergehen.**

Die Angehörigen werden entweder zum Mittagessen nach der Zeremonie oder zu einem Empfangstee oder zu einer Dinnerparty am selben Abend eingeladen. Wenn ein Mittagessen vereinbart wird, findet dieses in der Regel um 13.30 Uhr oder früher unmittelbar nach der Rückkehr aus der Kirche statt. Die Mahlzeit besteht normalerweise aus warmen Speisen – Wild oder Geflügel – und nicht aus kräftigen Beilagen. Heiße und kalte Süßigkeiten. Früchte folgen. Ein schicker Taufkuchen sollte die Mitte des Tisches einnehmen. Es werden Champagner, Rotwein und Sherry gereicht, wobei Ersterer wahrscheinlich der Einzige von den dreien ist, der bei dieser Gelegenheit getrunken wird; dies, wenn die Gesundheit des Säuglings im Vordergrund steht – die einzige Gesundheit, die bei diesen Zusammenkünften Akzeptanz findet.

Die Gäste gehen ganz informell zum Mittagessen, zuerst kommen die Damen und die Gastgeberin, gefolgt von den männlichen Gästen und dem Gastgeber. Sie sollten mithilfe von Namenskarten an den Tisch gesetzt werden, wobei jede Dame zur Rechten eines Herrn platziert werden sollte. Der Geistliche, der die Zeremonie durchführt, sollte, wenn er ein Freund ist, zur Linken der Gastgeberin sitzen und gebeten werden, das Gnadengebet zu sprechen; aber in der Stadt nimmt er selten an diesen Familientreffen teil, es sei denn, er kennt seine Gemeindemitglieder gut.

Ein Empfangstee wird, sofern gegeben, im Speisesaal serviert; aber in diesem Fall werden die Gäste bei ihrer Ankunft von der Gastgeberin im Salon empfangen, und wenn alle angekommen sind, begleitet sie sie in die Teestube und bleibt dort bei ihnen. Die Dienstmädchen sollten den Tee und Kaffee einschenken und über den Teetisch reichen, aber die Gastgeberin sollte die Kuchen usw. ihren Verwandten reichen, gegebenenfalls mit Unterstützung des Gastgebers. Die Erfrischungen bestehen aus der üblichen

Auswahl an Süßwaren, die man in allen schicken „Zuhause" findet, und einem Taufkuchen als Beilage.

Taufpartys ähneln stark allen anderen Familienveranstaltungen dieser Art, mit der Ausnahme, dass beim Nachtisch auf die Gesundheit des Kindes getrunken wird und dass der Gastgeberin ein Taufkuchen gegenübergestellt wird, wenn der Tisch zum Nachtisch abgeräumt wird.

Die Taufzeremonie findet am Nachmittag statt, normalerweise um 14.30 Uhr. Bei der Ankunft in der Kirche setzen sich die Angehörigen in Kirchenbänke oder auf Stühle in der Nähe des Taufbeckens. Die Patin hält das Kind während des ersten Teils des Gottesdienstes und legt es dann auf den linken Arm des amtierenden Geistlichen. Auf die Frage des Geistlichen sollte einer der Paten dem Kind einen Namen geben. Handelt es sich bei dem Kind um ein Mädchen, sind zwei Patinnen und ein Pate notwendig. Bei einem Jungen sind zwei Paten und eine Patin erforderlich. Diese Paten sind in der Regel die engen Freunde der Mutter des Kindes. In bestimmten Fällen werden die Verwandten für das Amt des Paten und der Patin ausgewählt, häufig jedoch nicht aus familiären Gründen.

Taufgeschenke variieren je nach Mittel und Neigung und umfassen oft Schmuckgeschenke, wenn das Kind ein Mädchen ist, und Geld und Silberteller, wenn es sich um einen Jungen handelt; Silberlöffel, Gabeln, Becher, Schüsseln usw. Die Auswahl ist groß und nichts kann fehlschlagen, von einem Gewand mit feiner Spitze über eine Kette mit Anhänger bis hin zu einer juwelenbesetzten Uhr. Diese Geschenke werden normalerweise am Tag vor der Taufe verschickt.

Gebühren und Trinkgelder. —Für diejenigen, die bei der Zeremonie mithelfen, wird nur ein geringes Honorar erhoben. Der amtierende Priester erhält ein kleines Geschenk in Form von Altsilber oder Porzellan, jedoch nicht in Geld; Wenn die Eltern des Kindes jedoch wohlhabend sind, wird manchmal ein Scheck mit der Bitte ausgestellt, ihn für die Bedürfnisse seiner Gemeinde zu verwenden.

Das Trinkgeld der Paten des Kindes an die Krankenschwester variiert je nach individuellen Mitteln zwischen fünf Schilling und einem Souverän.

www.ingramcontent.com/pod-product-compliance
Lightning Source LLC
LaVergne TN
LVHW040009200726

843493LV00005B/1183